תשובה

לכבודם
של
אליהו ורות איזקסון

תשובה

עצה והדרכה בדרכי התשובה

הרב עדין אבן־ישראל שטיינזלץ

ירושלים תשס"ד

TSHUVA

RABBI ADIN EVEN-ISRAEL STEINSALTZ

הספר "תשובה" יצא לאור בשנת תשמ"ב, ומאז זכה
והתפרסם בארץ ובעולם, ואף תורגם לשפות רבות.

בעריכת ההוצאה החדשה והמתוקנת של המהדורה
העברית, השתתפו:

הרב גרשון קיציס
בנימין זאב וכסלר

הרב אריאל הולנד
דניאל ביג'ל
ישראל מלכיאל
דוד שמחון

עיצוב עטיפה ואיורים: מיכאל אטקין

ירושלים תשס"ד
Printed in Israel

תוכן העניינים

הקדמה

ספר זה המוגש לקורא אינו בגדר קריאה לחזרה בתשובה; אין הוא אף בחזקת נסיון לשכנע אנשים לחזור בתשובה.

פרקי הספר נועדו לאנשים שהגיעו לידי הרהור על תשובה, לאנשים שגמלה בהם ההחלטה ללכת בדרך זו ולחוזרים בתשובה ומצויים בעיצומה של הדרך.

תכלית הספר לסייע בעצה טובה ובהדרכה בכמה מן הסוגיות הקשות בנתיבו של החוזר בתשובה. חלקם קשיים מעשיים – כיצד לנהוג במקרים מסוימים, וחלקם המכריע עקרוניים – מה טעמן של הלכות ומה הן נקודות הקישור ביניהן. וכיוצא באלה הבעיות הרוחניות והנפשיות שאדם מתלבט בהן במהלך דרך התשובה – בינו לבין עצמו, בינו לבין משפחתו, בינו לבין החברה הסובבת אותו. אין אנו מבקשים להקיף את "כל התורה כולה", אלא לדון בהיבטים מסוימים, בסוגיות הנראות חשובות ונחוצות.

מן הבחינה המעשית אין הספר מתיימר להיות ספר הלכה מעשי ומפורט. נכללו בו עיקרי דברים ועקרונותיהם, ונקודות רגישות בתחומים שונים. המבקש ללמוד את פרטי הדברים ולרדת לעומקם – טוב יעשה אם יפנה לספרי העזר בענייני הלכה המצויים לרוב. זאת ועוד – במרבית המקומות מצויים

רבנים ויודעי תורה וכל אדם המבקש תשובה לתהיותיו יכול לפנות אליהם ולבקש סיוע. החומר ההלכתי שהובא בספר זה הוא כללי ביותר. הובאו בו אף נושאים שלגביהם יש חלוקי דינים ומנהגים שונים – ובכל אלה ראוי להתייעץ; ללמוד מספרים ומפי מחבריהם.

* * *

אנשים שונים מחוגים רבים ומגוונים המריצו אותי לחבר ספר זה. תקוותי שספר קטן זה אכן ימלא את מטרתו ויסייע למבקשים עצה והדרכה בדרכי החזרה בתשובה.

ספר זה מוגש כמתנת תודה לרבנים נחום שמריהו ששונקין זצ"ל, שלמה חיים קסלמן זצ"ל והרב דב אליעזרוב זצ"ל, שלפני שנים רבות הקדישו הרבה אהבה, זמן וסבלנות לנער אחד.

ע. אבן ישראל

תשובה

התשובה היא אחת הסוגיות המרכזיות ביהדות, ופניה רבים ושונים זה מזה. כשם שנבדלים בני־אדם זה מזה, כך נבדלות דרכי התשובה שלהם, הן במניעיהן והן בגילויי ההתבטאות שלהן. במובנה הרחב, אין התשובה מתמצית אך ורק בחזרה מחטאים ופשעים שעשה האדם קודם לכן, אלא היא ההתעוררות המחודשת שלו, ורצונו ליצור קשר אמיץ יותר עם עולמה של הקדושה. אכן, תוקפה ועוצמתה של התשובה תלויות לא אחת בריחוקו של האדם מן הקדושה קודם לכן, ובמודעותו לריחוק זה. ככל שהמרחק רב יותר, כן יכולה תנופת ההתקשרות המחודשת לגדול. ובלשונו של אחד מחכמי ישראל – החבל שנקרע ונקשר שנית, חזק וכפול דווקא במקומו של הקרע.

תנועת הנפש של התקשרות מחודשת, יכולה להתעורר גם בליבו של אדם שלא חטא מעולם, ואף על פי כן הוא חש, ששומה עליו להגיע לקרבה גדולה יותר אל הקדושה. שהרי, ביסודו של המונח 'תשובה' מצוי הרעיון היסודי של השיבה. שיבה לא רק אל עבר (עברו של האדם או זה של אבותיו), אלא

בעיקרו של דבר "ושבת עד ה' אלקיך" (דברים ד,ל; ל,ב) – שיבה אל המקור האלוקי של הכל. שיבה זו נדרשת מכל אדם באשר הוא, קרוב כרחוק.

האמונה בכוחו של השינוי

על אף מרכיביה השונים של התשובה ודרכיה המגוונות, יש צד פנימי המאחד את כל גילוייה, ונובע מעצם העיקרון של האפשרות לתשובה. התשובה מבוססת על האמונה כי יש בכוחו של אדם לעשות שינוי בתוכו פנימה. שכן, רבים הם הגורמים המביאים לידי קביעות ושגרה שוחקות, רבים הם הגורמים המרחיקים את האדם מבוראו – החל מחינוך מסוים שקיבל, וכלה בהרגלי חיים שרכש לו. הכלל "עבירה גוררת עבירה" (אבות ד,ב) אינו רק הנחה בדבר קיומם של יסודות על־טבעיים המנחים את האדם, אלא ביטוי לראייה מפוכחת של המציאות. ישנו קשר סיבתי בין הדברים; אין אדם יכול להינתק ממכלול התוצאות הפנימיות נפשיות והחיצוניות גם יחד של מעשיו. משום כך, עבירה אחת מביאה את האדם למצב שבו העבירה השניה נתפסת כהמשך הגיוני, טבעי וכמעט הכרחי. דרך חיים הרחוקה מקיום המצוות, לא זו בלבד שאינה מאפשרת את קיום המצוות בקלות, אלא שמכח ההיגיון הפנימי שבה, היא מרחיקה את האדם מדרך זו יותר ויותר.

ובכל זאת, למרות הסיבתיות הטבעית הזאת, מעל ומעבר לחוקי התנהגות אלה – קיימת התשובה; לאמור, תמיד מצויה ופתוחה לפני האדם האפשרות לשנות את קו החיים ולהטות אותו למסלול שונה. לדברי חז"ל (שוחר טוב צ,י; פסחים נד,א), האפשרות הזאת לשנות את המציאות, שעלינו לראותה כאחת מסודות ההוויה, היא אחד מאותם הדברים שנבראו לפני בריאת העולם. לאמור, בטרם היות חוקי המציאות. "בטרם הרים יולדו" (תהילים צ,ב) – ניתן חוק אחר, עקרוני ונעלה יותר – החוק המאפשר את השינוי, את התשובה.

תמציתה של התשובה

ספרים ומאמרים הרבה נכתבו על־אודות התשובה ובהם ניתוחים מפורטים, מהם גם דקים מן הדקים, על השלבים השונים בתהליך התשובה מתחילתה ועד להשלמתה. על אף ריבוי הגוונים, יש עיקרים אחדים היפים לכל סוג של תשובה, בכל דרגה שהיא נעשית; בין שראשיתה בנקודת התחלה גבוהה מאוד, ובין אם בנקודה נמוכה מאוד; בין אם כוונתה להגיע לידי דרגות גבוהות מאוד של שלמות הנפש, ובין אם עניינה מצומצם ומוגבל – שתי נקודות יסוד מתקיימות בכל דרך של תשובה: נטישת דרך החטא של העבר ואימוץ דרך טובה יותר לעתיד.

ואכן, אם נתבקש למצות את הנושא, ולהצביע על נקודת ראשית התשובה, נאמר כי תחילתה בנקודת המעבר מן העבר אל העתיד; התפנית שבין עזיבת דרך העבר, ופנייה לדרך אחרת לעתיד. מבחינה מוחשית, המתבטאת בעצם משמעותה של המילה, אין התשובה אלא פנייה, הסטה שמסיט אדם את עצמו לזווית אחרת, בין שהיא סטיה של היפוך מוחלט ומלא של הכיוון, ובין שהיא רצף של נקודות מפנה רבות, שלא כולן חשובות ומכריעות באותה מידה, אבל כל אחת מהן היא נקודת שינוי בפני עצמה. שלוש פעמים ביום יהודי שוטח בתפילתו בקשה לתשובה ולסליחה, ומשמעותו של דבר היא, שבכל פעם ופעם ישנה אפשרות לתפנית לכיוון נכון יותר. בדרך כלל, ככל שמהלך חייו של אדם יציב ורגוע יותר, נקודות־המפנה אינן תפניות דראסטיות ופניות חדות; אבל לא אחת, כאשר מתבונן אדם במעשיו (בעיקר כאשר הדברים נעשים במבט לאחור, שכן לא תמיד מובחנים הדברים באותה בהירות בשעת מעשה) רואה הוא מה היו באמת נקודות הפנייה החשובות בחייו.

שני גורמים יוצרים, כאמור, את האפשרות לתפנית זו: ההכרה כי העבר (יהא אשר יהא) אינו מושלם ולפיכך הוא ראוי לתיקון; וההחלטה לשנות כיוון, לפנות בעתיד לצד אחר. אכן, בפרטי הדברים, בניסוחה המדויק של מהות התפנית הזו,

ובבחינת התוצאות האפשריות של סוגי הפנייה, עוסקת מרבית ספרות התשובה.

ההכרה בצורך לשנות אינה באה תמיד בדרך אחת, ואינה מורגשת באופן אחד. לעיתים מקננת באדם תחושה מוגדרת של חטא, של חיסרון ופגם, של סיאוב המעיק על הנפש, ובעקבותיו רצון עז להימלט ממצב זה ולהיטהר מן הפגם ומן החטא. אולם הרצון בתפנית עשוי לבוא גם בצורות חריפות פחות; לעיתים בתחושה של חוסר שלמות, או בהרגשה של אי מיצוי האפשרויות – ואלה מוליכות לחיפוש אחר דברים מסוג אחר, או העשויים באופן אחר. בדרך כלל, ככל שהתחושה הראשונית של החוסר או הפגם המיוחסים לעבר חריפה יותר, כן תהא נטייתה של התפנית חדה יותר, לעיתים עד כדי קיצוניות ומעבר חד אל הצד שכנגד. כן הוא גם להיפך: ככל שתחושת חוסר הנוחות או חוסר השלמות כלפי העבר (או כלפי ההווה, היינו־הך מבחינת דרכי התגובה שלנו) מתונה יותר, תהא התפנית שתבוא בעקבותיה, בדרך כלל מתונה יותר, הן מבחינת קצב השינוי והן מבחינת חריפות התגובה. אולם, תהא אשר תהא התחושה הראשונית כלפי העבר, בכל רצון של תשובה מצוי צד עקרוני ומהותי: תחושה ברורה של אי־נחת מן הקיים ומן העבר.

טמטום הלב

המכשול הגדול ביותר העומד בדרך לתשובה – הפועל על כל אדם, כצדיק כרשע – הוא שביעות הרצון העצמית. הרגשתו של 'המסתפק בחלקו' במובן הרוחני והמוסרי אינה תלויה כלל ועיקר במצבו האובייקטיבי של האדם. עשוי אדם להצטייר בעיני הרבים כחוטא וכפושע, ואף על פי כן הוא עצמו אינו חש בכך כלל. אדם הנתון במצב זה, המרוצה מעצמו, המרגיש שחלקו שפר עליו, וחש ש'הכל בסדר' מבחינתו (ואם המציאות לוקה בחסר, הרי אלה חסרונות המשותפים לעולם ככלל, לכל בני האדם, לחברה, למשפחה, לקב"ה וכיוצא באלה) – לא יגיע לעולם לתשובה. דבר זה נכון כמובן גם לכיוון השני; גם מי

שבעיני אחרים עשוי להצטייר כאדם זך וישר, אם הוא עצמו חש בחסרון כלשהו הקיים בו – הרי שדרך התשובה פתוחה לפניו, והוא יכול להשתנות שינוי מקיף.

בפי חכם גדול אחד הוגדר המכשול הגדול בדרכה של התשובה כ'טמטום הלב'. 'טמטום המוח' מוכר וניתן להבחנה, שהרי הוא מתבטא בחוסר יכולת של המוח לתפקד כראוי ולהבין את הראוי להבנה. טמטום הלב, לעומתו, חמור יותר. זהו מצב שבו אדם אינו מסוגל לחוש את החסרונות ואת הבעיות מבחינה רגשית. ראוי שנזכור, כי גם אם האדם הוא חכם ונבון, היודע הכל מבחינה אינטלקטואלית, לא משנה הדבר מאומה מבחינת דרכי התנהגותו בפועל, כל עוד אין בו תחושה רגשית של חוסר, רב או מעט. במקרים רבים של תשובה, כאשר מנקודה מסוימת ואילך גובר והולך קצב התפנית, נוצרת 'פתיחת הלב'. לאמור, ההתגברות על המחסום הראשוני – הרגשת השלמות המדומה. שכן, משעה שנבקעת פתיחות ראשונית, נוצרת האפשרות להכרה עמוקה יותר, וממילא לתגובה חזקה יותר.

מבנה כללי זה קיים על פי רוב במי שהיה רחוק כל ימיו מכל עניין שבקדושה ולא חש כלל במחסור בתחום זה. ואולם, מסקנה זו כוחה יפה גם לכל אדם הנוהג אורח חיים של יראת שמים, והוא כה מרוצה בחלקו ובגורלו, עד שאבדה לו היכולת להבחין במידת ריחוקו מן השלמות. נקודה זו של הבחנה, של התעוררות הנפש, היא בעצם נקודת ה'וידוי' הראשונה, הכוללת. כאשר מתגבשת תחושה עמומה של אי־נחת ההופכת להכרה ברורה יותר בכך שמשהו חסר, וכאשר ההכרה הזאת מגיעה לכלל ביטוי – בין במה שאדם מדבר בינו לבין עצמו, בינו לבין קונו, או בינו לבין זולתו – הרי שהושלם ומוצה הצעד הראשון בתפנית.

קבלה לעתיד

המרכיב השני בתשובה מכונה 'קבלה לעתיד', זוהי ההחלטה לשנות את הכיוון מעתה והלאה. מבחינה מסוימת, נקודה זו היא

ההמשך המהותי של צעד התפנית הראשון, ועוצמתה, כיוונה ועמידותה, תלויים במידה רבה בבהירות ובעוצמה של התחושה הראשונה כלפי העבר. מי שחש אי־נוחות ופוטר אותה ואת עצמו במילים 'לא טוב' (או בכל ניסוח אחר מורכב יותר ואינטלקטואלי יותר, המבטא למעשה אותם תכנים), אינו מגיע בהכרח לידי החלטה של שינוי; קל וחומר שאינו משנה דבר בפועל.

מאידך גיסא, עצם העובדה שאדם מתחרט על מעשיו, או מצטער על דבר שאירע לו וחש בחסרונותיו, עלולה להביא גם מצב של שקיעה גוברת בהלוך־רוח של יאוש, של קבלת הדין, קבלת המציאות (תהא זו אשר תהא) כמות שהיא, בלא לקוות ובלא לנסות לשנות את מהלך הדברים. עצבות כגון זו, הנחשבת בעיני רבים לאחד מחוליי הנפש הקשים, לא זו בלבד שאינה מביאה לידי תוצאות חיוביות, אלא לעיתים היא עצמה משקעת את האדם בפגמיו ובחסרונותיו.

פעמים חש אדם שהוא שקוע ושפל (מבחינה מוסרית, דתית או מכל בחינה אחרת של ראיית עצמו וגורלו), עד שגומלת בו ההחלטה להשכיח את הדברים; התעלמות והדחקה זו, נעשית בדרך כלל על ידי כניסה לעולם של יצרים או של עיסוקים, שהצד השווה בהם הוא יכולתם לגרום להקהיית חושים זמנית או קבועה. תכליתה של בריחה זו לפטור את האדם מתחושת המועקה. הנותן עינו בכוס, בסמים או בתאוות נשים — או ב'בידור' לכל סוגיו — מנסה להקהות תחושה של אי־נוחות ואי־שביעות רצון; אולם שקיעה זו אינה פותרת דבר, אלא יוצרת תחושה מסולפת (זמנית או קבועה) של הרפיה בכאב, ושניתן להמשיך הלאה בלא לשנות כיוון.

החרטה על העבר כשלעצמה, על אף חשיבותה הראשונית המכרעת, דורשת, אפוא, גם את ההתקשרות עם היבט אחר — היבט התקווה והאמונה ביכולת לשינוי. במובן זה התשובה — העקרון כי אפשר בכל עת ומכל מצב התחלתי שהוא, נמוך ככל שיהא, לחזור בתשובה — היא אחת מיסודות התקווה וההתעוררות של האדם. ההכרה כי בכל עת נשמר הפתח ויש

דרך לתשובה, כי אין מצב שאין ממנו דרך חזרה – הכרה זו עצמה יכולה לפעול כגורם מעורר המעמיד את האפשרות להגיע לתשובה.

התשובה דרך ארוכה וקצרה

יש לזכור, כי קבלת הדברים לעתיד, ההחלטה לשנות כיוון, אינה מגיעה תמיד לידי מימוש. המכשולים והעיכובים הנערמים על דרכו של אדם גדולים מאוד; השגרה וההרגל, הגורמים שהביאו אדם לידי מצב מסוים, מוסיפים לפעול בדרך כלל בלא קשר להחלטות הטובות שבליבו. אף על פי כן, הרצון להגיע לידי שינוי וההחלטה שבלב עצמה מהווים שלב חשוב – אפילו כאשר הכרעה זו אינה מתגבשת לכדי הגשמה מיידית. כל עוד אין בהחלטה לשנות משום מרמה עצמית, כל עוד אין זו רק אמירה (ואדם יכול לומר דברי הטעייה לעצמו, כמו גם לאחרים) הרי כל החלטה, ולו גם הקטנה ביותר, חשובה. אכן, במקרים מסוימים, הפנייה הגדולה שעושה אדם בחייו נעשית בפתאומיות, כביכול, בזווית חדה ובמהירות רבה. אולם בדרך כלל, קודם שאכן נעשית פנייה שכזו, עוברים שלבים מרובים, ברובם נעלמים, החלטות קטנות שלא תמיד זכו להתממש, רצונות שלא הגיעו לידי מעשה. כאשר מגיעה העת – מצטברות ומתאחדות כל ההחלטות הקטנות לידי מהות אחת. בכללו של דבר, יש לזכור כי תשובה היא עולם ומלואו, תשובה היא מהות המקפלת בתוכה שני הפכים: מצד אחד היא דרך ארוכה מאוד, שבעצם אין בה נקודת סיום אחרונה; כאשר רוצה אדם להגיע לתשובה, מכל מצב התחלתי שהוא, הרי שכל קטע מן החיים שלאחר רגע זה, כאשר הדברים מגיעים לידי הגשמה, הוא מילויה של אותה הבטחה פנימית – לעשות את המפנה. על כן, החל מן התפנית הראשונה, כל מה שמתרחש לאחר מכן הוא בעצם השלמתה של אותה הבטחה, של אותה פנייה יסודית. ואולם מצד אחר, תמציתה של התשובה הוא בנקודה זעירה ביותר של תפנית. התשובה היא רגע קטן של הרהור, רגע של חרטה

ומחשבה על שינוי. התשובה היא נצנוץ המחשבה המורה לאדם להיות שונה, להיות טוב יותר.

שני הצדדים הללו אינם סותרים זה את זה, אלא משלימים זה את זה. מבחינה אחת, אין דבר קשה יותר מעשיית תשובה – שכן התשובה משמעה השתנות, התהפכות – גיבוש מהות חדשה. ומבחינה אחרת, אין דבר קל יותר מן התשובה; שבריר רגע של פנייה הריהו כבר בגדר תשובה. בעל התשובה דומה, אפוא, לאדם ההולך בדרך מסוימת, וברגע אחד הוא מחליט לשנות במידת מה את כיוון הליכתו. מאותו רגע ואילך, שוב אין הוא הולך עוד בדרך הישנה; מאותו רגע ואילך, הריהו פונה לצד אחר. אלא שכמו הדרך הישנה – גם הנתיב החדש ארוך ומתמשך.

התשובה בימינו

התשובה היא סוגיה עקרונית ובסיסית ביהדות, מאז ומעולם. עם זאת, התמורות המפליגות שעברו על עם ישראל בדורות האחרונים, הקנו לתשובה מימד חדש ושונה.

בעבר, ובמידה לא מבוטלת גם בהווה, היתה לתשובה משמעות אנושית־חברתית מוגדרת, כעצם מעצמה של ההוויה הדתית היהודית. שכן, גם המקפיד בשמירת המצוות ואף צדיקים וישרים המדקדקים בהן, עלולים להיכשל ולבוא לידי חטא. כאשר מתעוררת בחוטא חרטה על מעשיו, מיד לאחר מעשה או לאחר זמן – הרי הוא מבקש דרך של תשובה. הגורמים לנפילה שונים ומגוונים: מכשול שנערם בדרכו של אדם בשל דחף יצרי פתאומי; ירידה כללית ברמת ההתנהגות מחמת החלשתה של ההנעה הדתית – אלה עשויים להביא לנטישה פתאומית ומוחלטת של אורח החיים היהודי; ומצד אחר – מצב כזה עלול להיווצר אף בעקבות תחושה המקננת באדם כי אין הוא ממצה את מלוא היקפו של העולם הדתי. משברים ממין זה שייכים אצל כל אדם – גם אלו שהכל רואים בהם סמל ומופת לחיים

של דבקות בדת. וכנגד כל חטא ותחושה של נפילה – יש דרכי התשובה המיוחדות לה.

תחומיה של התשובה רחבים ומקיפים, החל מהחלטתו של אדם לנטוש דרך של סטיה שהלך בה עד כה, וכלה במאמץ נפשי, שתכליתו להביא את האדם להתעלות מחודשת. מרבית החיבורים שנכתבו על התשובה ודרכיה, עוסקים בבירור שלביה של התשובה: כיצד מתעורר אדם לתשובה, מהם הזמנים הראויים לתשובה, מהי כוונת הלב הדרושה, מהם 'תיקוני תשובה' – החל מהנחיה לחוטאים להשיב כספים שנלקחו במרמה, וכלה בהוראות בדבר סיגופי גוף ודרכי כפרה נוספות.

חזרה אל היהדות

כל אלו הם כיוונים רבים ומגוונים, אך כולם יוצאים מנקודת הנחה אחת: התשובה נעשית במסגרת ההויה והחברה היהודית־הדתית. החטאים, הסטיות, והנפילות שמדובר בהם הינם בגדר מעשים חריגים בנתיב חייו של אדם, אשר – מבחינת תודעתו לפחות, ובדרך כלל גם מבחינת דרך חייו הכללית – שייך לעולמה של היהדות, ומקבל על עצמו את עולה. דרכי תשובה אלה ועולם זה של תשובה, תקפים עדיין, כמובן, במסגרות אלו. לאמור: בתוך החברה הדתית, בתוך הווייתו של אדם שומר מצוות יש תקופות של ירידה מסוגים שונים, וכנגדן – תשובה־חזרה אל ה'.

אולם בדור האחרון התגבשה תופעה חדשה של תשובה, שאינה שייכת בעצם לדרכי התשובה הידועות והמקובלות. זו התשובה של מי שהיה מעיקרו מחוץ למערכת של קבלת עול היהדות, של אדם שכל המערכת, על מצוותיה וסייגיה, זרה לו והוא בא אליה מן החוץ. המושג ההלכתי המגדיר במידה מסוימת תופעה חדשה זו, הוא "תינוק שנשבה בין הנכרים" (שבת סח,ב) – אדם שנקטע על־כורחו מן העולם היהודי, וגדל והתחנך באוירה ובתרבות שאינם יהודיים. אכן, לא על כל בעלי התשובה מן הסוג החדש חלים פרטי ההלכה של המושג הזה, אולם הגדרה

זו מבטאת את מצבם הנפשי. מבקשי התשובה החדשים, הם אנשים שאישיותם ואופיים כבר עוצבו קודם לכן, והריהם בחזקת שבויים – מבחינה רוחנית – בין הגויים; בין שמדובר בגויים ממש, ובין שמדובר ביהודים שמבחינת תרבותם ואורח חייהם נוהגים, מדברים וחושבים כגויים (ואף מגזרים רבים בחברה הישראלית – אפילו אלה הרואים וחשים את עצמם כיהודים – הרי מבחינת אורחות החיים ודרכי התפיסה אין בינם לבין בני עמים אחרים אלא הבדלי לשון ומקום בלבד).

מפנה תרבותי

שיבתו של 'התינוק שנשבה' היא מבחינות רבות – אף מן הבחינה ההלכתית־הפורמאלית – תופעה השונה בעיקרה מן התשובה שהספרות היהודית המסורתית עוסקת בה. אף זו בגדר שיבה, אלא שאין זו חזרה אל העבר האישי־הפרטי של מבקש התשובה, תיקון של סטייה (קטנה או גדולה) מן הדרך – אלא שיבה במובן עמוק יותר. זו שיבתו של האדם, היחיד, אל כור מחצבתו, אל אומתו, הן במובן ההיסטורי והן מן הבחינה המוסרית – שיבה אל המקור הראשון, אל ה'. אמנם כל סוגי התשובה, מקרוב או מרחוק, הם חזרה 'הביתה', וכל החוזרים מתקבלים בזרועות פתוחות, אולם מבחינת עוצמתו של הרגש וגודל המעשה, עצומה ואדירה יותר שיבתו של אדם לבית שלא ידעו קודם. אדם שסטה לרגע מעולמה של היהדות – מבקש בתשובתו לתקן פגם במערך החיים הכולל שלו; לעומתו, אדם החוזר בתשובה, ובא אל היהדות מן החוץ – נדרש להשלים תפנית יסודית בכל דרכי חייו ובהלכי מחשבתו. ההבדל בין שני סוגי התשובה, המצטייר למראית עין כהבדל של כמות, הריהו באמת הבדל איכותי, כי במובנה הזה התשובה היא מהפך רדיקאלי בדרכו של אדם. זהו מעבר לעולם אחר, לחיים אחרים.

בימינו, החוזר בתשובה נכנס לעולם חדש, ועוצמת השינוי אינה באה לביטוי רק בעובדה שעתה הוא נדרש לקיים מספר מסוים של מצוות, ולעמוד בדרישות 'המעשים הפולחניים'

המתבצעים במסגרת ברורה ומוגדרת. המצוות המוטלות על היהודי רבות ומגוונות, אך לא בשל מספרן הרב נדרש החוזר בתשובה לבצע מהפך בחייו, אלא בשל היקף תחומי החיים בהם הן נוגעות. קבלתה של היהדות בשלמותה, אינה מתמצית ביצירת פינה מסוימת החבויה במהלך החיים השוטף והרגיל, אלא מהווה מהפך כולל ועמוק. יתר על כן: היא דורשת לא רק אורח חיים שונה, אלא אימוץ תרבות מקיפה; תרבות המחייבת קליטתן של ידיעות חדשות רבות. אך גם באלה לא די. החוזר בתשובה צריך לאמץ גם את תרבות 'לימוד התורה' – שאינו רק מכשיר המוליך למטרה מסוימת, אלא מטרה בפני עצמה, ולפיכך תופס מקום מרכזי בעולם הדתי.

כל תרבות, כידוע, היא יותר מאשר גוף או מערכת של תקנות – כיצד נוהגים במצבים מסוימים וכיצד עושים דברים מוגדרים. התרבות החדשה מחייבת את המחזיקים בה לאמץ גם דרך התייחסות חדשה אל העולם, ואל בני האדם החיים בו. כמו בכל מבנה תרבותי מורכב, כך גם בתרבות היהודית – אין כל הדברים נאמרים, כתובים ומפורשים; מרכיב חשוב בתרבות זו הם הדברים העולים 'בין השיטין', ומשתמעים מתוך הקשרים שבין ההיבטים הניכרים לעין. כוחה של תרבות לא רק בדבריה, אלא גם בשתיקותיה.

מ'צופה' ל'משתתף'

בעל התשובה בימינו, נכנס אל עולם כזה – על קשייו וקסמיו – מן החוץ. יש החוזרים בתשובה שהכירו במידת־מה את העולם הזה מתוך הספרות, ויש שהכירוהו אך ורק מתוך ראייה (ולא אחת – מתוך ראייה עוינת) והתבוננות מן החוץ. ההיכרות מבפנים אינה רק עמוקה יותר ויסודית יותר, אלא יש בה מן השוני המהותי, המבדיל בין הצופה לבין מי שמשתתף במאורעות עצמם. ההבדל שבין 'הוא מתפלל' ו'אני מתפלל', אינו רק הבדל של זווית ראייה, של שינוי שם הגוף בלבד, אלא תופעה שונה לחלוטין. תפילתו של אחר, אמונתו של אחר – הריהם

בגדר 'תופעה', שכל אחד יכול לדון אותה כרצונו. תפילתי שלי, אמונתי שלי, המצוות שאני מקיים – אלה אינן חוויות חיצוניות, אלא תחושות המעורבות בדברים וקשורות בהם. המעבר ממעמד של צופה למעמד של משתתף לא קורה בפעם אחת, וגם כאשר הוא נמשך זמן רב, ונעשה בשלבים איטיים ורבים – יש בו, בכל שלב, משום שינוי מהות ולא שינוי צורה בלבד.

מבחינה זו, יש לתשובה בימינו מימד עז של מאבק פנימי. התשובה שעושה אדם שלא חרג מן המסגרת היהודית, היא תוצאה של המאבק בין פיתוי – פיתוי היצר, פיתוי העצלות, פיתוי השגרה – לבין ההכרה. הקפיצה אל עבר התשובה מתרחשת כאשר בדרך מן הדרכים מתגברת ההכרה על הפיתוי, נפתחת הדרך ומתגבשת היכולת לשנות מגמה. בזמננו, כאשר מדובר בתשובה שעושים אנשים הבאים מחוץ למערכת ההכרה היהודית, המאבק הפנימי הוא על עצם היכולת להשלים את המעבר מעולם תרבות וחוויות אחד לעולם אחר. הקושי היסודי בתהליך זה, הוא השינוי המקיף שנדרש אדם לעשות, וחובתו לקבל מערכת התייחסות חדשה בתכלית. משימה זו קשה אף מן הבעיות המעשיות האישיות, הכרוכות בתהליך השינוי שהוא עובר.

צעד נחשוני

אכן, בכל הדורות דובר על כך שהצעד הראשון בדרך התשובה אינו יכול להיעשות מתוך שמירה על רציפות ועקיבות, ובשלב מסוים על החוזר בתשובה לדלג מתחום אחד לאחר. אב־הטיפוס של תהליך השחרור הרוחני הוא יציאת מצרים. גם שם, השלב המכריע – קריעת ים־סוף – מתרחש בשני שלבים: רגע ההיסוס מול ים סוף ורגע ההתרה, קפיצתו של נחשון אל תוך מי הים. לאמור: גם כאשר כל הניסים מסייעים לאדם מכל צד, ומצידו האחר של המתרס רודפים אותו כוחות קשים ואכזריים – מגיע רגע שבו נעצרת ההתקדמות העקיבה, ההליכה צעד אחר צעד. אדם עומד לפני מחסום, ואין לו כל דרך

לגבור עליו אלא בהחלטה נחושה לקפוץ ולהסתכן. מצב קשה זה נכון וקיים בכל תהליך של תשובה, בכל הדורות ובכל השלבים, אך הוא קשה שבעתיים כאשר יסודה של התשובה, כמו בימינו, תלוי במידת כוחו של האדם לעבור אל תחום אחר, שונה ונבדל.

בהקשר זה, יש לזכור כלל התקף בעולם הרוחני כפי שהוא תקף בעולם הפיסי: המעבר מסוג אחד של סביבה לסוג שונה, אף על פי שהוא נעשה במאות או באלפי פסיעות קטנות — מכל־מקום יש בו רגע אחד של שינוי דראסטי, שאינו דומה במהותו למה שהיה קודם לכן או למה שיבוא לאחריו. ההולך על שפת הים ומנסה להגיע לידי שחייה, אינו יכול לעשות זאת כל עוד הוא מקפיד שלא לנתק את רגליו מעל הקרקע; יכול הוא להשתכשך במים רדודים זמן רב (ובמקרים מסוימים אפילו שנים רבות או כל החיים), ולידי שחייה לא יגיע. אפשר להתנסות בשחייה אך ורק כאשר מוכנים לוותר על הבטחון הטמון בדריכה על קרקע מוצקה, ולהמירה ברגעים של מעבר בין העולמות — כאשר הרגלים ניתקות מעל הקרקע ועדיין אין ביטחון כי המים מוכנים לקבל את הבא לשחות בהם. וכיוצא באלה, בכל תהליך שיש בו מעבר מעין זה: אין מטוס ממריא ואין הוא יכול לנחות אלא לאחר רגע אחד של סיכון, של מצב ביניים בלתי ברור. המעבר אל עולמה של היהדות, אף הוא בגדר יציאה אל עבר מדיום שונה, שהמבקש להתנסות בו נדרש להחלטה כי אכן הגיעה העת לעשות שינוי. אמנם, אין פירוש הדבר שעצם הקפיצה הפתאומית היא כשלעצמה הפתרון; מי שקופץ לפני שהוא מוכן ומסוגל למעבר — מסכן את עצמו, ולא תמיד הוא יוצא בשלום מן הניסיון. אולם מן הצד האחר, גם אם מקדיש אדם זמן רב לאימונים תיאורטיים, להליכה סחור סחור כדי להרגיל עצמו למחשבה חדשה — אין מנוס מן הקפיצה, מן הדילוג על פני ערכים ותהליכי מחשבה קיימים, על־מנת לבוא בשעריה של מהות חדשה. אכן, לעתים קורה שאדם אינו עושה צעד אחרון זה מכוחה של החלטה גמורה, אלא בעקבות גורמים המסייעים לו להחליט, כעין העשוי לקרות לאדם שנפל למים

שלא ברצונו. אולם, מבחינה פנימית אין כל שינוי מהותי בין השניים, בין הדחף שבא כולו מבפנים, לבין זה שיש לו מסייעים מבחוץ. לעולם יהיה ניסיון זה קשור בתחושה ברורה של זעזוע, בשל אובדן היציבות הקיימת. כדי להגיע למצב חדש של שיווי משקל, הכרחי לאבד תחילה את שיווי המשקל הקודם, ואין כל דרך לשמור את שניהם כאחד.

כפי שיבואר בפרק הבא, אין זה תמיד אפשרי שאדם יעשה את כל דרכו בקפיצה פתאומית אחת ויהפוך לאיש אחר מכוחה של החלטה חד־פעמית. ודאי שישנם גם מקרים כאלה, בהם המעבר הוא מיידי, חד־משמעי, ומבחינות רבות אפילו בלתי־הפיך; אדם נכנס לעולמה של היהדות בבת אחת, ומשעה שנכנס, הריהו פוסע והולך בה בבטחון גמור, כאילו לא השתייך מעולם לתחום אחר. עם זאת, ברוב המקרים, אף כאשר הדברים מתמשכים והולכים, יש בכל זאת הבדל מהותי עקרוני בין מי שלא החליט מעולם לעשות את המעבר, לבין מי שהצליח להשלימו, ולו גם לזמן קצר, או בקשר לצד מסוים בלבד. שכן, אדם שגמלה בו פעם ההחלטה, אדם שהצליח להגשים את המעבר אל העולם החדש – התנסה במאורע שאין ערוך לחשיבותו, מאורע שאינו ניתן למחיקה: כעת הניסיון מוכיח כי הדבר אפשרי.

פריצת הדרך הראשונה

מעל לכל הקשיים, מעבר לכל הקושיות והשאלות, מאחורי כל התהיות המעשיות והעיוניות, ניצב סימן השאלה הגדול: האם הדבר ייתכן כלל? האם יכול אני לראות את עצמי בצד האחר, בתוך עולמה של היהדות? מרגע שאדם מצא את עצמו, ולו גם פעם אחת, מסוגל למעשה זה, הרי ששאלה עיקרית ועקרונית זו נפתרת ונעלמת מבחינתו. מי שעלה בידו לעבור פעם אחת אל תוך תחומו של העולם היהודי, הריהו כמי שעבר את ניסיון חייו הראשון בשחייה, כמותו כאותו אדם שהטיס את המטוס הראשון או את החללית הראשונה. ייתכן שיהיה קשה מאוד לחזור

ולעשות אותו דבר בשנית, ייתכן שיתעוררו קשיים רבים עוד יותר להפוך התנסות ראשונית זו למהלך חיים שלם ומסודר — אך הדבר אפשרי, ולכן — הוא יכול להיעשות בפועל.

פריצת הדרך הראשונה, היא אפוא ההשתחררות מן הספק הבסיסי — האמנם ייתכן דבר כזה, האם הוא אפשרי, האם הוא יכול לעלות על הדעת ולהגיע לכלל קיום? — מעבר מספקות ובעיות עקרוניים, אל תחום אחר. אמנם אף בתחום החדש מצויות שאלות מציקות וקשות אחרות, אך אלה אינן אלא בבחינת פרטים — פרטים של ביצוע, פרטים של מעבר מהלכה למעשה. משום כך, חשובה כל כך בתהליך התשובה אותה קפיצה יחסית, אותה הכרעה עקרונית, כי אכן רוצה אדם במעשה, ויכול הוא להיות בעולם האחר, עולמה של היהדות. לאחר שזכה אדם בהישג מהותי זה, הרי שאר הדרך היא בבחינת "ואידך זיל גמור" — יש ללכת וללמוד, להיאבק הרבה, ללמוד לעסוק בפרטים הנפרשים מנקודת ההתחלה המקפלת בתוכה את כל ההתפתחות העתידה לבוא.

חדש וישן

לתשובה בהיבטיה השונים והמגוונים עוד צדדים משותפים. האחד קשור במרכיב מהותי של התשובה, שהוא, כשלעצמו, אחד הפרדוכסים שלה. מצד אחד, עיקר התשובה הוא בהינתקות מן העבר, ביצירה של 'קו שבר' החותך את החיים לשני חלקים — מה שהיה לפני התשובה ומה שבא אחריה. יתירה מזו: כוחו של אדם לכפר ולתקן את אשר עיוות במהלך חייו קשור להנחה, כי התשובה היא כוללת, ותכליתה ליצור הוויה חדשה; העבר, ודמות ה'אני' של העבר מתנתקים מן ההווה; ה'אני' הקודם נעשה זר, אדם שהיה ואיננו עוד. או, כפי שמסבירים זאת חכמי ישראל, אותו אדם שחטא — הוא אדם אחר, אדם שבעצם מת ועבר מן העולם. ואילו אני, אני החוזר בתשובה — הנני מעתה בריה חדשה. התשובה היא, אם כן, סוג של מוות ותחייה רוחניים, דמות אחת מתה ונעלמת ודמות אחרת נולדת במקומה.

היכולת להינתק וכאילו להתכחש לעבר, היא המעניקה לה את משקלה לבצע שינוי

מנגד, פועל הצד האחר: הכוח המניע את התשובה, והמעניק לה את משקלה הסגולי ואת אופייה המיוחד – נעוץ דווקא בעבר וביחס אליו. מאמר חז"ל, כי במקום שבעלי תשובה עומדים אין צדיקים גמורים יכולים לעמוד (ברכות לד,ב), מתבאר ומתעמק בספר הזוהר. נאמר בו על בעלי־תשובה, שהם "מושכים" את הקדוש־ברוך־הוא "בחילא יתיר" (התשוקה שלהם לקב"ה היא בכוח ובעוצמה רבים יותר. זוהר א' לט,קכט). אכן, בעל התשובה מפתח במהלך תהליך התשובה מתח דתי עז הרבה יותר, מזה ששרוי בו אדם שכל ימיו נעים במסלול אחד. התנופה היתירה נוצרת במובן מסוים מכוחה של השקיעה והירידה. או, בלשון הדימוי של החכמים – עוצמתו של הנהר מתגלה דווקא כאשר הסכר עוצר בעד מימיו מלזרום דרכו. הריחוק של בעל התשובה במשך זמן מסוים בעבר מן הקדושה, הוא עצמו יוצר צמאון מרובה יותר, תשוקה עזה יותר. הקצב השליו של אדם המתמיד והולך בדרך טובים, הופך למרוצה אצל בעל התשובה, אשר מתוך תחושת המחסור הוא עושה מאמצים גדולים יותר להשיג את אשר איבד, ובכך מעלתו אפילו על צדיקים גמורים.

שני הצדדים הנוגדים הללו של התשובה, צריכים להגיע לידי ביטוי; אף כי בעל התשובה הוא במובנים מסוימים 'כתינוק שנולד', הרי מכל מקום אין הוא יכול להיות, ואינו יכול להרגיש כתינוק, אלא לנסות לעשות את הדבר המוזר – להיוולד מחדש, כאדם מבוגר.

זכרון העבר

המכשול הכביר ביותר העומד בדרכו של בעל התשובה בימינו, מתעורר כאשר הוא מנסה להתעלם לחלוטין מעברו. לניסיון זה היבטים שונים (נעסוק בהם בפרק נפרד – 'היחס אל העבר') ועל אף החיוב והעידוד שבכך, כלולה בו גם סכנה מסוימת – כניסה למצב של שביעות רצון עצמית, של הרגשת

שלמות עצמו, וניסיון לשכוח את קשייהם של אחרים. מצב זה מוליד אטימות־לב כלפי אנשים אחרים המתמודדים עם עברם, חוסר רגישות לסבלם, וחוסר התחשבות בעובדה, כי אנשים אחרים יכולים להיות שונים – ולא תמיד גרועים יותר.

רק כאשר אדם זוכר את עצמו במצבים אחרים ובעולמות אחרים, ורק כאשר אדם רואה את חייו כמכלול אחד שהעבר הוא חלק ממנו – יש בכוחו ליצור בתוך עצמו מידה נכונה של הגדרה והערכה. על אף הידיעה כי עתה הוא מצוי בעולם אחר, הוא זוכר כי לא תמיד היה כזה, וכי מוטלת עליו אחריות כלפי אותו עבר. כך נשמר החוזר בתשובה מן המלכודת הפועלת בשני הצדדים המנוגדים – מצד אחד, לא להגיע לידי השפלה יתירה של מהות עצמו, לידי ביזוי ושבירה נפשית; ומן הצד האחר – לא להגיע להערכה בלתי־נכונה של הווייתו, לתפיסה מוגזמת של יכולתו ושל הדרישות הנתבעות ממנו.

ודאי, בעל התשובה בימינו יכול לטעון (במידה רבה של צדק), כי חטאיו בעבר לא היו תוצאות של כישלון אישי או של כניעה אישית לפיתויי היצר, אלא פרי כשלונם של ההורים, של הסביבה, של כלל העם. אולם, אף על פי שטענה זו מקהה במידה רבה את חריפותם של רגשות החרטה, אין בה כדי להצדיק את ביטולם מכל וכל, שכן, אחרי הכל, מעשים מסוימים נעשו, ויש מקום לחרטה עליהם. יתירה מזו, אין דרך להתעלם מן העבר, אין דרך אמיתית של 'לידה מחדש', שלא תשאיר עקבות של העבר.

שינוי פנימי

גם מי ששינה בצורה קיצונית את אורחות חייו, וערכיו ואמונותיו עברו מהפך מהותי – גם הוא אינו משנה בדרך כלל את אופיו ואת עיקרי תכונותיו. אופיו של אדם נשאר יציב במידה רבה על אף כל התמורות בדרכי החיים; פגמי אופי וחסרונות שבנפש אינם מגיעים לידי תיקון על־ידי שינוי ערכים ושינוי אורחות־חיים. הסומך רק על מעשה התשובה החיצוני,

שיתקן את כל בעיותיו וחסרונותיו (גם חסרונות ומצוקות שהוא מסרב להכיר בהם) – לא יזכה להגיע לתיקון זה. מידות רעות או חולשות שבנפש, גם אם עוטפים אותן באצטלא של יראת שמים – מוסיפות להיות חולשות ומידות רעות. אין כוונת הדברים לקבוע, כי נשללת מן האדם הדרך להגיע לתשובה גם בתחום זה. אך תנאי לתיקון בתחום זה, הוא מודעות לבעיות ומאמץ הכרתי לפתור אותן. חלוש הדעת או בעל המרה השחורה, האלים והפזיז, יכולים וצריכים לתקן את מידותיהם הרעות, אך עליהם להשקיע מאמצים רבים. 'שָׂרוֹ של עשו', כינוי עתיק של יצר הרע, מתגלה כפי שחז"ל אומרים בשתי צורות: פעמים הוא נדמה ללסטים – שודד אלים וגלוי, ולפעמים הוא נדמה כתלמיד־חכם. יש להיזהר ממנו בשני גילוייו.

משום כך, גם לאחר המהפך הנפשי הגדול, חייב בעל התשובה (בימינו יותר מבעבר) לחזור ולדבוק בעצמו, לשאול ולחקור מדי פעם "מה נשתנה?", ועד כמה השינוי שביצע הוא פנימי, ולא צורני וחיצוני בלבד. אכן, כמו בעבר כן גם בהווה, צריך בעל התשובה להפוך את הכרת חטאיו וידיעת חסרונותיו למנוף, לתמריץ המניעו בדרכו. אין הדבר נעשה בריבוי הכאה על חטא, אלא בדרישה לבחינה מתמדת והשוואה חוזרת: כיצד וכמה התקדם בדרכו? האומנם שונים ההווה והעתיד מן העבר? האומנם קיבל החוזר בתשובה על עצמו תיקון אמיתי של כלל אישיותו?

הכל
או לא כלום

מעשה חלקי

כל עוד אדם מגשש ומהסס – אם ללכת בדרך התשובה, הוא מסוגל לעשות דברים הסותרים זה את זה ולחיות בעולמות שונים בתכלית. המהססים והמחפשים, חיים בעולם סבוך ובלתי מושלם. מצב נפשי זה עובר שינוי דרמטי דווקא כאשר אדם מגיע לידי החלטה, כאשר הוא גומר בלבו ללכת לקראת תשובה. בשלב זה מתעוררת לעתים קרובות דילמה מציקה: בחירה מוחלטת בדרך חיים של יהדות שלמה, או דחייתה מכל וכל. הבוחר בדרך התשובה יודע, כי לאחר שקבע בעיקרון את דרכו, שוב אין היהדות לו בבחינת תחביב שאפשר להשתעשע בו בשעת רצון – ולהניחו לאחר מכן. יתר על כן – ביהדות מודגשת תפיסת המכלול, הן מבחינה עיונית והן מבחינה מעשית, הווה אומר: ההכרה כי אין היהדות קובץ מקרי של אמונות ומעשים שאינם נוגעים זה בזה, אלא יחידה אחת, אחידה במהותה.

עשיית מחצית הדברים או חלקם, נראית בעיני בעל

התשובה כביטוי של מרמה עצמית, של משחק תעתועים עם בורא העולם – ועם עצמו. "אם אמנם אני מתכוון לכך באמת" טוען אדם כלפי עצמו, "הרי אינני יכול עוד לשחק בדברים, ולבחור מתוכם פירורים הנראים לי. חייב אני להיכנס אל הדבר – כל כולי, בכל אישיותי ובכל הווייתי" אולם כניסה מוחלטת כזו אינה קלה כלל ועיקר; הרגלי חיים של שנים רבות, אמונות ודעות, חברה ומקצוע, מכבידים במידה זו או אחרת על כניסה כוללת זו. המכשולים שבדרך אינם אחידים ואינם זהים לגבי כל מבקשי התשובה, אך לגבי רוב ההולכים לקראת תשובה מעמידה היהדות קשיים ומכשולים. ודאי קיימות סיטואציות שבהן אדם חופשי במידה רבה בהחלטתו, בפרט כאשר הוא יכול לשנות את סביבתו ואת נהגי חייו בתנופה אחת – אולם אלה מקרים ספורים, צירוף של תנאים מיוחדים בנפש פנימה ובחיים בכללם. לגבי רוב בני האדם, אין הדברים פשוטים. החברה או המשפחה עלולים לגלות התנגדות חריפה, ולא פחות מכך – מכלול החיים וההרגלים של הרוצה לחזור בתשובה מקשים על חזרתו בתשובה. יש דברים הגורמים לאדם מבוכה, יש כאלה המעוררים התנגדות ואפילו דחיה רגשית. המלחמה בכל המכשולים הללו בעת ובעונה אחת נדמית לעתים בלתי־אפשרית.

מחמת הסתירה בין הרצון של בעל התשובה ובין המכשולים הרבים והשונים בדרך אליה, נשאר אדם עומד ותוהה על דרך חייו. עשיית הכל נדמית כמשימה בלתי אפשרית, עשייה חלקית נראית מעשה לא ישר ומגונה. והאדם, על אף רצונו – נשאר לא אחת במקומו. סבור הוא שאם אינו יכול לעשות הכל – הגון וישר יותר, עם עצמו ועם אלוקיו, שלא לעשות דבר, או לחכות לשעת הכושר, לשעה של חסד, להזדמנות אחרת.

הכרה עקרונית

הצורך העיוני והנפשי להגיע להכרעה חד־משמעית וחד־פעמית ביחס לדרך החיים, הוא אחד המכשולים הגדולים בדרכם של רבים, וביחוד של בעלי מחשבה ובעלי רגישות. אולם, על

אף שבעיה זו משקפת סיטואציה אמיתית הקשורה בצורך להגיע לידי הכרעה, היא מוטעית ועלולה להיות מסוכנת. העמדת הבחירה בין 'הכל' ל'לא כלום' אינה נכונה, לא מבחינת התפיסה המהותית של היהדות, אף לא מבחינת אמיתותה של ההתייחסות הנפשית אליה.

אכן, כלל גדול הוא, כי המצוות כולן מכלול אחד הן, הוויה שלמה אחת, שהיא במהותה 'קומה שלמה' – מציאות אחת הכוללת פרטים רבים הנארגים יחד לידי אחדות. אולם בצד העובדה הזאת, קיימים גם צדדים אחרים, שראייתם נותנת פשר אחר לתמונה הכללית. מבחינת התפיסה הפנימית, עצם הקשר הפנימי המהותי בין כל המצוות יש לו גם משמעות אחרת: כשם שהשמטת מצווה אחת מן המצוות פוגמת בדרך מסוימת במכלול, הרי נכון גם מצד שני, כי כל מצווה כוללת בתוכה את המכלול. בנוסח 'לשם יחוד' הנאמר לפני קיום מצוות רבות, מופיע המשפט "לקיים מצות... בכל פרטיה ודקדוקיה, ותרי"ג מצוות התלויות בה", ומשמעות אמירה זו היא שכל המצוות מקופלות במובן מסוים בכל מצווה ומצווה. ראיית המצוות כמכלול צריכה להיחשב לא כיצירת אחדות מכנית של חלקים שונים, המשמשים בצירופם יחד לשם מטרה עליונה, אלא כמכלול של הטבע עצמו. כל חלק וחלק מן הבריאה אמנם יונק ומקבל מכל שאר החלקים, ודווקא משום כך הוא מקפל בתוכו משהו ממהות כולם.

תפיסת הכלליות שבכל מצווה ומצווה לעצמה, יש לה פנים רבות בדרגות שונות של פירוש והתייחסות, למן המסתורין של תורת הסוד עד לתפיסה ההלכתית־הפרגמטית. במובן מסוים, כשם שהפרה מודעת וזדונית של מצווה אחת היא בחזקת אקט של מרידה בסמכות האלוקית בכללה, כך קבלתה של מצווה ועשייתה נתפסת במובן מסוים כקבלת המשמעות היסודית הראשונית של המצוות בכלל: קבלת עול מלכות שמים. קיומה של כל מצווה היא, אפוא, קבלתו של העיקרון היסודי, והכרה בכל המשתמע מן ההתקשרות בין אדם לאלוקים. משום כך,

קיומה של כל מצווה הריהו מעשה בעל משמעות רבה, גם כאשר מקיימים אותה לבדה.

תפיסתה של ההלכה תואמת גישה יסודית זו; העובדה שאדם אינו מקיים מצווה כלשהי (או אפילו אינו מקיים מצוות כלל, מטעם זה או אחר), אינה פוטרת אותו מקיומה של כל מצווה אחרת. מחלל השבת אינו נפטר על־ידי חילול שבת מן החובה להדליק את נרות השבת – וכל שכן מעשייתן של מצוות אחרות. לשם משל – כשם שאין חובת העקביות מטילה על אדם שחלקים בגופו נגועים ופגועים, להזניח אברים נוספים בגופו, כך אין ביטולה של מצווה אחת מחייבת הזנחתה של מצווה אחרת. בצד ההתחייבות הכללית לגבי מכלול המצוות, קיימת גם התחייבות פרטית לגבי כל מצווה, ואין תפיסה אחת נוגעת בחברתה.

קבלת התורה – תהליך

השאלה של 'הכל או לא כלום' נעדרת תוקף אף מן הצד האישי והאנושי. גם אם החוזר בתשובה רוצה לראות את עצמו כאדם שנולד מחדש, המתחיל את חייו הרוחניים מתוך תחושה של שלמות, הוא צריך להיות מודע לכך, שגם בתהליך קבלת 'החיים החדשים' אין אדם נכנס לתוך המכלול בבת אחת. אף עם ישראל בכללו, כאשר קיבל את התורה, לא קיבלה למעשה בקפיצה פתאומית אחת. התהליך היה ארוך ומתמשך: למן ההכנה המוקדמת של שבע מצוות בני נח, עד לקבלת המצוות הנוספות במצרים, במרה ובמעמד הר סיני, ובגילויין המלא לאחר מכן. גם ילד הגדל בבית יהודי שלם, אינו נכנס בבת אחת לעולם של קיום התורה כולה, אלא לאחר הכנה ארוכה. שלב אחר שלב וצעד אחר צעד גדל הילד, לקראת הכשרתו לקבל על עצמו את מכלול המצוות כולן. תהליך זה נמשך שנים אחדות, שנים של חינוך מודרג וקבלת התחייבויות מודרגת, בהתאם ליכולת התפיסה ובהתאם ליכולתו המעשית לקיים את הדברים הנדרשים ממנו.

בעיקרו של דבר אין יצור עובר טרנספורמציה פתאומית חד־פעמית ונהפך לאחר. הזחל אינו הופך לפרפר בשינוי פתאומי אחד, אלא בתהליך מודרג. יש חוקיות בתהליך זה, יש בו (למראית עין) כמה וכמה קפיצות – שגם בעל תשובה נדרש לעשותן מפעם לפעם, אך גם אלה לא נעשות ברגע אחד של מעבר. העובדה שתופעת המעבר הפתאומית אינה שכיחה בתחומי העולם היהודי, נעוצה בעצם ההכרה כי תהליך זה הוא מסובך ומורכב. קבלת היהדות אינה אקט חד־פעמי של הכרה וקבלה של אמונה, של משפט חיווי אחד, או חוויה פתאומית של התגלות. חוויות רגע כאלה עשויות להיות חשובות ומכריעות – כנקודות מפנה, כנקודות הכרעה, אך לגבי היהדות, הרי הן רק נקודת ההתחלה של דרך ארוכה מאוד.

יש לזכור כי המכלול של התורה והמצוות הוא מכלול תרבותי מורכב מאוד, אשר המעשה והאמונה שזורים בו בקשרים הדוקים; אין יהדות שלמה בלא שכל המרכיבים הללו יתייחסו זה לזה. זו סיבת תהליך החינוך המתמשך שבחיי הכלל היהודי ובחיי הפרט, וזו הסיבה שגם בעל התשובה עשוי להימצא במשך זמן ממושך בעיצומו של תהליך חינוכי כזה. במקום לראות את שלבי הביניים כגילויים של מרמה עצמית, של אישיות שסועה, מרמה כלפי עצמו וכלפי הבורא, יש לראות בהם שלבים של חינוך.

פתרונות משנה

עולם הבעיות של בעלי התשובה עשוי להיות מגוון מאוד, עד שאין בעיותיו ולבטיו של אדם אחד זהים לאלה של אדם אחר. דברים שלגבי אדם מסוים הם שאלות יסוד או מצבים בלתי־נסבלים, עשויים להיראות חסרי חשיבות בעיני אדם אחר. שאלות של חברה או זהות עשויות להיות מכריעות בדרכו של בעל תשובה אחד, כשם שקשיים עקרוניים מסוימים יכולים להצטייר כנקודת המצוקה בעיני חברו. כאן, כמו בתחומים רבים אחרים, אין אנשים שונים נמדדים במידה אחת ואין נתיב אחד לכל.

עם זאת, הבעיה הכללית תקפה לגבי כולם: כולם מכירים בכך שהמשימה להגיע לידי אמונה, ואף למעלה מזה – לידי חיים יהודיים שלמים, אינה דבר של מה בכך. משום כך, ייתכן כי אדם זקוק לשלבי מעבר רבים כדי להגיע לנקודה שאליה הוא חפץ להגיע. ואף שכל אחד משלבי המעבר הללו אינו שלם ואינו מספק כשלעצמו – אין הוא מעשה מרמה ולא אחיזת עיניים, אלא חלק מתהליך המעבר.

במובן מסוים צריך בעל התשובה לראות את עצמו כמי שעומד לפתור בעיה מתמטית סבוכה; בעיה שאין לפותרה אלא באחת משתי דרכים: האחת – מכוח הארה אינטואיטיבית, המוליכה לפתרון חד־משמעי, אולם הארה כזו היא נדירה מאוד. אפשרות אחרת, שעשויה להיות שימושית יותר, היא באמצעות סדרה של פתרונות משנה. אף שכל אחד מן הפתרונות הזמניים אין בו כשלעצמו בכדי לפתור את הבעיה, וברבים מפתרונות ביניים אלה מרובה הנעלם מן הידוע – ובכל זאת, כל שביב פתרון הוא שלב של התקדמות לקראת הפתרון השלם.

אין פירוש הדבר כי הליכה לקראת היהדות בשלבים היא תהליך פשוט; בעיות רבות ומעכבים רבים מצויים אף בדרך זו, ועל ההולך בה להיות מודע להן. הבעיה הראשונה היא בעצם חוסר השלמות של התהליך. כאשר אדם חי חיים יהודיים שלמים, הרי החלקים השונים של הווייתו – בחברה, בהזדהות חיצונית ופנימית, במעשה ובמחשבה – הם איבריה של מערכת אחידה. אולם, כאשר אדם עובר שלבים שונים של תהליכי מעבר, הריהו נקלע בהכרח למבוך של סתירות. למן הסתירה הראשונה של העדר זהות, עד לבעיות הקטנות של התייחסות לדברים שונים ולאנשים שונים בעולם הסובב. התחושה של הכרה בסתירות אלה מביכה ומכאיבה, ועלולה לא אחת להביא אדם לידי יאוש. לאדם זה אבדה היכולת להיות חלק מן ההוויה הישנה, ומאידך גיסא עדיין לא מקננת בו תחושת השחרור של מעבר להוויה חדשה. אכן, עצם הידיעה שתופעה זו אינה אלא שלב מעבר זמני, מסייעת לאדם. יתר על כן, אם מחליט אדם

דווקא אז להמשיך בדרכו ולעבור את השלבים השונים — יש בו דחף להשלים את מלאכתו עד למצב של שיווי משקל יחסי.

התקדמות הדרגתית

בעיה אחרת, מעמיקה יותר ומסוכנת יותר היא נטייתם של המתחילים בתשובה להישאר בסטאטוס של עובר־אורח נצחי, ללא כוונה להגיע למקום מוגדר כלשהו לעולם. הנצחת שלב הביניים, לא זו בלבד שהיא יוצרת דמות אנושית מטושטשת וחסרת דרך אמיתית, אלא אף סותרת את כל משמעו של התהליך היסודי. ההצדקה היחידה שיש לו לאדם להיות בעולם מלא סתירות פנימיות, היא בעובדה כי זוהי מציאות של טרנספורמציה. תהליך המעבר עשוי להימשך זמן רב, כשם שפתרונה של בעיית חיים (או כל בעיה סבוכה אחרת) עשוי לדרוש שלב של חינוך עצמי, של הכנה ושל השתנות. אולם הצדקתו התיאולוגית והמוסרית של התהליך, נעוצה בהיצמדות לתפיסה הראשונה, כי הדרך מובילה למכלול השלם של היהדות. מכלול זה יכול להיראות בשלבי ההתחלה מרוחק מאוד מיכולתו של האדם להשלימו — אך הצדקתה של הדרך היא בקביעת המטרה הסופית למן ראשיתה. בנקודה זו, ההכרעה החד־משמעית של 'הכל או לא כלום' היא חיונית. לאמור, הקבלה העקרונית של הכיוון והיעד חייבים להיות מוחלטים, גם אם הדרך עד למטרה עשויה להיות ממושכת וסבוכה.

נקודת המפנה האמיתית לקראת היהדות אינה בנקודת ההתעוררות הראשונה — שהיא רק היענות לקריאה בלבד — אלא בהצהרה הפנימית "נעשה ונשמע". לאמור, ההחלטה הפנימית כי אכן לקראת מטרה זו מכוונים והולכים כעת חייו של האדם. אולם במקום להמתין עד לשעה או למצב שבו יהיה קל לשנות (ולעתים אין דבר זה קורה לעולם), יש לשנות את מהלך החיים בשלבים, בהדרגתיות, לפי היכולת הפנימית והחיצונית של האדם.

ההדרגתיות שבשינוי המעשים, אינה נוטלת מאומה

מחריפותו של הצורך בקפיצה חד־משמעית של ההחלטה. יש רגע מכריע של 'קבלת התורה', הכולל בתוכו את כלליה ופרטיה כולם. משם ואילך – מתחילה הדרך האחרת, הדרך לקראת הגשמתן של ההכרעות. לאחדים – ניתן הדבר בכניסה קוסמת לעולם שלם, שאינו יוצר קשיים ובעיות; לרבים אחרים – בתהליך ממושך יותר, פעמים מסובך, מפותל ומיוסר. מנקודה זו שוב אין ההולך בדרך החדשה שואל את עצמו "האם עלי לעשות הכל או לא כלום?", אלא "כיצד מתחילים לעשות משהו, על־מנת לזכות ביכולת לעשות הכל".

במה מתחילים

דרך ארוכה

קבלת עול תורה ומצוות אינה מן המשימות הקלות שאדם נוטל על עצמו. משמעות המושג 'להיות דתי' בהקשר היהודי, אינה מציינת אך ורק תחושה רליגיוזית כלשהי, המשתלטת על מבקר בבית תפילה. קבלת עולה של היהדות משמעה אימוץ אורח־חיים שונה, המתבטא בכל שטחי החיים. חינוכו של אדם, יחסיו עם סביבתו, ובמידה רבה גם טיבה של אותה סביבה — הם גורמים העשויים להקל או להכביד על מעבר כזה. אולם בכל מקרה אין מעבר זה קל כלל ועיקר.

כאמור, יש אנשים שביכולתם לבצע את הקפיצה הזאת בבת־אחת; גם מוסדות שונים הקולטים את החוזר בתשובה יכולים להיות מסגרת־מעבר פשוטה ונוחה. אולם מעבר זה קל יותר לאנשים צעירים מאוד, או לאלה שאין להם קשרים אחרים — קשרי עבודה דוחקים, קשרי משפחה והתחייבויות משפחתיות. כמובן, לא כל אדם מסוגל מבחינה נפשית לעבור את הדרך

הארוכה הזאת בבת אחת. לעתים קרובות דרכו של אדם אל היהדות היא תהליך הנמשך זמן רב, לבטיו ותהפוכותיו מרובים, ולאט לאט מתקרב האדם אל יציבות מסוימת.

העושים דרכם באיטיות משום שאינם מסוגלים לעבור מקצה אחד לשני, מדרך אחת לאורח־חיים אחר ושונה – מתחבטים בשאלות רבות. אחת הסוגיות העקרוניות היא: במה מתחילים? גם כאשר אדם מוכן ומזומן לקבל הכל על עצמו, עדיין אין הוא יודע – כיצד פוסעים את הצעד הראשון בדרך ארוכה זו?

בתחום זה, כמו בתחומים רבים אחרים בדרכי האדם, אין כללים מוגדרים ומוצקים שמהם אין לסטות. לכל אדם יש תכונות אישיות של משיכה ודחיה; לכל אדם יש שאיפות ורציות שונות, ובעיות וחסימות המיוחדים לו ומונעים ממנו לעשות דברים מסוימים. בין שמניעות אלה מקורן בסביבה החיצונית, או במזג הנפש העצמי – אין להשוות אדם לאדם ואין להקיש מאדם אחד למשנהו. עם זאת, למרות ההבדלים בין אדם לאדם אפשר לציין הנחיות כלליות אחדות, היכולות לשמש מורה־דרך כללי.

נתיב אישי

הנחה יסודית אחת בעניין זה כבר פורשה לעיל – אין לקבוע מסמרות בדבר. אל לו למבקש תשובה לקבוע לעצמו סולם מוגדר מראש של ערכי חשיבות או סדר, וללכת דווקא על פיו. עצם ההתחלה, היציאה לדרך, חשובה יותר מן ההיצמדות לדברים החשובים דווקא.

הדברים שמתחילים לקיימם, מן הראוי שיצטיינו בשתי תכונות מאפיינות: ראשית – שאדם יתחיל בקבלת תחום הקרוב ללבו, שיתחיל לנהוג במצווה שכלפיה הוא חש קרבת נפש מיוחדת. לכל אדם יש מצוות אחדות שכלפיהן הוא חש יחס מסוים, ואשר בקיומן הוא זוכה להתעוררות נפשית גדולה יותר. היו חכמים שיעצו כי כל אדם יבחר לעצמו מצווה אחת, שיהיה

זהיר בה ודבק בה יותר מכל האחרות. בתחילה ראוי, אפוא, לאדם שיקבל על עצמו דברים שיש לו יחס טבעי אליהם, שאין הוא צריך לכפות את עצמו לעשותם.

ההנחיה השניה היא, שיקבל אדם על עצמו לעשות דברים שיוכל לנהוג בהם בקביעות. אמנם אדם שהתחיל במעשה טוב כלשהו ונכשל פעם ולא השלימו, אינו צריך לראות בכשלון זה ראיה לכך שאין לדברים משמעות, או להתייסר יתר על המידה בגללם. עם זאת, כניסה רצינית לתחומן של מצוות, דורשת תחושה של התחייבות ושל קביעות. משום כך, גם כאשר אדם מקבל על עצמו מנהג שאיננו מצווה של ממש — צריך הוא לעשותו מתוך המשכיות וקביעות. כאשר מכניס אדם את עצמו להתחייבות, שאין הוא מסוגל לעמוד בה בקביעות — הוא מערער בתוך עצמו את תחושת הרצינות שבדברים, ומביא על עצמו משברים מיותרים. כללו של דבר — ראוי ללכת מן הקל (קל בעיניו של האדם) אל הכבד; להתחיל ממה שנעים לאדם לעשותו, ממה שיכול אדם לעשותו ולהתמיד בעשייתו מתוך בטחון.

עשה ולא־תעשה

מן הבחינה הדתית כשלעצמה, אף מבחינת הרגלי החיים, טוב יעשה המתחיל בחזרתו אל חיי תורה ומצוות, אם ישים את הדגש על הימנעות ממצוות לא־תעשה. לאמור, עדיף להחמיר בהימנעות ממעשים, מאשר להתחייב למצוות שיש בהם צורך בעשייה פעילה. דבר זה, כאמור, חשוב מן הבחינה ההלכתית, שכן בהרבה איסורים חומרת האיסור הוא לעתים גדולה, בעוד שהמאמץ להימנע מן האיסור יכול להיות קטן, יחסית. כאשר אדם מודע כבר מן הבחינה העקרונית לצדדים של איסור — מוטב שימנע מן האיסור הזה.

יש בדבר גם כמה צדדים אחרים. ראשונה — הימנעות מעשייה כלשהי תובעת אמנם התאפקות והתגברות על הרגלים, אך אינה מחייבת פעילות מודעת בכל עת, ולפיכך המאמץ

הרוחני הפנימי הנדרש הוא לעתים קטן יותר. בנוסף לכך, הכניסה למהלך החיים החדש היא תהליך האורך זמן, ויש צורך להתרגל אליו – ולכן כדאי להתחיל בהימנעות מדברים שאדם רגיל לעשותם כל ימי חייו, משום שלעתים לוקח זמן רב להפסיק אותם. מי שאינו רגיל בשמירת השבת חש אי־נוחות בשבתות במשך זמן ניכר, משום שנדמה לו ש'כל דבר אסור'. יתר על כן, מכוח ההרגל הישן ממשיכים לעשות, בלא מתכוון, דברים אסורים, ונזכרים כי בעצם הדבר אסור רק לאחר מעשה. מי שרגיל לכבות ולהדליק את האור בשבת, לא בנקל ולא מיד יתרגל לכך, שכל הדלקת מכשיר חשמלי אסורה ביום זה. בלא משים וכלאחר יד ממשיך אדם לעשות את אשר עשה תמיד. משום כך, נדרש זמן רב עד שהנוהג החדש הזה נעשה ל'טבע שני'.

בהרגלים מוצקים, שיש בהם משיכה כשלעצמם, הדבר קשה פי כמה וכמה. מי שרגיל לעשן, למשל, עלול לסבול סבל פיסי מסוים, כאשר הוא נמנע מעישון בשבת במשך יממה תמימה. יש להעיר, כי בדרך כלל, לאחר שאדם נכנס בתחום זה לחיי שיגרה, הרי עצם הכניסה לאווירת השבת משפיעה על הנפש ואפילו על הרגלי הגוף, ואדם (גם אם לא חונך לכך מצעירותו) מוצא לאחר זמן כי ביום השבת הצורך וההכרח פוחתים בהרבה. כיוצא בזה הימנעות מיחסי מין אסורים, ובכלל זה הקפדה על זמני נידה. אף בעניין זה ההרגל והמשיכה הגופנית הכרוכים יחד עשויים להכביד במשך זמן מסוים, וככל שאדם מקדים להיכנס למסגרת איסורים זו, הוא מקל על עצמו.

זאת ועוד, לעתים נדמה לאדם הבא 'מבחוץ', שאותם אנשים דתיים שהוא מכיר מקבלים הרגלי חיים אלה בקלות מרובה, בלא בעיות, ורק הוא חייב להתייסר ביסורי גמילה שכאלה. בדרך כלל אין הדבר נכון בשלמות לגבי כל אדם, גם אם גדל וחונך בתחום הדתי. יצרים ותשוקות מכל הסוגים קיימים בכל בני האדם, וכל אדם מתקשה בשעבודם של יצרים אלה לערכים נעלים יותר. שעבוד כזה ו'כפיית היצר', הם תחום של מאבק מתמיד, ולא

פעם גם של כשלונות. אכן, הרגלי חיים מסוימים מקלים על הקושי ומפחיתים את טרדתו, אך רק לעתים רחוקות מאוד נעלמים הגירוי והפיתוי לחלוטין.

בדרך כלל, קל יותר מבחינות אלה להתחיל בהימנעות מאכילת מאכלים אסורים. בישראל, שאפשר להשיג בה מזון כשר בנקל, בעיית המזון קלה לפתרון; אף הכשרתו של מטבח (ראה בפרק 'הכשרת כלים') אינה מטלה חמורה מאוד. אולם, גם במקומות שבהם הדבר קשה יותר – ניתן הדבר להיעשות בלא לגרום הכבדה יתירה. הוויתור על מאכלים או הרגלי אכילה כלשהם, קל יותר מאשר הימנעות מאיסורים אחרים, ויש בכך גם כדי לסייע לטהרת הנפש.

קביעות ושייכות

גם בתחום המצוות המעשיות הדורשות עשייה בפועל, קיימים צדדים ופנים שונים. לעתים קרובות יכול אדם להתחיל את דרכו בתשובה בקיומה של מצווה בסיסית מאוד – תלמוד תורה. לימוד תורה דרך קבע (וחשובה הקביעות – גם אם לא למשכי זמן ארוכים, אפילו לא כל יום), היא מצווה שיש בה כדי להמריץ את הדבקים בה להמשיך הלאה. בעניין זה חשובה, אך וודאי לא הכרחית, חברה טובה המתאימה לכך. בלימוד בצוותא מסייעים האנשים זה לזה, הן בעצם הלימוד והן בחוויית ההשתייכות. כיוצא בזה (אם אין לאדם בעיות ומכשולים נפשיים בנושא זה), השתתפות בתפילה מתוך קביעות, ולו גם בתחילה רק תפילה אחת לשבוע, ביום השבת; גם מצווה זו אינה מכבידה במידה רבה והיא מעודדת את האדם להמשיך בה.

בעיני רבים, עצם המעבר מאורח־חיים אחד למשנהו, ובעיקר ההיבט החברתי, הפומבי (ולעתים, ברצון או שלא ברצון – אפילו ההפגנתי) הקשור בדבר, הם גורמים מפריעים ומרתיעים. כל אימת שאדם חש ברתיעה או בחשש כזה, מוטב שיתחיל את דרכו במצוות 'פרטיות', כלומר, בדברים שהוא יכול לעשות בינו לבין עצמו, בלא להודיע עליהם ברבים, או בלא שיוודעו מיד

ברבים. לא פעם חש אדם שאין ביכולתו להכניס עצמו למחוייבות גמורה ושלמה בבת אחת, מחוייבות הקושרת אותו קשר מיידי ובל יינתק לדברים שעדיין אינו מסוגל לקבלם כולם. משום כך, אפשר – ולפעמים אף ראוי – להתחיל בדברים שיכול אדם לעשותם בינו לבין עצמו, לאחר מכן בדברים שנעשים בחוג המשפחה, ורק אחר זמן בדברים שמזהים אותו בעיני הרבים. תפילה שאדם מתפלל בינו לבין עצמו, הנחת תפילין שאדם מניח בעצמו, הדלקת נרות שבת בבית – אלה יכולים לשמש התחלות נוחות. רק כאשר אדם בוטח יותר בעצמו ובדרכו, הוא יכול לעשות דברים שיש בהם כדי לבטא שינוי שלם של דרך חיים.

כללו של דבר, יש לזכור: לא כל האנשים מתקדמים בקצב שווה. יש שבגלל אופיים או דרך חייהם מסוגלים לעבור שינוים מהירים. ישנם אחרים העוברים דרך זו במשך זמן מרובה, ומתוך לבטי נפש מרובים. בכל מקרה יש לדעת, כי המצווה שאדם עושה, העבירה שהוא נמנע ממנה – כל אחד מאלה לעצמו הוא קניין מסוים. אין להסתפק בהתחלה בלבד, אך גם דרך ארוכה מאוד חייבת להתחיל במקום מסוים.

תלמוד תורה

דרך ומטרה

מצות תלמוד תורה היא אחת ממצוות היסוד ביהדות. התורה – אומרים חז"ל – היא אחד משלושת הדברים שעליהם העולם עומד, ואף הוסיפו ש"תלמוד תורה כנגד כולם" (פאה א,א) – מצווה השקולה כנגד כל המצוות בחשיבותה, בשכרה ובהכרח שבה. כדי להבין מצווה זו לעומקה, יש להבחין בשני היבטים בה, זה לפנים מזה. תלמוד תורה הוא, כמובן, הדרך אל ידיעת התורה, על פרטיה ודקדוקיה, במופשט, בתיאוריה, בפילוסופיה, וידיעתה כהדרכה מעשית לחיים. אין אפשרות להגיע לאורח חיים יהודי מבלי לדעת אותה, ואין לדעת אותה אלא בלימוד.

אולם יש ללימוד התורה גם היבט פנימי יותר: הלימוד כשלעצמו הוא מצווה, מצווה גדולה ויסודית, אשר צידוקה הוא בעצמה, גם בלא קשר למאמציו של הלומד לקיים את הכתוב בה הלכה למעשה. לימוד התורה אינו מתמצה בלימוד 'על

אודות' הדברים, כמקור מידע; לימוד התורה בפני עצמו הוא אחד ההיבטים המהותיים של היהדות. כשם שהמצווה חשובה לעצמה — בקשר שהיא יוצרת בינה לבין נותנה — בורא העולם, כך לימוד התורה הוא מצווה היוצרת קשר כזה. אולם, בעוד המצווה המעשית היא יצירת הקשר הזה באמצעות המעשה, הרי שלימוד התורה הוא יצירת הקשר באמצעות פעילות רוחנית. ומשום כך יש לו משמעות כפולה: מצד אחד התורה היא השער שדרכו אפשר להיכנס אל תוך עולמה של היהדות, ומצד אחר לימוד התורה הוא אולם פנימי בתוך היכלה של היהדות.

הכפילות הזאת במשמעותה של התורה, מגבירה את המחויבות ללמוד אותה — כדרך ואמצעי, וכמטרה בפני עצמה. אף על פי שהתורה "ארוכה מארץ מידה ורחבה מני ים" (איוב יא,ט), ומתי מעט יודעים על-בוריים רק פנים אחדים מפניה המרובים, הרי אין הדבר פוטר כל אדם מישראל מלימוד התורה ומעיסוק בה בכל כוחו ויכולתו. חלק חשוב בהגדרה של עם ישראל "ממלכת כהנים וגוי קדוש" (שמות יט,ו) נעוץ בכך, שאין בעם ישראל כת מצומצמת של 'יודעים', וגם אם קשה להגיע לדרגה של תלמיד חכם במלוא מובנה של המילה, הרי אסור להישאר בבחינת 'עם הארץ' — שהוא עלבון וירידה לדרגה נמוכה ביותר.

לא פעם נדמה לאדם העומד מול הררי ההלכה, ים התלמוד ושדותיה של המחשבה היהודית לכל גווניה, כי אדם רגיל, ובפרט מי שלא ייחד לכך את מיטב ימי נעוריו, לא יוכל לעולם להגיע לתפיסתם כראוי. ועם זאת, נדרש כל אדם ללמוד, עד כמה שידו מגעת, עד כמה שכוחות נפשו ורוחו מאפשרים לו להגיע. אמנם, במשך הדורות היו רבים שהיו עמי-הארץ ובורים, אף כי היו יהודים במלוא נפשם, ובהם אף בעלי מעלות מופלאות בתחומים אחרים, אך לעולם נחשב להם הדבר לפגם יסודי. לעתים אין פגם הבורות ניתן לתיקון, מחוסר אמצעים רוחניים או חומריים, אך אין בכך צידוק שלם לחוסר ידיעת התורה. גם בורים ועמי-הארצות השתדלו ללמוד תורה כפי יכולתם, ועוד יותר —

להעניק לילדיהם את היכולת ללמוד. בורות היתה מצב שנוצר בדיעבד — ולעולם לא בבחינת מציאות שמשלימים עמה מרצון.

חשיבות הידע

לאדם המגיע לחיים יהודיים, צפויה תמיד הסכנה שישלים עם חוסר הידיעה שלו, או שיסתפק רק בלקטים ומבחרים שונים, ויישאר משום כך 'עם הארץ'. בעיה זו, הידועה מדורות עברו ומנוסחת באימרה "אין בור ירא חטא ולא עם הארץ חסיד" (אבות ב,ה), חמורה יותר דווקא לגבי בעל התשובה. בימינו דרגת ההשכלה והידיעה הכללית גבוהה למדי בקרב היהודים, וחוסר הפרופורציה שבין ידיעה, השכלה והעמקה בשאר השטחים לבין ידיעה שטחית ומקוטעת בתחום היהדות מביא לחוסר איזון בנפש. ללא ידיעה מקיפה ומעמיקה בתחומי היהדות, עלולה הווית החיים היהודית להיתפס בעיני האדם המשכיל בענייני העולם, כמעין מערכת חיצונית של טקסים ומערכת פנימית של אמיתות, שפשרן ועניינן אינו מובן, ומתוך כך הן נעשות בעיניו אמונות תפלות ותו לא. החובה ללמוד תורה והערכת חשיבותו של הלימוד, נעשות אפוא הכרח ממשי ונפשי עבור מי שמגיע לשמירת התורה והמצוות מכוח עצמו, ומעוניין למצוא בהן טעם ומשמעות.

דרכו של אדם אל היהדות בימינו, מתחילה בדרך כלל בלימוד מקצוע מסוים בתחום זה, מקצוע שהוא בעל משמעות רבה ללומד, או מכשיר חשוב להתקרב באמצעותו להבנת דרכו החדשה. עם זאת יש לזכור, כי לימוד כגון זה מהווה על פי רוב פתח לדרך ארוכה ומורכבת יותר של לימוד, וכי אין בשום פנים להסתפק בזווית ראייה מצומצמת, כתחליף ללימוד תורה במלוא היקפה. בלימוד התורה, כמו בתחומים רבים אחרים, שורר יחס דיאלקטי בין החובות האובייקטיביות לבין המשיכה האישית, ויש למצוא איזון מתקבל על הדעת ביניהם.

חשוב לזכור את ההבדל שבין חוויה לידיעה. גם אדם שידיעותיו בענייני יהדות קלושות ביותר, עשוי להתפעל עמוקות

ממעט הדברים שהוא יודע. התפעלות זו יכולה להיות מנוף למהלך החיים הרוחניים, ועם זאת עדיין אין היא מקנה ידיעה של ממש. כמובן, יש אנשים שנפשם מכוונת בדרך פלא אל עיקרי הדברים; המעט אשר יחידים אלה יודעים, הוא הוא עיקר התמצית, ולכן הם יכולים להמשיך לבנות את חייהם הרוחניים מתוך הסתמכות על חומר מועט אך יסודי ביותר. אולם במרבית המקרים, ידיעה מעטה פירושה גם הבנה חד־צדדית, מקוטעת ולא נכונה. אכן, לעתים מגלה הצצה חד־צדדית שכזו דברים מפליאים ומעניינים, אך מרביתם אינם נובעים אלא מהרהורי ליבו של הרואה אותם, והם מתייחסים במידה מעטה בלבד אל תורת ישראל. משום כך, לא רק אותם שהמידע בידם לוקה בחסר, ולא רק אלה הצריכים ידיעה מרובה ומעמיקה יותר, אלא גם בעלי החוויה צריכים לימוד מרובה, כדי לאזן וליישר את החוויות הללו ולמלאן תוכן.

אופן הלימוד

בלימוד התורה נוהגים כללים מסוימים של צורה, הקודמים במידת מה לשאלת התוכן, כיוון שהם משותפים לכל תחומי הלימוד: אחת הנקודות החשובות בתחום זה היא הקביעות שבלימוד, קביעות שאדם מתחייב בה, ואינו מתיר לעצמו כל מקום לגמישות ביחס אליה — בכל הנוגע לזמני הלימוד ולתכניו. קביעות זו היא מן הדברים הנוטלים מן הלימוד את הטעם לפגם של חובבנות או שעשוע אינטלקטואלי גרידא. קביעות בזמנים ובנושאי הלימוד עושה את לימוד התורה (גם אם הוא מועט בכמותו ובאיכותו) לעניין של שגרה, כמעט מקצועית. וכאמור, אף על פי שיש אנשים ש'תורתם אומנותם', הרי כל אדם מישראל מצווה שלא להיות רק 'חובב' בתחום זה. דפדוף על פני דפים בכל שעת כושר הוא אולי עניין נחמד ונעים — אך אינו מתקשר ללימוד התורה ברצינות ובתחושת מחוייבות. חשוב מאוד משום כך, שכל אדם יקבע לעצמו שיעורים קבועים ללימוד תורה, אשר נושאם מוגדר היטב,

במקום ובזמן מוגדרים במידת האפשר. גם אם אדם לומד את הדברים לעצמו ובעצמו, חשוב שיעשה לעצמו קביעות, יְיַחד זמנים קבועים מראש ללימוד, ויעשה זאת בצורה מסודרת ועקבית. קביעות בזמן, במקום ובנושא הלימוד היא עיקר גדול בתחום זה.

צד אחר בשאלת ה'איך' של לימוד התורה, הוא המאמץ להגיע במידת האפשר ללימוד בחבורה — בין אם בכל עת, ובין אם בחלק מן הזמן שאדם מייחד ללימוד. חכמינו עסקו רבות בעניין זה, האריכו בגנותו של הלימוד ביחידות, ולעומת זאת הפליגו בשבחו של הלומד בחבורה — אפילו הוא לומד יחד עם חבר שידיעותיו אינן עולות על אלו שלו. אין צריך לומר, כי מבחינת הקביעות אין טוב מלימוד בחבורה. מעטים הם אלה שניחנו במשמעת פנימית מספקת, להגיע לשמירת קביעות ראויה לשמה בהסתמך על עצמם בלבד. בנוסף לכך, הלימוד המשותף, הריהו יוצר לחץ משותף של הסכמה הדדית ללימוד. הלימוד בחבורה גם יוצר קשר חברתי, שעשוי להפוך לעתים לקשר עמוק יותר.

הבחינה הערכית של הלימוד בחבורה, חשובה פי כמה. לכל אדם, ובעיקר לבעל התשובה או מי שלא למד די צורכו, נשקפת תמיד סכנה כי יפול בטעויות בלתי מודעות או מכוונות. גם אדם מוכשר ובעל יכולת אנליטית גבוהה עשוי ליפול לתוך שורה של מכשלות, כאשר לימודו נעשה בבדידות וביחידות. ואילו הלומד בחבורה מונע מעצמו חלק ניכר מן המכשלות הללו.

לאין ערוך חשובה יותר הלמידה מפי אדם היודע את הדברים, ובפרט אם אדם זוכה למצוא לו מורה ראוי לשמו. מציאת המורה המתאים, תורמת רבות מעבר לעזרה הממשית והעכשווית שבלימוד. פעמים שאדם זוכה למצוא לעצמו מורה־דרך, רב ומנהיג לכל דבר. 'מציאה' כזו היא עניין לעצמו, ומשמעותה אינה מצטמצמת רק בתחומי לימוד התורה, אלא עשוייה להיות מאורע מכריע בחיי הלומד. אולם גם רב המלמד תורה במסגרת מצומצמת יותר, אין חשיבותו מתמצית רק

בעזרה טכנית בחומר הלימוד. כל מורה ראוי לשמו אינו מסתפק בהעברת 'חומר לימודים' מסוים ומוגדר לתלמידו, אלא אף את המצוי 'בין השיטין'. עניינים אלה הם הדברים שאינם מפורשים, שאינם כתובים בספרים ובמפרשיהם, ולעתים אין הלומד בעצמו יכול להגיע אליהם בכוחותיו שלו. לא לחינם אמרו חכמים, כי "גדול שימושה של תורה יותר מלמודה" (ברכות ז,ב), והתכוונו בכך לאותו עניין: הדברים הנלמדים כבדרך אגב, הדברים שאין דרך להגדירם ולהעבירם בקריאה ובלימוד טכניים, הם הדברים החשובים והמרכזיים, שרק לאחר זמן מה מסוגל הלומד להעריכם אל נכון. משום כך, גם כאשר אין הדבר קל ואין מוצאים רב המושלם בכל המעלות, חשוב מאוד למצוא מורה המסוגל להורות את הדברים. ועל כל פנים חשוב ביותר לאדם המתחיל את דרכו ביהדות, ללמוד תורה בחבורה, ואפילו בשניים ('חברותא').

היקף הלימוד

חומר הלימודים שאדם מישראל צריך לדעת אותו, לא על־מנת להיות תלמיד חכם ובעל הוראה, אלא כדי להיות 'יודע ספר' סתם, ואפילו רק כדי שלא להיות עוד 'עם הארץ', עצום בכמותו. גם מי שמייחד זמן מסוים ללימוד מרוכז, במוסד זה או אחר, עשוי לגלות עד כמה עליו עוד להוסיף וללמוד, כדי להגיע לידיעה של ממש, אשר מי שגדל וחונך על ברכי היהדות קונה אותה לעתים בלא כל מאמץ, תוך כדי חינוכו הבסיסי. עם זאת, אפשר לבנות מערכת מינימום מסוימת, שתשמש לפחות בסיס ראשוני, ולאחר מכן לפתחה ולהרחיבה.

ראשית יש להדגיש את מאמר חכמינו, כי לעולם ילמד אדם מה שליבו חפץ וממי שליבו חפץ (ע"ז יט,א). ההגדרות, התחומים והמסגרות יפים כולם לתת מושג על הדברים שדורשים ידיעה, אך בסופו של דבר דרך הקליטה של כל אדם אישית, ו"כשם שפרצופיהם שונים זה מזה, כך דעותיהם שונות זו מזו" (מדרש תנחומא פנחס י). נושאי הלימוד המהווים תשובה לכל שאלותיו

של אדם אחד, עלולים לנסוך שעמום ואף דחייה בלבו של אדם אחר. המסגרות האובייקטיביות מלמדות בדרך כלל מה צריך אדם לדעת, אך דרכו של כל אדם שונה ומיוחדת רק לו לבדו.

הבנת השפה

דבר חשוב, הצריך להיאמר למי שאין העברית שפת דיבורו, הוא שיש הכרח בהבנה — ולו גם פסיבית — של שפת המקורות, שהיא בעיקר עברית. אפילו דוברי עברית זקוקים לעתים לזמן מסוים ולמאמץ לא קל כדי להגיע להבנתה של השפה המיוחדת של המקורות. שפה זו נבדלת משפת הדיבור לא רק בהיותה בת זמן אחר, אלא גם במבנה הפנימי, במושגי היסוד ובדרכי המחשבה הנהוגים בה. אפשר אמנם להגיע להבנה מסוימת של עיקרי היהדות תוך שימוש בספרות מתורגמת — תרגומים ועיבודים של מבחר הספרות היהודית מצויים במרבית הלשונות, וכמעט אין ספר יסוד שלא זכה לתרגום. עם זאת, יהדות של תרגום, לא זו בלבד שהיא הרסנית לכל קיבוץ יהודי — כפי שלימד הניסיון ההיסטורי לא אחת — אלא אף ליחיד היהודי. קיומה של מחיצה טכנית בלתי ניתנת למעבר, היא עצמה גורמת ליצירת חיי רוח המבוססים על תחליף, מעין יהדות מ'כלי שני'. משום כך, ידיעת השפה ברמה המאפשרת לפחות יצירת קשר כלשהו עם סידור התפילה בשעת התפילה ועם מקורות אחרים — חשובה ביותר.

חומר הלימודים

חשוב מאוד לדעת את המקרא, ככל האפשר בשלמותו. אין הכוונה לידיעה של בקיאות בנוסח חידוני התנ"ך, אלא להכרה יסודית של ספרי המקרא, של סיפוריהם ועלילותיהם, ובמידת האפשר טוב ללמוד גם פרקים אחדים על פה, באורח אינטנסיבי יותר. יש לזכור: לימוד רציני של המקרא עשוי להיות לעבודת חיים, אולם כל אדם היודע קרוא וכתוב יכול לקרוא את התנ"ך פעמים אחדות, גם בעזרת פרשנות או תרגום, ולרכוש לעצמו

בקיאות. בעת קריאת התורה בבית־הכנסת עוברים אמנם על כל חמשת חומשי התורה בכל שנה, אך בשל המהירות היחסית של הקריאה ובשל סיבות אחרות, קשה להבין היטב את הנאמר. ראוי — ואף חובה לעשות זאת על פי הדין — להכין את פרשת השבוע, ולקרוא 'שניים מקרא ואחד תרגום' (פירוש רש"י נחשב אף הוא כתרגום). קריאת הפרשה בכל שבוע מהווה הזדמנות חוזרת ונשנית לקריאה ולהתעמקות, ובשל היותה קשורה למחזור חיצוני אובייקטיבי, היא תורמת אף לקביעות.

נושא אחר של לימוד הוא לימוד ההלכה. בתחום זה רב עוד יותר ההבדל שבין רמתו של איש ההלכה המובהק, תלמיד החכם שההלכה היא מקצועו, לבין המבקש להתחיל ללמוד את עיקרי הדברים הראשוניים. קיימת ספרות הלכתית עניפה ורחבה בשפות שונות, המאפשרת להגיע ללימוד ההלכה כמעט בכל הרמות. גם בתחום זה קיימות הנחיות הלכתיות היפות לכל נפש: יש להקדים ללמוד את עיקרי ההלכה בחיי היומיום: עיקרי הלכות התפילה, שבת, כשרות, וטהרת המשפחה. לאחר שיודעים מעט על כל אלה, במידה המספקת לפחות כדי שלא להיכשל בשגגות, מן הראוי ללמוד את ההלכה באורח שיטתי.

יש המסוגלים בלא כל קושי לעבור לשם כך על ספרי ההלכה המקוצרים של הדורות האחרונים, כגון 'קיצור שולחן ערוך' וכדומה, הכוללים פירוט מעשי של הדברים שעל אדם מישראל לעשות, והאיסורים החלים עליו. ספרים כגון אלה אינם דנים בעקרונות או בהסברי יסוד, ואין לראות בהם אלא ספרי שימוש בלבד — המורים כיצד לנהוג במצב נתון. בכך אף תועלתם — שהם נותנים בתמציתיות רבה את ההלכות המעשיות ביותר, ומסבירים הכל באופן תכליתי ביותר. העובר על הספרים הללו פעם או פעמים אחדות אינו מסוגל לזכור את אלפי הפרטים הכלולים בהם, אך לימודם והעיון בהם מעניקים לפחות ידיעה בסיסית של הבעיות, ומפתח ראשוני — היכן יש לחפש אחר תשובות לשאלות המתעוררות.

יש אנשים, אשר הקריאה בסעיפי ההלכה היבשים מעייפת אותם

ואינה מקנה להם ידע, לפי שדרכם בקניית ידע מופשטת ועקרונית יותר. לצורך זה, יש כמה וכמה ספרים הכתובים בשפה בהירה ביותר – המבארים כמה עקרונות הלכתיים חשובים. הלומד בהם יכול להבין ביתר קלות דינים מפורטים רבים, כאשר תחילה הוא מבין את היסוד העקרוני המאחד אותם. כמובן, שאין לימוד ההלכה מצטמצם אך ורק בידיעה כללית מה לעשות הלכה למעשה, אך בתחילת הלימוד מן הראוי לייחד להם תשומת לב מרובה יותר, ואף להקדים אותם לכמה וכמה נושאים אחרים, גם אם הם מושכים יותר את הלב.

התלמוד ופירושיו אף הם מהווים חומר לימוד בעל חשיבות רבה. גם בתחום זה ניכרים הבדלים עצומים בין הרמות השונות של הידיעה. רמה גבוהה של ידיעה בתלמוד, נקנית לא רק בייחוד זמן ללימוד, אלא אף בכשרונות מיוחדים לכך. לא כל המרבה לעסוק בלימוד מגיע לתוצאות המקבילות למאמץ שהשקיע. זאת ועוד, יש המגלים במשך זמן קצר ביותר קשר עיוני ואמוציונאלי עמוק אל התלמוד, והם נמשכים אליו בשקיקה, ואילו אחרים אינם מגיעים לעולם להתייחסות קרובה שכזו. אולם כל אדם כמעט זקוק ללימוד זה או אחר של התלמוד, או לפחות לקניית יכולת בסיסית להתמצא בו וללמוד אותו במידה זו או אחרת.

חשיבותו של התלמוד, כספר בסיסי בכל תחום מתחומי היהדות, כמעט שאינה ניתנת להערכה. מי שהוא 'עם הארץ' בתורה שבעל־פה, בורותו עולה על זו של מי שאין לו מושג במקרא. זאת, משום שהתלמוד מהווה בסיס כמעט לכל שאר התחומים ביהדות, וכולם קשורים בו ויונקים ממנו. יתר על כן: עצם לימודו של התלמוד וידיעתו מהווים מעין מאזניים, כוח המאזן את הנפש ובולם את האדם מפני נטיות קיצוניות שונות שהוא עשוי להיתפס להן. ה'אינטלקטואליות הקדושה' של התלמוד, יוצרת בסיס נפשי שממנו אפשר לעבור לתחומים שונים, בלא חשש מפני תהייה לאין קץ.

עניין נוסף הוא לימוד אוצרות המיסטיקה היהודית, ובעיקר – חכמת הקבלה. הקבלה היא אולי שיטת התיאולוגיה הרשמית

היחידה הקיימת כיום בעם ישראל, אולם אין שיטה אחת ואחידה ללימודה. השוני אינו נוגע להעדפת הנושא, אלא לתכונות הנדרשות ללימודו. חשוב מאוד לזכור, כי הקבלה, שלא כשיטות מיסטיות בדתות אחרות, אינה שיטה לעצמה אלא מהווה פירוש לתורה — שבכתב ובבעל־פה — ומעשיה וכוונותיה נלווים תמיד למעשי המצוות בכל היקפן.

לא בכל מקום ולא מכל אדם אפשר ללמוד קבלה כראוי, ויש לשים לב ממי לומדים ובאילו ספרים משתמשים, שכן יש מהם הכוללים מגמות לא־יהודיות או אף אנטי־יהודיות מובהקות. אף כי בדורותינו כבר אמרו חכמים, כי אין להקפיד עד כדי כך בהצנעתו של לימוד זה, שהוא בסופו של דבר 'חכמת הנסתר', מן הראוי שלא להיכנס ללימוד חד־צדדי ובלתי־מאוזן של מיסטיקה. חשוב מאוד, שגם מי שנפשו נמשכת ליצירת קשר משמעותי עם היהדות באמצעות המיסטיקה, ישקוד במקביל על לימוד ההלכה, ובעיקר על התלמוד ומפרשיו, הן כדי שיבין את הדברים — שכן חוסר ידיעה של התורה שבעל־פה גורם לחוסר הבנה יסודי בנושא זה, והן כדי להביא לכך שלימוד זה יזין את נפשו של הלומד ולא יתעה אותו מדרכו. שכן ניסיון להיאחז במיסטיקה היהודית בלא יחס לשאר מרכיבי היהדות, אינו יוצר אלא דמות מסולפת ומטעה שלה.

תחום לימוד אחר הוא תורת המחשבה והמוסר, לענפיה המרובים ולשיטותיה השונות, ואף כאן מרבית ההבדלים יסודם בצורות הביטוי ובדרכי הגישה, ולא בתכני היסוד שלהם. על כן, לא אחת מגלה הלומד כי עניין אחד עשוי לבוא לביטוי בכמה וכמה דרכים. מצד זה, ראוי שהלומד, ובפרט המתחיל, יגדיר לעצמו מערכת מסוימת אחת, כל עוד הוא שואב ממנה תועלת ומענה לשאלותיו. ניסיונות להגיע לצירופים שונים ולסינתזות, אינם גורמים אלא לבלבול הדעת ולחוסר יכולת להבין דבר אחד על בוריו. כמובן שלעתים קרובות מזדמן שאדם אינו מוצא למן הרגע הראשון את הדרך המתאימה לו, והוא נזקק לחיפושי דרך נוספים, אך מוטב שינסה להגדיר כיוון אחד על בוריו, מאשר שילקט

פירורים מכמה וכמה שולחנות המזדמנים על דרכו בעת ובעונה אחת.

ובסיכום, מצוות לימוד התורה וידיעתה אינה רק דרך ופתח למצוות אחרות, אלא מצות יסוד, אשר כל אדם מישראל חייב בה בכל ימי חייו. ואין בשום אופן להסתפק במעמד של 'בור ירא שמים', אלא יש להשתדל לא רק לעסוק בלימוד, אלא אף להגיע להישגים בעלי משמעות בכל תחום מתחומי התורה.

וראה בסוף הספר רשימה קצרה של ספרים – בדרגות שונות – הניתנים לקריאה או ללמוד גם למי שלא היה כל ימיו בעולמה של התורה.

תפילות וברכות

ברוך אתה ה'

התפילות והברכות לסוגיהן, הן אחת מן הבעיות שכמעט כל אדם החוזר בתשובה נתקל בהן, וחייב להיאבק עמן ועם עצמו ביחס אליהן. בתפילות ובברכות שני גורמים מכריעים: ראשית — הברכה והתפילה הן מצוות מעשיות הרווחות בחיי היומיום, ויש לייחד זמן ושימת־לב לעשייתן, מדי יום, כל פעם מחדש. שנית — תפילות וברכות אינן אך ורק מעשים חיצוניים שאדם עושה, ואשר משמעותן והתייחסותו הפנימית כלפיהן נתונות במידה רבה לשיפוטו. לתפילות ולברכות יש תוכן מסוים ומוגדר היטב, ואין אדם יכול להגיע אליהם בלא התייחסות פנימית אל תכני הדברים הנתונים.

מי שגדל כל ימיו בחברת דתית, והורגל משחר ימיו להתפלל ולברך, גם אם הוא נמנה עם האנשים שליבם ומוחם פתוחים ורגישותם רבה — ההרגל הופך לו לטבע. אולם המתפלל או מברך לראשונה בחייו מודע הרבה יותר לתוכנם של הדברים

ולצורתם החיצונית; אוזנו כרויה לשמוע דקויות של מובן, ועינו פתוחה לראות יופי וחידוש; מאידך, דווקא רגישות זו יכולה ליצור ניגוד פנימי וריחוק. ועל הכל: תפילה ואף ברכה, הריהן בתמצית הדברים פנייה ישירה אל הקב"ה, ואילו רוב המצוות הן רק אמצעי ליצירת יחס כלפיו, של עשיית רצונו. ישירות הפנייה יוצרת גם היא את הקשיים השונים והרבים המצויים בתחום זה.

בגלל מורכבות הנושא, ומחמת משמעותו הגלויה הוא דורש אף הפנמה; אין כמעט אדם שאינו מתקשה ברב או במעט, בגשתו להתפלל בפעמים הראשונות (ולא פעם אף זמן מרובה לאחר מכן), אולם אין הבעיות והקשיים זהים. כל אדם, לפי טבעו, נתקל בבעיות אחרות. לא אחת מתברר, כי אותם צדדים המכבידים ומעוררים פקפוק בעיניו של אדם אחד, הם דווקא אלה שמסייעים לפתור את קשייו של אדם אחר.

פנייה ישירה

הבעיה הפנימית הראשונה (אף כי, כאמור, אין היא מטרידה כל אדם, ויש שאינם רואים בה בעיה כלל ועיקר), היא עצם הנקודה הראשונית של התפילה או הברכה. בכל תפילה וברכה, לא רק נוסח הדברים מביע פנייה אל "אתה ה'", אלא גם מובנן ומשמעותן מדגישים את האפשרות והצורך בפנייה כזו. מערכת הגינונים החיצוניים שבתפילה (בעיקר בתפילת שמונה-עשרה) אף הם מכוונים כנגד ההרגשה, שהנה נכנס המתפלל, כאילו חדר לפנים מחדר, ועתה הוא עומד מול ה' בקודש — כעמידה לפני אדם ממשי כביכול. לא אחת תוהה האדם לעצמו, "האמנם מאמין אני בדברי? האמנם מסוגל אני להזדהות עם עצם הפנייה הזאת אל הקב"ה?" שהרי בין שהתפילה היא תפילת הודיה והלל, ובין שהיא בקשה ותחינה — הרי במהותה היא מבוססת על הכרה פנימית של קשר משמעותי בין המתפלל לקב"ה. משום כך היא מעוררת את השאלה, התהייה — "האמנם כשאני אומר את המילים הללו, מצוי אני באמת בקשר כזה? האין אני אומר מילים של סתם — המבטאות יחס, דיבור אל "אתה" ואל נוכח

וקרוב, מאזין ומקשיב – בשעה שתחושה זו איננה קיימת בתוכי?" שאלָה זו שמצטיירת לעתים בעיניו של המתחיל כגילוי של חוסר אמונה וחוסר התמסרות, היא לאמיתו של דבר, בעיית יסוד דתית, שגם לאדם דתי אין מנוס ממנה (אלא אם כן פטר את עצמו מכל סוג של שאלות בכלל), ושאין הוא מנוע מלהתחבט בה בכל עת.

יחידי סגולה בלבד, מעטים שבמעטים, זוכים להכרה ממשית, מלאה ובהירה, שכל תפילה וכל ברכה שהם מבטאים בפיהם אכן תואמת את רגשות הלב הפנימיים. לגבי עם ישראל בכללו, הרי 'עבודת ה' בתפילה' היא אכן עבודה, עבודה קשה שאדם עוסק בה כל ימיו. צדיק אחד אמר על עצמו: "בנעורי הייתי משתוקק שאזכה להתפלל תפילה אחת כתיקונה, כשהוספתי חוכמה התפללתי שאזכה לומר ברכה אחת כתיקונה, ומשעליתי לארץ-ישראל – ואווירה של ארץ ישראל מחכים – יודע אני שעלי לבקש שאזכה לומר מילה אחת כתיקונה, באמת לאמיתה". משמע, קושי זה מטריד לא רק אנשים הבאים ממרחק, אלא אף לאנשים שכל חייהם הם בתחומה של היהדות, בעיה היא – ואפילו לאנשי מעלה. ובעניין זה הגדול מחברו לעתים רגיש יותר, ולכן סובל יותר מאחרים את קשייה של התפילה – שיהיו פיו ועומק ליבו של אדם שווים.

להתפלל על התפילה

אולם אין להסיק מכן, שאדם אינו צריך להתפלל כלל; חובתו להבין את משמעות התפילה ואת תפקידה בדרך אחרת; תפילה היא בקשה או פנייה, שלעולם כלולה בה גם הבקשה להיות נכון לתפילה. התפילות, כשם שהן מצווה לעצמן, הן גם תרגיל של מצוות התפילה. אדם לומד להתפלל, אדם לומד ליצור קשר וכוונה, בתוך עצם מהלכה ועשייתה של מצוות התפילה. "ברוך אתה ה'" היא פנייה ישירה אל הנוכחות הגלויה של האלוקי, אך בה במידה היא גם בקשה, בקשת לב – "התגלה אלי, ה', התגלה כדי שאוכל לפנות אליך באמת, בהכרת

נוכחותך". כל אימת שאדם מתפלל הוא חוזר ומכין, אפוא, את עצמו, מכוון את נפשו לקראת תפילה. המילים של התפילה אינן רק ביטוי חיצוני של הרגשת הלב, אלא גם הכלים החיצוניים שבאמצעותם מביא אדם את ליבו לתחושה של תפילה.

עבודה זו שבתפילה היא עבודת הלב של כל אדם מישראל בכל דרך חייו. יתירה מזו, כאשר אדם גדל ומתעצם מבחינה רוחנית, הוא מבין לעתים קרובות, כי מה שהיה נראה לו בעבר כ'אמת', לא היה אלא 'שפת אמת' — ביטוי שפתיים שהיתה בו אך מידה מועטה של הכרה נכונה ושלמה, ואשר על כן עליו לשוב ולחתור למיצוי מלא יותר של התפילה. כל מתפלל היכול רק לגעת נגיעה כלשהי בקצה הדברים, יכול ונדרש, אפוא, לבטא אותם. מותר ואפשר לבטא את רחשי הלב בלוויית סימני שאלה ותהייה; מותר לבטא אותם מתוך ספקות, ובלבד שיבטאו את הרצון הפנימי. עבודת התפילה יוצרת, בדרך כלל, את ההכנה הנפשית לתפילה. הפער טרם חוסל, אך המעבר על פני פער זה הוא מטרה שאדם מציב לעצמו למשך כל חייו, ואינה ניתנת לביצוע במעשה חד־פעמי.

תפילת הכלל

בעיה אחרת העומדת לפני המתחיל להתפלל, היא שאלת התכנים של התפילות. יש תפילות, שתוכנן מעורר במתפלל רגש של הסכמה. תפילה זו מבטאת תחושות שהוא עצמו חש בהן. אולם תפילות אחרות נראות רחוקות, זרות ובלתי־רלוואנטיות. אף באלה לא כל בני־האדם שווים, שהרי עניינים שבעיני אדם אחד נראים זרים וחסרי משמעות, מצטיירים בעיני חברו כדברים חשובים ומכריעים. רק לעתים רחוקות יימצא אדם בהתאמה הרמונית עם כל התפילות, אולם הבנת משמעה של התפילה יכולה לסייע במידה מסוימת להתגבר על קושי זה.

כמעט כל התפילות והברכות מנוסחות בלשון רבים ולא בלשון יחיד, על מנת להורות כי סידור התפילה אינו צרור של תפילות יחיד, אלא תפילת הכלל — תפילתו של כלל ישראל.

כיוון שהתפילה כללית, ממילא היא נועדה להקיף את מכלול הבעיות והבקשות, רגשות התודה והתפילה של הכלל היהודי. אדם אחד מוצא את ביטוי נפשו בחלק מסוים או בברכה ידועה, ואילו אחר מוצא את עצמו בתפילה וברכה אחרת. יש ויחסו של האדם לתפילות מסוימות אף משתנה. המטופל בחולה מגלה משמעות ועוצמה יתירים בתפילת "רפאנו", ומי שנקלע לקשיים כלכליים מרגיש את הצורך בתפילה על הפרנסה.

תפילת ישראל היא תפילת היחד, תפילת כלל האומה, וכל אדם מתפלל לא רק עבור עצמו, אלא עבור הכלל כולו. וכבר מסרו בשם האר"י הקדוש (וכן מצוי בכמה סידורי תפילה) שלפני התפילה צריך אדם לקבל על עצמו את מצוות אהבת ישראל, ולכלול את עצמו עם כלל ישראל. מטעם זה — כיוון שהתפילות הן תפילות האומה, נקבעו להן זמנים קבועים, המכוונים כנגד זמני הקרבת קורבנות הציבור בבית־המקדש, הבאים בשם כל ישראל, ועבור כל ישראל — ואף גורמים רבים במבנה הפנימי שלהן מכוונים כנגד צדדים שונים בענייני הקורבנות.
תפילת הציבור היא, אפוא, 'עבודה' במובן היסודי של המילה — עבודת הפולחן, עבודת הקודש של כלל ישראל. אף קביעת הכיוון של העומד בתפילה — בכל העולם כנגד ארץ ישראל, בארץ ישראל כנגד ירושלים ובירושלים כנגד בית־המקדש — כוונתה להעמיק את התחושה, כי בזמן התפילה כל אחד — וממילא כל עם ישראל — פונה אל עבר מרכז החיים שלו.

תפילת היחיד

העובדה שהתפילה הרשמית — נוסח התפילה שבסידור — הוא תפילת הרבים ותפילת הכלל, אינה שוללת כלל ועיקר את ערכה של תפילת היחיד המיוחדת. תפילת היחיד נעשית בשתי דרכים: היחיד מתפלל את התפילה הרגילה ומוסיף בלבו או בפיו מעין אותה בקשה שבתפילה — המבקש סליחה מתוודה על חטא שחטא, המבקש רפואה מבקש על חולה מסוים. וכל שאר הבקשות, שלא נשמר להן מקום מוגדר בתפילה, נאמרות בברכת

"שמע קולנו" שבתפילת שמונה-עשרה. בכמה סידורי תפילה אף מובאות נוסחות של תפילות מיוחדות, אך בעניין זה הנוסח אינו קובע גבולות, ויכול אדם להוסיף מדעתו ככל שירצה.

אופן אחר של תפילת יחיד, הוא התפילה הפרטית שכל אדם יכול וראוי שיתפלל בכל עת שהוא מרגיש צורך בכך — בין כשהוא מצוי בבית-הכנסת או בביתו, בכל לשון, בכל נוסח ובכל דרך פנייה. היו אף אנשים וקבוצות שקבעו לעצמם זמנים של תפילת יחיד כזו, שבה אדם 'מדבר עם הקב"ה' את אשר עם ליבו. וכאמור, תפילת היחיד היא תפילתו של אדם פרטי הנתון במצב מסוים, של הרגשה ושל מציאות, ואין היא מתנגשת עם תפילת הכלל שבסידור. שהרי התפילה המנוסחת והכתובה היא תפילה המבטאת את הכלל היהודי כאומה שלמה, על כל פרטיה ולבטיה, וכל אדם יכול למצוא את הפינה המיוחדת לו בתוכה — ועם זאת להצטרף אל כלל ישראל בתפילתו הכוללת.

אריכות התפילה

בעיה אחרת קשורה באריכותן של תפילות שונות, בפרט תפילת שחרית. מספר המילים שבתפילה אינו רב ואמירתן אינה דורשת זמן ממושך, אך אדם שזה עתה החל לקבל על עצמו מנהגי תפילה, רגישותו עשויה להיות גדולה יותר, והנטייה להתעכב על פסוקים וקטעים ולהתעמק בהם חריפה אצלו יותר. התפילה היא בעלת תוכן רב מדי עבורו, עמוסה וגדושה בנושאים הדורשים את תשומת ליבו ואת עיונו; אדם כזה עשוי לגלות שתפילה נמשכת זמן רב מאוד ודורשת ריכוז רב. מי שעתותיו אינם בידו ואינו יכול להאריך בתפילה, רשאי להתפלל תפילה מקוצרת: קריאת שמע והברכות שלפניה ואחריה (מברכת "יוצר אור" ואילך), ותפילת שמונה-עשרה בלבד, ולאחר זמן להרחיב את היריעה עד לכלילת כל נוסח התפילה. ויש להעיר, כי מבנה התפילה אינו שרירותי ואינו בגדר גיבוב אקראי של דברים, אלא מבנה מדויק, הבנוי מתוך תשומת לב מרובה לפרטים וליחסים ההדדיים בין התפילות. התפילה השלמה היא

מערכת מדורגת, שסדרה, כמו מרכיביה, בעלי משמעות — הן מבחינת התהליך הרגשי העובר על המתפלל, והן מבחינת סדר הדברים על פי הסוד. לא כל חלק בתפילה משפיע על כל אדם באותה דרך, וכאמור אף בזה חלים שינויים בהתאם לזמנים ולמצבי הרוח המשתנים בכל עת. משום כך, העדפה מסוימת כלפי חלק זה או אחר בתפילה היא טבעית ביותר, ובתחילת הדרך יש טעם גם בבחירה מסוימת, כל עוד אין היא הופכת למנהג של קבע.

עיון תפילה

על פי רוב נתקל המתפלל בשאלה נוספת — שאלת החזרה המתמדת, הקושי שבשגרת התפילה. המבנה הכללי קבוע וחוזר על עצמו; תפילת שמונה־עשרה, למשל, חוזרת (בשינויים מזעריים) שלוש פעמים בכל יום, ונוסח התפילה כולו משתנה אך מעט מיום ליום ומחודש לחודש. כך נוצרת התחושה כי התפילה, במקום שתהא חוויה מלהיבה ומרוממת נפש, הופכת לשגרה, ולא אחת אף שגרה מעייפת, שאין שכרה החוויתי בצידה. שאלה זו אף היא מן השאלות העומדות לפני כל אדם מישראל, אף כי חריפותה עלולה להיות רבה יותר בעיניו של אדם שלא הורגל מילדותו בתפילת קבע, אדם שחש ביתר עוז את התחושה, כי תפילת הקבע חדלה להיות עבורו מסכת של "תחנונים לפני המקום", כפי שאכן ביטאו חז"ל את הבעיה (ראה אבות ב,יג).

הפתרון המקובל לשאלה זו, הריהו בדרך כלל 'עיון תפילה' — ההתעמקות המודעת בתכניה של התפילה, בפירוש מילותיה, בתפיסת מובניה וביצירת התרשמות מחודשת. לאמור, תפילה חדשה (כזו שאדם לא ראה אותה מימיו, או כזו שהוא נתקל בה רק לפרקים רחוקים, כמו תפילות הימים הנוראים) משאירה רושם מיידי על המתפלל, כרושם שעושים מראה נוף חדש או מאורע יוצא דופן. אולם לאחר שההתרשמות הראשונית הזאת פגה (ובהכרח היא חולפת עוברת, שכן מעצם טבעה היא מבוססת על ראיית הבלתי־מוכר), מגיע זמנה של התרשמות

מעמיקה יותר, של ראיית הפרטים ושל התבוננות בהם. במקום החוויה הראשונית, שהיא בעיקרה רגשית לגמרי, באה הסתכלות שמתוך הכרה ומתוך הבנה, הסתכלות שדורשת לא רק יכולת קליטה סבילה אלא מאמץ פעיל מצד המתפלל.

שגרה מול התחדשות

לעניין זה גם צד אחר, כולל יותר, שאינו חל אך ורק על סוגיית התפילות, אלא על כל מערכת שמירת המצוות (וגם על מערכות רבות אחרות של חיינו החווייתיים בכל שאר התחומים). בעיקרו של דבר, הדברים שאנו נתקלים בהם או עושים אותם נחלקים לשני סוגים: עם הסוג האחד נמנים המעשים החדשים המעוררים התרשמויות עזות, הבאות מכוח פגישה עם מאורעות גדולים, מקרים יוצאי־דופן וכיוצא בהם. עם הסוג האחר נמנות מערכות אחרות של התייחסות למכלול הדברים שמהווים את המסגרת הקבועה של מהלך החיים, מסגרת המורכבת מאירועים פחות מרגשים ופחות מזעזעים, מסגרת שיש בה מידה רבה יותר של חזרה וקביעות. אכן, בעיקרם של דברים אין החיים מורכבים רק מתהליכים המתרחשים בתחום אחד בלבד מן התחומים הללו; מבנה נפשנו אינו מניח לנו להיות תמיד במצב של ריגושים נצחיים. אפילו חוויות חיצוניות עזות תוכן, כאשר הן באות בקצב ובתדירות החורגים מיכולת הקליטה שלנו, גורמות להתקהות ולאובדן רגישות. ולעומת זאת, חיים שכולם שגרה וקביעות גורמים לשעמום ולקהות מסוג אחר.

לגבי אותם דברים שאנו עושים בחיינו פעמים רבות, אנו חייבים לפתח מבנה אחר של התייחסות ושל קליטה. לאלה צריכים אנו להתייחס כאל רקע, כאל תחום השקט והסדירות, אשר בתוכו ועל גביו מובלטים פרטים שונים וזוכים במשמעות מודגשת. החזרה והקביעות שיש בעשייתן של מצוות רבות — ולא פחות מזה בתפילות הסדורות — צריכות להעניק את ריתמוס החיים הרגיל, את ההדרכה לאופן מסוים של מחזוריות

במהלך החיים, חיי המעשה וחיי הרגש כאחת. ואילו על רקע זה ובתוכו נשמר מקום גם לחידושים ולריגושים עזים. ה'התמסדות' שיוצרות הקביעות והחזרה, היא הנותנת את יציבות היסוד של אורח החיים, והיא המניחה את הבסיס לשלבים גבוהים יותר של התייחסות. כאשר אדם רוצה בחידוש בכל מחיר, הוא מאבד את האפשרות להפנים את המאורעות והדברים, ואילו מכוחה של אותה קביעות נוצרת היכולת לבחון מחדש דברים, אשר אנו כבר מכירים היטב. וכך ניתן שלא להיתפס להיבטים חיצוניים של הברקה חד־פעמית, אלא להגיע לראייה פנימית יותר ושלמה יותר. אכן, ההוראה של חז"ל, "בכל יום יהיו בעיניך כחדשים" (פסיקתא זוטרתי ואתחנן ו, וראה רש"י עה"ת תבוא כו,טז), היא ההוראה ליצור בכל עת, מתוך מאמץ מכוון, מתוך עבודה רוחנית מודעת, סוג אחר של התחדשות בתוך הישן.

שבת

יום מיוחד

קיום השבת הוא אחת המצוות החשובות ביותר ביהדות. הציווי על קדושת השבת, שמירתה וזכירתה מצוי בהדגשה יתירה בכל מקורות היהדות, החל מתיאור הבריאה שבמרכזה יום השבת, בעשרת הדיברות, בדברי אחרוני הנביאים ובספרי הכתובים – וכלה בכל הספרות היהודית במשך הדורות, בכל אתר ואתר. חשיבותה וערכה של השבת הובלטו באלפי מאמרים שנכתבו בשבחה, הדגישו את ייחודה ומהותה, וגינו את מחלליה. המחשה מאירת עינים לייחודה של השבת, מצויה בעובדה שבשפה העברית אין שמות לימות השבוע, והם מצויינים רק בכינויים המתייחסים לשבת – ראשון בשבת, שני בשבת וכיוצא בזה.

אכן, כגודל חשיבותה של השבת, כן מרובים הקשיים הניצבים לפני כל אדם שלא הורגל בשמירתה מילדותו, שעה שהוא מבקש לשמור את השבת כהלכתה ולזכות בחוויות הרבות הנלוות

אליה. השבת אינה כיום חג שזמנו אחת לשנה, אלא היא תכופה — יום אחד בכל שבוע ושבוע. יום זה משופע בהלכות, בדינים, במנהגים ובאורחות חיים, המחייבים שינוי בדרכי המחשבה, בהרגלי העשייה ובמהלך החיים בכללו. יש להשקיע מאמץ ניכר כדי להתגבר על הקשיים, מכל הסוגים, המונעים את קיום השבת כסדרה וכהלכתה.

השבת היהודית היא מהות ייחודית, שכל השוואה בינה לבין חיקויה הנוצרי או המוסלמי (או 'סוף השבוע' החילוני) אך מבליטה את אופיה המיוחד. שבת אינה סתם יום שאין עובדים בו, שבת אינה רק יום שבו הולכים לתפילה — השבת היא מעין יציאה מתחום חיים אחד לתחום שונה לגמרי. מאמרי האגדה המדמים את השבת לעולם הבא, יש בהם משום הגדרה קרובה מאוד אל ממשותה הפשוטה של השבת. עיקרה של השבת הוא בזניחה של עולם היצירה הפעיל, ומעבר לעולם שמהותו קשורה בהימנעות מעשיה, בסיכום השבוע העובר, ובחיים רוחניים שאין בהם מתח ומאמץ. נקודת המפתח של שמירת השבת היא, אפוא, בעיקרה פסיבית: ההימנעות ממלאכה. אכן, הפיכת הימנעות זו מבטלה גרידא ל"יום מנוחה וקדושה" (פרקי דרבי אליעזר יט, ד"ה בית שמאי), יום של עונג ורצון פנימי, היא עיקרה של תרבות השבת, ודבר זה הוא מנקודות הייחוד של העם היהודי ודתו.

איסורי מלאכה

למי שבא ממרחק מסוים, נדמה כאילו מערכת איסורי השבת היא מבוך אין סופי של פרטים, של 'אל תעשה' 'אל תזוז' 'אל תגע'. אולם למרות שדיני שבת לפרטיהם יוצרים מערכת גדולה ומסועפת, הם נובעים מעקרונות יסוד פשוטים למדי, אשר כל המבין אותם כראוי יכול להבין את רוב רובם של הלכות שבת, ולראות את הגיונן הפנימי ואת משמעותן.

מילות המפתח בסוגיה זו הן הציווי על שבת בתורה: "לא תעשה כל מלאכה" (שמות כ,י). המושג 'מלאכה' מתפרש — הן

כפשוטו, ממשמעות הלשון, והן מתוך התבוננות בסיפור השבת במעשה בראשית — איסור מלאכה שיש בה יצירה במישור הפיסי. מידת המאמץ שבעשיה, כמות הכסף שמרוויחים ממנה — אינם הגורמים הקובעים להתיר או לאסור, כי אם השאלה: עד כמה יש במעשה מסוים משום יצירת דבר חדש, תבנית חדשה בעולם הפיסי. משום כך, גם מעשה שאינו דורש מאמץ, כמו כתיבה, למשל, ואף עבודה שלא לשם רווח — כמו עידור בגינה פרטית, נחשבים למלאכות גמורות בשבת — מתוקף היותן מלאכות יצירה. כמותם, גם הפעולה — שיש לה חשיבות מעשית רבה בזמננו, כמו בכל הדורות — של הדלקת אש והשימוש בה בשבת. לא המאמץ שבדבר הוא הקובע, אלא צד היצירה עצמה, ומשום כך כל המעשים שיש בהם היבט זה של מלאכה, כאשר הם נעשים במתכוון, הרי הם כולם בגדר מלאכה האסורה איסור חמור מן התורה. לא רק עישון סיגריה בשבת אסור, אלא אף הפעלת כלי־רכב או מכשירים אחרים, שפעולתם מבוססת על הצתה פנימית, וכיוצא באלה.

שבות ומוקצה

הנוסף לאיסורים העיקריים הללו, קיימות גם מערכות משנה של תקנות הנגזרות מדברי חכמים בכל הדורות. אחדות מתקנות אלה קדומות מאוד, ונהגו אף בימי בית ראשון, והן מכונות במונח הכללי — שְׁבוּת — איסורים שתפקידם להגביר את אווירת השביתה בשבת. רובן נועדו להוות סייג — גדר ותקנה, שלא ייגרר אדם מתוך הרגל יומיומי לידי עשיית מלאכה של ממש בשבת. מבין אלה ראוי לציין אחדים: איסור המסחר בשבת; האיסור לנגן בכלי נגינה בשבת, וכן האיסור להשתמש בתרופות בשבת — אלא אם הדבר כרוך בסכנה; איסור רכיבה על גבי בעלי־חיים בשבת (במקצת בגלל הציווי הנאמר בתורה — לתת מנוחה לבעלי־החיים, ובעיקר — מתוך חשש לחילולי שבת העלולים לבוא כתוצאה מכך); וכן איסור ה'מוקצה'. אף שיש באיסור ה'מוקצה' הרבה מאוד פרטי הלכה, עיקרו קובע

שאין לטלטל בשבת כלים וחפצים המשמשים בעיקר למלאכות אסורות בשבת, חומרי־גלם שלא הוכנו במיוחד לצורך השבת (אבנים, עפר, חתיכות עץ), כסף וחפצי־ערך שאין נוהגים לטלטלם ממקומם אלא לייעודם הספציפי.

תחום אחר של איסורי שבת קשור בציווי הכולל "אל יצא איש ממקומו ביום השביעי" (שמות טז,כט) המתבטא באיסור כפול: שלא להרחיק ללכת בשבת אל מחוץ לתחום המקום שבו אדם מצוי ('תחום שבת'); וכן האיסור להעביר חפצים מן הבית החוצה (מרשות היחיד לרשות הרבים ולהפך), או להעבירם ברשות הרבים. בארץ ישראל ובמקומות אחדים בחוץ לארץ, מנהיגים בדרך כלל תקנה מיוחדת של חכמינו בדבר 'עירוב חצרות', על מנת להתיר טלטול מרשות לרשות כמעט בכל מקום, וישנה תקנה נוספת – מצויה פחות – של 'עירוב תחומין', כדי להרחיב את התחום המותר בהליכה בשבת. עיקרו של עירוב החצרות הוא ביצירת גדר סמלית סביב מקום ישוב, על ידי מערכת של עמודים וחוטים, ובהסתמכות על תנאים טופוגרפיים מקומיים, וכן על ידי שיתוף סמלי באוכל של המשתתפים בעירוב. אולם ברוב המקומות בחוץ לארץ (ופה ושם גם בארץ ישראל, או כאשר מתקלקל תיקון העירוב בגלל תקלה כלשהי) קיים איסור זה בכל תוקפו, ובכל מקום יש לשאול מאת אנשי המקום הבקיאים בכך, מה יש לעשות כדי לפתור בעיות מעשיות שונות (העברת מפתחות הבית, מטפחת ואף סידור התפילה).

מובן כי האיסורים שפורטו הם רק המסגרת העקרונית הכוללת, ולהלכה יש עוד פרטים רבים – לאיסור ולהיתר – שיש צורך ללמוד ולדעת אותם. אולם מכל מקום, כל אלה נסמכים בדרך זו או אחרת על אותם עקרונות יסוד. משום כך, בעיקרי הדברים יש לזכור, כי יום השבת – עיקרו באיסור המלאכה, ולבד מעבודות הבית הפשוטות ביותר אין לעשות בו דבר. מותרים סידור מסוים של הבית, הכנת הארוחות (כמובן, בלא בישול, אפייה או מלאכה שיש בה משום הכשרת מזון גולמי למאכל), ניקוי קל – ותו לא. שהרי, כאמור, שבת עצמה אינה

יום של מעשה, השבת 'מקבלת' את כל צרכיה מימות החול, ואילו יום השבת עצמו מוקדש לתחומים אחרים של החיים.

בימינו, מכשירים שונים יכולים להקל מאוד על הכנות ושמירת השבת. 'שעון השבת' הוא אוטומאט המכבה ומדליק את החשמל, ישנן כיריים חשמליות (פלאטה) שאפשר להשהות עליהן את האוכל לבל יתקרר, ועזרים אחרים כיוצא באלה. יש לזכור: איסורי השבת אינם חלים על מעשים מסוימים, אלא על האדם העושה, משום כך מכשירים שונים הפועלים אוטומאטית אינם אסורים בדרך כלל. אף בעניין זה יש לזכור: פרטים רבים מאוד בהלכה קיימים לגבי סדרי השימוש בכל אלה, ופרטי הדברים דורשים לימוד, ולעתים קרובות הדרכה מעשית, מפיהם של הבקיאים בדבר, כדי לדעת את הגבולות המדויקים של ההיתר והאיסור.

נרות שבת

עיקרה של השבת הוא בהיותה יום של שביתה, הימנעות מעשייה, ולפיכך כל הצדדים האחרים של המעשים הנעשים בשבת הם המעניקים לה במידה רבה את אופייה המיוחד. לפני כניסת השבת מדליקים את נרות השבת. את הנרות מדליקים על השולחן שסביבו אוכלים את סעודות השבת (מנהג האשכנזים) או בסמוך לו (מנהג הספרדים). הדלקת הנרות, שנועדה מתחילתה כדי לאפשר לאכול את סעודת השבת בנחת ובאור, היתה לה תמיד משמעות חגיגית, של תוספת אור לכבודו של היום.

חובת הדלקת הנרות חלה על כל אדם מישראל בשבת, אך במשך דורות רבים (כנזכר במשנה) התגבשה המסורת, כי הדלקת הנרות נעשית, ככל האפשר, בידי האשה בבית (ויש מנהג יפה, שכל אשה ונערה, ואפילו ילדות קטנות, מדליקות נרות שבת). יש קשר עמוק ועתיק בין ליל השבת במיוחד לבין מעמדה של האשה במשפחה, והדלקת הנרות היא חלק חשוב ממנו. גם בית שאינו יכול עדיין להקפיד על כל דיני השבת, יכול להתחיל

בהדלקת נרות בעיתם, על־מנת להכניס את זכרון השבת וייחודה אל תוך הבית, כצעד ראשון לקראת הנהגת שבת כהלכתה.

סעודות השבת

הסעודות בשבת אינן אכילה לשם קיום החיים בלבד, כבכל ימות השבוע. מצווה מיוחדת עלינו לענג את השבת בכלל, ואחד מפרטי מצווה זו לאכול בה שלוש סעודות: בליל השבת, לפני הצהרים ואחרי הצהרים ביום השבת עצמו. סעודות השבת מהוות, הן מבחינת תוכנן הפנימי והן על פי תפיסות מעמיקות יותר במצוות, מעין 'סעודה קדושה', שבה מתקשרים יחד קדושת השבת עם המשפחה היהודית, כיחידה שמתעלה מעל למישור החברתי השטחי שקיים בסעודה משותפת. שתי סעודות השבת הראשונות נפתחות ב'קידוש' — ברכה מיוחדת הנאמרת בדרך כלל על כוס יין (מותר להשתמש גם במשקאות אחרים, אלא שמוטב לשאול את הבקיאים בדבר מה הם המשקאות הראויים לקדוש) לאחר נטילת ידיים ניגשים לסעודה עצמה, הפותחת בברכת 'המוציא' על שתי חלות (או שני ככרות לחם שלמות מכל סוג).

במרבית קהילות ישראל נהוג לשיר זמירות (שירים מיוחדים לכבוד השבת, שנועדו לשירה בשעת הסעודות או סמוך להן). שירת זמירות אלה אינה מיועדת אך לאנשים בעלי חוש מיוחד למוסיקה; כמעט בכל בית בישראל נהוג שאנשי הבית, איש כפי יכולתו, שרים זמירות שבת — כביטוי לתפיסת ה'יחד' של הסעודה, וכחלק המדגיש את ההיבט המיוחד של 'זבח המשפחה', שהוא גורם יסודי בסעודות אלו.

יש צורך להבין את החוויה הפנימית שבסעודות השבת, ובשבת בכללה: רצינותו של יום השבת והחגיגיות שבו, אין משמעה יצירת כבדות, וכל שכן מרה שחורה, רצינות כבדת־סבר, שבה בולט ועולה צד ה'איסור'. אפילו מי שאירע לו אסון והוא שרוי באבל, הרי בשבת בטלים רוב מנהגי האבל והוא צריך להתגבר על צערו. עונג שבת הוא מהותי, ו'נשמה יתירה' של

שבת היא־היא היכולת להתענג על דברים מתוך שלווה, להימנע ממעשה מתוך הרגשה, שאף היא חלק מן השבת, כאילו הכל עשוי וגמור כבר, ואפשר לקבל את החיים בתחושה של שלמות ואושר.

יצירת קדושה

חשוב להדגיש שאין השבת זמן המיועד לחשבונות ותכניות של ימות החול בתחום הפעולה החילונית־החומרית, ויש איסור על קריאה ודיבור בעסקי חול ביום השבת, ואף על מחשבה בנושאים 'לא שבתיים'. במובן מסוים גם אין זה הזמן לחשבון־נפש במובן הרוחני־הנפשי, ובהקשר זה — גם הפעילות של קדושה שבשבת צריכה להיות בתוך אווירה של 'עונג שבת', בהקלת הלחץ והמאמץ.

עם זאת, חשוב מאוד שיום השבת ייוחד במידה רבה לחיי קדושה ולנושאים שבקדושה. רבים מן הדברים אשר בימות החול אין פנאי ואולי אין תחושת פנאי לעסוק בהם, ראוי לייחד להם חלק ניכר מיום השבת. דבר זה מתבטא בעיקר בתפילה ובלימוד. גם מי שבימות החול מתקשה למצוא את צרוף התנאים הנחוץ לתפילה בציבור (מבחינת הזמן או המקום), ראוי שיעשה מאמץ יתר כדי להיות עם ציבור יהודי בשבת. אף על פי שהשבת היא דבר החל על כל אדם מישראל בנפרד, בכל תחום ובכל מצב, חשוב שיובלט בה הקולקטיב היהודי — המשפחה, הציבור. בכל שבת קוראים בתורה בציבור את פרשת השבוע, שלה אין כל תחליף בתפילת יחיד, ואף משום כך חשיבותה כה רבה. בארץ, לרוב, אין קושי מיוחד למצוא בית־כנסת להתפלל בו (אף כי לא תמיד מוצא אדם מקום שבו הוא מצוי בהרמוניה גמורה עם הסובבים אותו), אולם גם ברוב המקומות בחוץ לארץ הדבר אפשרי, גם אם הוא כרוך בהליכה למרחק מסוים. תפילה בציבור בשבת היא ללא ספק חשובה, אך ראוי לזכור את סדר הקדימויות: שמירת השבת היסודית, חשובה יותר לאין ערוך. הנוסע בשבת לבית־הכנסת, לא זו בלבד שהוא עובר על עבירה

חמורה מאוד מבחינת דיני השבת, אלא שהוא מעוות את עיקרה של השבת: את העיקרון הבסיסי של שביתה מכל מלאכה, וממיר אותה בחוויה אישית, שהיא, אחרי ככלות הכל, משנית בחשיבותה.

ראוי מאוד להקדיש זמן ללימוד תורה בכל שבת, בציבור — במידה שהדבר אפשרי ומתאים, בחוג המשפחה, ובוודאי ביחידות. ייתכן שאדם אינו יכול להספיק הרבה בלימוד של שבתות בלבד, אלא שמצווה זו אינה קשורה במידת ההצלחה האינטלקטואלית, אלא בעצם הקדשת חלק נכבד משעות היום ל'מזון' רוחני. יש פעילויות שונות, שאינן אסורות על פי הדין בשבת — למן שיחת רעים על פוליטיקה ועד למשחק שחמט — אך ראוי שפעולות אלה לא תעמודנה במרכז הפעילות של יום השבת.

אף כי אין בעיסוק בספורט משום מלאכה — גזרו חכמים איסור על רבים מסוגי הספורט הפעיל בשבת. האיסור חל משום שיש בפעילות זו משום מאמץ שאינו יאה לשבת. ההשתתפות הסבילה במופעי ספורט, כגון כדורגל, בשבת, מעוררת בעיות אחרות והיא אסורה בעיקר משום שפעילות מסוג זה כרוכה בהכרח בחילול שבת מקיף, וגרוע מזה: בחילול שבת בציבור. אין פירוש הדבר, שאסור לו לאדם לשחק במשחק כלשהו בשבת, או שאסור לו לנוע במידה רבה של חופשיות. אלא שהפעולה מותנית במידת המאמץ הגופני שהיא דורשת; מאמץ רב אסור, פריקת מתח מותרת. סוגייה זו חשובה בעיקר לגבי ילדים ונוער, שאף בספרי הלכה קדומים נאמר, כי מכיוון שהם נהנים בקפיצה ובריצה, וודאי שמותר להם לעשות זאת בשבת, שהרי, כאמור, חשוב שתהא השבת מתנה ולא מעמסה.

כאמור, שמירת הלכות שבת היא צד המעשה שבשבת — ואילו תרבות השבת נובעת מהיותה יום 'שמחה ומנוחה השקט ובטח', יום של קדושה ונשמה יתירה.

התחלת הדרך

מי שגדל מנעוריו באווירה של שמירת שבת, אינו מתקשה להבין את המרכיבים הרוחניים־הפנימיים של השבת. אדם שלא הורגל בכך, נתקל בקשיים מעשיים רבים מאוד בלכתו לקראת השבת. הימנעות ממלאכה בשבת מורגשת תחילה כמשא כבד, כמעט בלתי נסבל; למעבר להוויית חיים חדשה זו גם היבטים חברתיים ומעשיים רבים מאוד. טוב להתחיל בצעד סמלי כלשהו, שיהא מעין צעד ראשון. הדלקת נרות שבת עשויה להיות פתיחה ראויה. המתחיל בהדלקת נרות, חשוב שיעשה זאת בשעה המיועדת לכך, המצוינת בלוחות השנה. הדלקת נרות בעת סעודת השבת (שיש עמה חילול שבת), אינה רק סתירה פנימית, אלא היא מסיחה את הדעת מתפיסת השבת המהותית אל הצטעצעות זולה.

כאשר מרגיש אדם שבכוחו לעשות זאת, הרי צעד יסודי וחשוב מאוד הוא להימנע מחילול שבת בפומבי. לאיסור זה כמה וכמה השלכות חשובות, הן במישור הפנימי והן במישור החיצוני. במשך הדורות הדגישו חכמים, כי אדם מישראל המחלל את השבת בפרהסיה נחשב גרוע מעובר עבירה אחרת. במובנים רבים השבת היא 'דגל' של עם ישראל, ולפיכך המחלל את השבת בציבור מגלה חוסר יחס אל נושא, אשר לא זו בלבד שהוא מרכזי, אלא אף פומבי, שהרי השבת היא 'עדות' לעם ישראל. משום כך, השומר את השבת בציבור, קובע במעשה זה מעין הצהרה של קשר ויחס.

מובן כי לפעולה זו יש גם משמעות חיצונית חברתית ניכרת. הימנעות מחילול שבת בפרהסיה, מתבטאת בדרך כלל בשלושה תחומים: הימנעות מעבודה בשבת, הימנעות מנסיעה והימנעות מעישון בציבור. הימנעות מעבודה בשבת קלה יחסית בארץ ישראל, שבה יום השבת הוא יום המנוחה הרשמי. אך גם בארץ מחייב הדבר לעתים שינויים משמעותיים בחייו של אדם, ובעיקר הצהרה פומבית על שמירת השבת. הצהרה פומבית כזו מאפשרת לאחרים להסתגל למצב זה, דבר המקל על מעשים

רבים שאדם מתכוון לעשות בכיוון זה.

אף הימנעות מנסיעה בשבת, יש לה משמעות חברתית, הן לגבי המשפחה והן לגבי חוג ידידיו של האדם. ההימנעות מנסיעה בשבת דוחפת את האדם לבור לו דרכים אחרות של בילוי חברתי ביום זה, ואף מקרבת אותו לחברה שבה אפשר לקיים נוהג זה. אדם נדרש, אפוא, לקבל על עצמו דפוסים חדשים רבים — אם בתוך המשפחה, בהעמקת המגע האישי והתרבותי, המבוסס פחות על 'בריחה' או 'יציאה', ויותר על קשר חיובי, וכמובן — פנימי יותר. הוא הדין גם למפסיק לעשן בשבת. הימנעות מעישון בשבת עשויה להיות צעד רב משקל בעיניו של אדם הרגיל בעישון, ואשר כרגיל אינו מסוגל להפסיק לעשן. הימנעות מעישון, לפחות בפומבי, בהתחלה, מסייעת להתרגל לאיסור זה ומקלה על המבקש להימנע מעישון בשבת כליל.

השלב הבא של שמירת שבת כראוי, נעשה לאחר מכן פשוט יותר — אף כי לא תמיד קל יותר. טוב לבקר אצל ידידים שומרי שבת, כדי ללמוד משהו על היבטים מעשיים שונים, שהם אולי קטני ערך כשלעצמם, אך עשויים לפתור בעיות רבות בחיי המעשה. ספר הדרכה מעשי (עיין בפרק 'ספרי עזר והשלמה' בסוף הספר) יכול להיות לעזר רב. כאן, כמו בצדדים אחרים בדרכה של תשובה, בעל משפחה עלול לגלות, כי דרכו שונה בהרבה מזו של אדם יחיד — הן בקשיים והן בסיוע. אם משפחה שלמה מחליטה לשמור את השבת, קל לבני המשפחה לסייע זה לזה להתגבר על הקשיים המעשיים והרוחניים השונים הכרוכים במעשה. אדם אחד המבודד במשפחתו ברצון לקיים את השבת, חייב לעמול פי כמה כדי ליצור אפשרות של שבת בצוותא.

שמירת שבת מביאה עמה גם שינויים אחרים בהרגלי החיים. סדרי חייו של אדם בשעות הפנאי שלו משתנים. מצד אחד יום השבת, כאשר הוא נשמר כראוי, מעניק לאדם הרבה פנאי לעשות דברים שבעבר היה טרוד מכדי לעשותם: לראות את בני משפחתו, לבקר את ידידיו, לעיין בספר וכיוצא באלה. אך מצד אחר, שוב אין יום השבת אותו 'יום נוסף', שאליו דוחקים את

הדברים שלא הספיקו לעשותם במשך השבוע. עבודה בגינה, כתיבת מכתבים או טיולים למרחק מסוים — כל אלה הופכים בלתי אפשריים בשבת, ואדם חייב ליצור לעצמו זמן פנוי אחר, אם רצונו לעשות את כל אלה. ליל השבת הופך לזמן שבו אדם נמצא כרגיל עם משפחתו לבדה, ובמידה שרצונו להרחיק מביתו, עליו לעשות זאת במוצאי שבת. בעיות אלה אינן בשום פנים בעיות יסוד — אך הן דוגמאות לשינויים הכוללים באורחות החיים, אשר השבת מחייבת אותם.

בעיה אחרת, המטרידה במיוחד אדם שחברתו הכללית אינה מצטמצמת לחברתם של שומרי שבת, היא השאלה, כיצד להתייחס למעשיהם של אחרים המנסים, מתוך רצון טוב, להיות 'גוי של שבת', או לעתים 'יהודי של שבת', כלומר — מנסים לעשות דבר מה שאסור לעשותו בשבת, עבור שומר השבת. בדרך כלל יש להימנע מכל שימוש כזה — ובוודאי שאין להציע אותו או להסכים לו. גם כאשר מדובר בגוי העושה מלאכה האסורה בשבת עבור יהודי, רק במקרים יוצאי דופן הדבר מותר, ובדרך כלל, מלאכה שנעשית עבור יהודי בשבת (גם אם העושה אותה הוא נוכרי) — אסור ליהנות מפירותיה עד לצאת השבת. וכמובן, אין שום היתר להצעה או להסכמה להשתמש בשירותיו של יהודי שאינו שומר שבת. חיובה של השבת אינו כנדר אישי שאדם נודר לעצמו, אלא חובה המוטלת על כל אדם, ואין אדם מישראל רשאי להרשות שאחר יעשה עבורו מעשה הנוגד את מהות ישראל.

כללם של דברים הוא, שהשבת היא אחת המצוות, אשר קבלתן משנה את אורח החיים של אדם בצורה מרחיקת לכת, מעבר לתחום הגדול מאוד שהיא עצמה תופסת. היבטים רבים בשבת, הנראים מרחוק קשים ומסובכים (זכירת כל המצוות והדינים הנוגעים לשבת ושמירתם), מתגלים עם הניסיון פשוטים וקלים הרבה יותר מכפי שאפשר להעלות על הדעת תחילה. ומצד שני, כלל מהותה של השבת משנה את החיים בתחומים רבים מכפי שנדמה תחילה.

הבדלה

עם צאת השבת – כארבעים דקות אחרי שקיעת החמה – מתפללים ערבית, ולאחריה עושים הבדלה. ההבדלה נעשית גם היא על כוס יין, ויש שנוהגים להשתמש במשקאות אלכוהוליים אחרים. מלבד ברכת היין וברכת ההבדלה, ישנן בהבדלה שתי ברכות נוספות: ברכת הנר – "בורא מאורי האש" – על 'אבוקה' (נר בעל יותר מפתילה אחת), על מנת להראות שכעת מותר להשתמש באש. ברכה נוספת היא ברכת הבשמים – על כל דבר מן הצומח המפיק ריח טוב.

חגים

דיני יום-טוב

במושג 'חגים' במובנו הרחב, נכללים כל ימי השנה שמיוחסת להם ייחודיות חגיגית. אולם לענייננו, 'ימים-טובים' הם החגים המפורשים בתורה, המחייבת כל אדם בישראל לקיים בימים אלה מצוות וכללים מסוימים. על ימים אלה נוספים אותם הימים, שחכמים קבעו שיש בהם ייחוד ידוע, הניכר בעיקר בתפילות ולעתים אף במנהגים אחרים, כגון ראשי החדשים, חנוכה ופורים. הימים הטובים המפורשים בתורה הם: ראש השנה, יום הכיפורים (שאף הוא יום חג, אלא שמחמת הצום ושאר הדינים המיוחדים לו נועדים לו מקום ודרגה נבדלים לעצמם), סוכות, שמיני עצרת (שמחת תורה), פסח ושבועות. למרבית החגים הללו דינים ומצוות המיוחדים להם ומייחדים כל חג משאר החגים האחרים; אולם יש גם מספר דינים כלליים המשותפים לכל הימים הטובים.

ימי החגים הם ימי שביתה מ'מלאכת עבודה', שלא כיום

השבת ויום הכיפורים, שהם 'שבת שבתון' — 'ימי שביתה מ'כל מלאכה'. יש גם הבדל בחומרת האיסורים: חילול השבת במלאכה, הוא עבירה חמורה מאוד (ופחות ממנה מעט — חילול יום הכיפורים), בעוד שהאיסור על עשיית מלאכה בחג חמור פחות. אולם למעשה, אין חומרת האיסורים משנה הרבה, וכן קבעו חכמינו להחמיר בכמה דינים בחג יותר מבשבת, כדי להדגיש את קדושת הימים הטובים.

ההבדל המעשי הבולט ביותר בין השבת לחג הוא, שבחגים מותרת 'מלאכת אוכל נפש'. לאמור, מותר לעשות מלאכות שתכליתן להכשיר מוצרים שונים לצורכי מאכל. הלכה למעשה, יש גבול בדבר, שכן אין היתר זה חל אלא על מוצרי מזון מוגמרים בסוגם — אין קוטפים פירות מן העצים ואין טוחנים חיטה לעשות ממנה קמח — אבל אופים ומבשלים ועושים שאר צורכי סעודה. כל המלאכות המותרות ביום־טוב מותרות רק לצורך החג, וכאשר אופים ומבשלים, אין עושים זאת אלא לצורך החג, ולא לשם שימוש בימים שלאחר החג (ביחס לשבת שלאחר החג, ראה להלן, לעניין 'עירוב תבשילין').

יש לשים לב להיתר להשתמש באש ביום־טוב. מותר, למעשה, להשתמש באש לכל צורך, ובכלל זה מותר לעשן, אולם אף על פי שהעברת אש ממקום למקום והדלקת אש בכל מכשיר מותרת — אסור ליצור אש. כלומר, אסור להבעיר אש בגפרורים, בחשמל או במצית מכל סוג. אם רוצים להשתמש באש בחג, יש לדאוג שמערב החג תהא אש קבועה בוערת, כדי שאפשר יהא להעביר אש ממנה. כמו כן יש לזכור שהשימוש באש, אין בו שום היתר של כיבוי האש ואין לכבות אש ביום־טוב, ממש כמו בשבת. איסור אחר החל בשבת ואינו קיים ביום־טוב הוא איסור הטלטול מרשות לרשות. ביום־טוב מותר לטלטל חפצים (אלה המותרים בטלטול כשלעצמם) מן הבית אל החצר ולרשות הרבים, ואף לטלטל ברשות הרבים עצמה. עם זאת, נשאר בעינו איסור היציאה מחוץ לתחום היישוב, כמו בשבתות.

כמו כן חלים ביום־טוב איסורי 'מוקצה', כבשבת — למעט

אותם חפצים המותרים במיוחד ביום־טוב. ועל כן, כלים ומכשירים המשמשים לאוכל, או אלה המשמשים לבישול ואפיה, כיוון שאין איסור לעסוק במלאכות הקשורות בהם ביום־טוב — גם אין איסור על טלטולם. אולם כל שאר הכלים והמכשירים שאסור לעשות מלאכה בהם בחג — אסור גם לטלטלם ממקומם, אלא בתנאים המיוחדים שבהם מותר הדבר ביום השבת. יש לזכור, שבכלל איסור זה נכללים מיני מכשירים עדינים המשמשים לעבודות מדויקות, מוצרים שנועדו לעשות בהם מסחר, חומרים בלתי מעובדים שלא הוכנו מראש לצורך החג וכסף.

ימי שמחה וזכרון

מבחינת תכניהם החיוביים (מלבד איסורי המלאכה), נבדלים ימי החג מן השבת בהדגשה של יסודות אחרים. נוסף לאופי המיוחד שיש לכל חג לעצמו, לפי תוכנו המיוחד לו, הרי ההבדל המהותי הבסיסי הוא שיום השבת הוא ביסודו ובעיקרו יום של שבתון ומנוחה, יום של התענגות על עצם החיים. בכללו הריהו יום של התייחסות בין הקדוש ברוך הוא לעם ישראל. ה׳ נותן לישראל כ׳מתנה׳ את השבת — מתנת אהבתו לעם. ועל כן בכל תפילות השבת מודגשת המילה ׳באהבה׳, לפי שביום השבת מודגש קשר השותפות, קשר ההידמות לעליון שבין ישראל לבורא עולם. ואילו ימי החגים הם במידה רבה ימי זכרון למאורעות (או סדרה של אירועים) שאירעו לעם ישראל, והם ימי זכרון, וימי שמחה, כאשר מוטיב השמחה מודגש בהם יותר מבשבת.

׳שמחה׳ היא אכן מילת מפתח בתפילות ובברכות החג, ואף יש מצוות ומנהגים רבים, שתכליתם לעורר שמחה זו בחגים ולחזקה. היבטים רבים לגילויי השמחה ולמצוות ה׳עשה׳ מן התורה — ״ושמחת בחגך״ (דברים טז,יד). בזמן שבית־המקדש היה קיים, היו החגים הגדולים, שלושת הרגלים — פסח, שבועות וסוכות, ימי עליה לרגל למקדש וימי שמחה בשהייה

בעיר הקודש. אולם חובת השמחה לא פגה גם בזמן הזה ובדרכים שונות משתדלים שהכל ישמחו בימי החגים. בימי החגים מקפידים ללבוש — במידת האפשר — בגדים חגיגיים, משובחים יותר מבגדי השבת, ולקנות מתנות לכל בני הבית. בגדים חדשים, תכשיטים, וצעצועים לילדים — כל אלה הם מבחינה מסוימת חלק מחובת החג עצמה, בכל יום בימי החגים. בחגים מוטלת על אדם מישראל חובה מיוחדת לשמח את ליבם של אנשים אומללים, בעיקר עניים, יתומים ואלמנות. אין אדם מישראל עושה חג לעצמו בלבד — הוא חוגג עם כל ישראל, והוא נקרא לשמח אומללים בסיוע כספי מתאים, וביתר שאת בהזמנת אורחים לבוא ולסעוד עם אלה ששפר גורלם והם מסוגלים להאכיל אחרים על שולחנם.

מנהגי החג

בליל החג — כמו בשבת — מדליקים נרות לכבוד היום, ובעניין זה מנהגים שונים. יש נשים הנוהגות להדליק נרות עוד בערב החג ויש הנוהגות להדליקם דווקא סמוך לקידוש, שהרי, כאמור, מותר להדליק נרות ביום החג עצמו. יש נוסח מיוחד של קידוש לחג, שמתלווה לו (ולכמה מצוות אחרות) ברכת 'שהחיינו', על שזכינו והגענו לימי שמחה אלה.

בימי החג מתפללים, כמו בשבת, ארבע תפילות: מעריב, שחרית, מוסף ומנחה. בכל החגים אומרים 'הלל' לאחר תפילת שחרית, ובכל החגים נהוגה קריאה מיוחדת בתורה. נהגו לקצר קצת בסדר תפילות החג על מנת להותיר פנאי לשמחת החג ובסיומו של החג עושים הבדלה, בנוסח מקוצר, ואין מברכים בה על הבשמים, ולא על האש, שכן השתמשו באש כל היום.

לעתים קרובות מזדמן שיום החג חל בשבת עצמה, בערב שבת או ביום ראשון. בכל מקרה כזה יש שינויים מסוימים במנהגי החג ודיניו, על מנת להתאימם לקדושת השבת. כאשר חל יום חג בשבת, הרי מבחינת מנהגי החגים ותפילותיהם יש כרגיל רק הבדל מועט, אומרים קידוש של חג, מתפללים תפילת

חג וקוראים בתורה את פרשת החג. אולם, עם זאת מזכירים בכל מקום את השבת, הן בקידוש ובברכות והן בתפילות החג. וכמובן, אין קדושת השבת בטלה או קטנה בחג — וכל חומרות ואיסורי השבת חלים ביום החג, כמו בכל שבת אחרת. אם חל החג בשבת, אסור, כמובן, להשתמש באש, לבשל ולאפות.

כאשר החג חל במוצאי שבת, הרי השינוי לגבי יום החג הוא בעיקרו טכני; יש להכין את צרכי החג בערב שבת (וכן יש לזכור להשאיר אש בוערת, כדי להדליק את נרות החג ולבשל לצרכי החג). אכן, בתפילות ערב החג ובקידוש מצרפים את שני הנושאים, שכן באותה שעה נפרדים מיום השבת בהבדלה ומקדשים את החג גם יחד. משום כך נהוגים שינויים מסוימים בתפילת הלילה של חג שחל לאחר השבת, והקידוש של החג נעשה אז ארוך ומורכב יותר — לפי שעושים בו גם קידוש וגם הבדלה (סדר זה של הברכות השונות נערך על פי הסימן יקנה"ז: 'יין', 'קידוש', 'נר', 'הבדלה', 'זמן'), ומוסיפים אף נוסח מיוחד המשלב את שני המאורעות.

עירוב תבשילין

כאשר חל החג בערב שבת, אין כל שינוי בהנהגת החג עצמו, אלא שצריך להקפיד על הכנת 'עירוב תבשילין' בערב החג. עירוב התבשילין הוא הכנה סמלית של מאכל מערב החג ליום השבת, כדי שיהיה מותר להוסיף עליו ולבשל ולאפות ביום החג (אם אכן הדבר נחוץ) עבור יום השבת, וכן לעשות פעולות אחרות שיש בהן משום הכנה מן החג עבור השבת: הדלקת נרות שבת, העמדת תבשיל או מים לחימום בשביל יום השבת וכיוצא בהם. את עירוב התבשילין עושים בדרך זו: נוטלים לחם ותבשיל דג או בשר — או אפילו ביצה מבושלת — מברכים 'אשר קדשנו במצוותיו וציוונו על מצוות עירוב' ואומרים (בין בנוסח הכתוב בסידורים, שהוא בארמית, או בכל לשון אחרת), שעל ידי עירוב זה יהא מותר לאפות, לבשל ולהדליק אש מיום-טוב לשבת. יש לדאוג שהפת והתבשיל של העירוב יישארו עד ליום השבת,

משום שאם הם אבדו או נאכלו קודם השבת — בטל העירוב. מעיקר הדין אין חובה להשתמש עוד בהם, אך נהגו לקחת את הפת (בדרך כלל זו חלה) של העירוב ולהשתמש בה באחת מסעודות השבת, כדי לעשות מצווה נוספת בדבר שנעשתה בו כבר מצווה אחת. במוצאי החג (שהוא ליל שבת) אין עושים הבדלה, לפי שקדושת השבת יתירה על קדושת החג, ואין, אפוא, כל צורך לעשות סימן להבדיל לאחר יום החג.

חול המועד

רוב החגים נמשכים יום אחד או יומיים, אבל בולטים החגים הגדולים — פסח וחג הסוכות — שמתפרשׂים על פני שבעה ושמונה ימים. אף כי אנו מחשיבים את החג בכל שבעת ימיו, מכל מקום אין כל הימים הללו 'ימים־טובים'. היום הראשון והאחרון (ובחו"ל שני ימים ראשונים ואחרונים) הם אכן ימים־טובים בכל מלוא המשמעות, ואילו הימים שבאמצע מכונים כבר מימי המשנה ימי 'חול המועד'. כינוי זה מורה על הצירוף המיוחד שבימים אלה, שהם גם ימי חול וגם ימי מועד, ימי חג.

מבחינת המצוות המיוחדות לחגים, הרי ימי חול־המועד הם כימי החג, הן בפסח והן בסוכות. אולם אין הדבר כן מבחינת איסורי מלאכה שבחג. את נהגי חול המועד קבעו חכמים, והם קבעו כי אין לעבוד בחול המועד אלא עבודה של 'דבר האבד', כלומר, עשיית מלאכה מותרת רק לגבי אותם דברים, שאם תידחה עשייתם לאחר החג, ייגרם הפסד ניכר. הלכה למעשה, קשה למדי להבחין בין מותר לאסור, ומנהגי חול המועד שונים במידה רבה ממקום למקום, מזמן לזמן ומאדם לאדם. עם זאת, נהוג ככל האפשר לעשות ימים אלה ימי חופשה מן העבודה ולהמשיך בהם את שמחת החג, ובכללה גם לבישת בגדי חג. בימים אלה נהוגה גם תפילת מוסף ואמירת הלל, כמו בימי החג, אך התפילה היא תפילת חול — בתוספת הזכרת יום החג בברכות המיוחדות.

נהגו להימנע מכתיבה בחול המועד, ואם יש צורך בדבר, לעשות זאת בשינוי מסוים (מה שאינו נכון לגבי 'דבר האבד'), וכן אין מסתפרים ואין מתגלחים בחול המועד. היו חכמים שהתירו את הגילוח בדורות האחרונים, אלא שיש מפקפקים בדבר וגורסים שאינו ראוי לנהוג בזה היתר. כמו כן אין נוהגים מנהגי אבלות בחול המועד, ממש כשם שאין נוהגים אבלות בשבת ובחג. ככלל, יש לזכור כי אין בחול המועד איסור 'מלאכה', במובן של הימנעות ממלאכת יצירה, אלא איסור על עבודה שאדם עובד — אם לשם פרנסתו, או עבודה אחרת, הדורשת מאמץ ממושך ועקבי. בעניין זה, כמובן, אין הבדל אם אדם מקבל או אינו מקבל שכר תמורת עבודתו, ולכן גם עבודה בגינה (ובכלל זה השקיה) אסורה, אלא אם הדבר חיוני לחיי הצמחים. כאמור, חלו שינויים רבים במנהגי חול המועד במשך הדורות, וככלל ניתן לומר, כי בדורות האחרונים הקלו למעשה הרבה מאוד בעניין זה — ולא תמיד בדין. אכן, מעיקר הדבר ראוי לעשות את הימים כעין ימי החג ולהימנע ככל האפשר מכל עבודה.

יום־טוב שני של גלויות

כל הימים הטובים שדובר בהם הם ימי חג הכתובים בתורה, אולם בדורות קדומים הנהיגו כי בחוץ־לארץ יחוגו את ימי החגים הללו שני ימים במקום יום אחד בלבד האמור בתורה. יש לעניין זה רק שני יוצאים מן הכלל: ראש־השנה נוהג שני ימים גם בארץ־ישראל, ויום הכיפורים רק יום אחד גם בחוץ־לארץ. עיקרה של תקנה קדומה זו נובע מן החשש, שמא לא תוכלנה להגיע ידיעות מדויקות בדבר קביעת ראש החודש לארצות שמחוץ לארץ ישראל, ולכן, כדי להימנע מספק, תיקנו שני ימים־טובים. גם לאחר זמן — כאשר נקבע לוח שנה קבוע, הידוע לכל — קבעו חכמים באופן החלטי, כי יש לשמור על שני ימים־טובים. זאת, בכדי לשמור את מנהג האבות הקדום, ומתוך החשש כי עלול להיווצר מצב, שבו יצטרכו שוב לסמוך על הסימנים

הטבעיים (הירח החדש), בלא יכולת להסתמך על הלוח. נסיונות החיים בארצות שונות (כמו ברוסיה הסובייטית), הוכיחו כי גם בימים אלה ייתכן בהחלט מצב, שבו יכולים אנשים רבים מישראל להישאר בלא לוח ולהזדקק לניחושים ולהשערות ביחס לקביעת החגים, ועל כן ההקפדה לשמור גם בימינו על שני ימים־טובים.

מבחינת מנהגי ההלכה בימים אלה, אין למעשה כל הבדל בין יום־טוב ראשון ויום־טוב של גלויות. כל הדברים שנוהגים ביום הראשון נוהגים גם ביום השני (להוציא הבדלים קטנים בפיוטים שבתפילה, או בהפטרות לקריאה בתורה). ואילו לגבי כל שאר דיני החג ושמירתם — זה וזה שווים לכל דבר. רק במקרים חמורים במיוחד — כגון שצריך לדאוג לקבורת מת שנפטר ביום־טוב — קובעים חייץ בין הימים, ואף דבר זה כרוך בפרטי הלכה רבים וסבוכים.

ימים־טובים של גלויות גורמים, בעיקר בימינו, בעיה נוספת ביחס לנוסעים העוברים מן הארץ לחוץ־לארץ ולהפך. יש כלל קבוע בדבר, שכל אדם שכוונתו להשתקע במקום אחר, כגון בן חוץ־לארץ העולה לארץ, צריך לנהוג כמנהג המקום שהוא בא אליו. אלא שפרטים רבים בהלכה קובעים מי הוא הבא להשתקע, ואם הדבר תלוי בכוונה בלבד, או שיש גם קני מידה אובייקטיביים לדבר. גם החכמים והפוסקים עד לדורות האחרונים אינם תמימי דעים לגמרי בנושאים אלה, ועל כן מן הראוי שכל הנוסע מחוץ־לארץ אל הארץ ולהפך יברר את השאלה עם חכם שהוא סומך על פסקיו, או עם הרב שבמקום, כדי לקבל הוראה מה לעשות בכל מקרה ומקרה. לעתים הבדל קטן במצב הדברים משנה את כל המעמד ההלכתי של אדם לעניין זה, ומשום כך יש לדון בכל מקרה לגופו, ואין להקיש מאדם אחד על חברו, למרות שהדברים לכאורה דומים מאוד זה לזה.

היום שבא לאחר כל אחד משלושת הרגלים נקרא 'איסרו חג' (ראה סוכה מה,ב, ושו"ע או"ח תכט,ב), ונהגו לעשותו כעין

יום פרידה מן החג, שיש בו עדיין שמץ מן החגיגיות שביום החג עצמו, לעניין כמה מדיני אבלות והספד, לעניין תוספת בסעודה וכיוצא באלה דינים ומנהגים.

פסח

זבח משפחה

אופיו ומהותו של חג הפסח נגזרים מהעובדה שהוא אחד משלושת הרגלים, ודיניו העיקריים אינם שונים מאלה שברגלים אחרים. עם זאת יש ייחוד לחג הפסח (והוא הסיבה לכך שבתלמוד נתייחדה לחג זה מסכת גדולה), לפי שליל-הסדר, מצד אחד, ואיסור אכילת חמץ מצד שני, מציבים דינים וגדרים מיוחדים הצריכים לציון מפורט. מכלול דיניו ומנהגיו של ליל-הסדר רשומים ברוב ההגדות או בספרי העזר; נוסיף פרטים אחדים על אווירתו הכללית של הלילה, וכיצד נתייחס אל הסדר.

אף על פי שקריאת ההגדה היא עיקר חשוב בליל-הסדר (ובכלל זה גם דברי העיון בעניינו של היום, הכרוכים, למעשה, בחובה הכוללת של "לספר ביציאת מצרים"), הרי בסיכומו של דבר אין ליל הסדר ליל עיונים ודיונים בלבד, וההגדה אינה במהותה פרק תפילה או תורה. ה'סדר' הוא עיקרו ותמציתו טקס, מעשה של פולחן. אמנם בימינו, כיוון שאין מקריבים את קורבן הפסח, חלק ניכר בטקס הוא בבחינת זכרון ל"ליל התקדש

החג" (ישעיהו ל,כט; פסחים צה,ב) במלוא משמעותו ההיסטורית. עם זאת, עצם הסדר הוא משום חזרה על ליל יציאת מצרים והזכרת קורבן פסח שבכל הדורות. ליל הסדר — יותר מאשר סעודות השבת — הוא במידה רבה 'זבח משפחה', חגה של המשפחה היהודית. הטקס מאחד את המשפחה בהתחברות מחודשת עם עברה וציפיותיה. מבחינת ההלכה אפשר — ובעצם, אף חובה — לקיים את סדר הפסח גם כאשר אדם מישראל מצוי לבדו, בכל אתר ואתר. עם זאת, כאשר סדר־הפסח נעשה בחבורה, חבורה של אנשים הקרובים זה לזה ברוחם ובדמם, הרי זה מעשה מובחר. באמירת ההגדה, בעצם קיום הטקס, ואף בשעת הסעודה (שהיא כשלעצמה סעודה חגיגית, ככל חג אחר) נוצר קשר שאינו מופנה רק כלפי מעלה, אל הקב"ה, מתוך רצון של דבקות בו, אלא גם קשר 'מאוזן' — הקשר ההדדי שבין המשתתפים בסדר. ליל הסדר, שבמהלכו מזכירים את דם הברית של הסדר הראשון ואת ברית בין הבתרים הוא, אפוא, מעשה של חידוש הקשרים, של הידוק ההתייחסות ההדדית. מתוך התקשרות אל משמעותו ומובנו של החג, עַם ישראל מחדש בליל חג זה גם את הקשר שבין היחידות השונות שבתוכו, שכולן מצטרפות לאחדות אחת. 'ארבעת הבנים' של ההגדה, לא פעם הם מצויים באותו מקום עצמו, יושבים על אותו שולחן סדר; הקשר שביניהם, העובדה שעל אף השוני שביניהם כולם שואלים אותן שאלות, היא חלק ממהותה של אחדות ישראל; קשר הגאולה בעבר ובעתיד, הוא הקושר אותם אל ה'.

משום כך עדיף לעתים להישאר במסגרת המשפחה, כל עוד ניתן לקיים בה את האחדות והקשר, גם כאשר יחסה אל היהדות לוקה בחסר. כאן, כבמקרים רבים אחרים, ההגדה והשיחה, הסעודה ועצם הפגישה הן עצמן בבחינת ערך, שמן הראוי לשמור אותו. לא עם כל אדם אפשר להתפלל בצוותא, אך סדר־פסח פתוח יותר ותובעני הרבה פחות. ודאי, אופיו ונעימתו של הסדר משתנים ממקום למקום וממשפחה למשפחה, אך די בכך שאחד המשתתפים חש בתוכו את החוויה, והוא מעניק אותה, במידה

זו או אחרת, לכל שאר המשתתפים. לא פעם עלול אדם המקפיד הקפדה יתירה על כל כללי הטקס והחגיגיות, לקפח גורמים מהותיים יותר של החג, שהרי אף ההגדה עצמה מגוונת ביותר בהרכבה: למן המרכיבים הטקסיים, החגיגיים והמסורתיים ביותר, ועד לפרקים שנועדים ליצור אווירה קלה, עליזה ומרתקת יותר. לא בכל מקום ולא בכל עת מגיעים למזיגה האידיאלית של רצינות ושמחה, של עליצות כבדת־ראש וחמימות משפחתית, שיש בה להעניק למשתתפים חוויה דתית; אך כמעט בכל בית בישראל ובכל משפחה בעם ישראל יש — ולו רק בלילה זה — הנכונות להיות כלי קיבול למזיגה זו, ומן הראוי לשמור עליה ככל האפשר.

איסור החמץ

בעוד ששאלת עריכתו של ליל־הסדר כרוכה במידה רבה במערכת של רגשות והתייחסויות, הרי שישנו עניין מרכזי נוסף בפסח — והוא עניין הלכתי גרידא, של דינים המיוחדים לחג: איסור אכילת חמץ. האיסור עצמו הכתוב בתורה מוגדר כאיסור לאכול במשך כל ימי החג, או ליהנות בדרך בלתי ישירה, מכל דבר שהוא חמץ. 'חמישה מיני דגן' הם המינים העשויים להחמיץ, ובכללם כל דבר המופק ממיני דגני הלחם הרגילים: חיטה, שעורה ושיבולת שועל, וכן כוסמת — שאין זיהויה ברור, ושיפון, שגם לגביו אין וודאות גמורה בזיהוי. מוצרי הדגנים הללו, אשר הגיעו לידי דרגה מסוימת של תסיסה, הקרויה 'חימוץ' — אסורים באיסור חמור בימי הפסח. מבחינה מדעית לא קל להגדיר בכל מקרה מה הוא החמץ, ובהלכה יש הרבה מאוד הגדרות מעשיות וברורות של עניין זה לגבי מיני הדגן השונים. הלכה למעשה, נכללים בתחום זה רוב דברי המאפה ומוצרי הבצק מכל הסוגים (חוץ מאלה שנעשו במיוחד, מתוך הקפדה שלא יחמיצו, והם, אפוא, 'מצה'). כמו כן נכללים משקאות המופקים ממוצרי דגן שתססו, בעיקר מיני בירה וכמה משקאות חריפים, כויסקי.

ההגדרות הכלליות הללו עוסקות במיני החמץ הבסיסיים, האסורים מן התורה. איסור החמץ הוא איסור חמור מאוד, חמור מרוב דיני המאכלים האסורים, שכן העונש על אכילת חמץ בפסח במזיד הוא עונש כרת – כמוהו כאכילה ביום־הכיפורים וכחמורות שבעבירות אחרות. יתר על כן, החמץ אסור לא רק בשיעורי האיסורים המקובלים, אלא חל עליו איסור ב'משהו', אף בכמויות זעירות ואף בהיותו מעורב בתוך דברים אחרים. בשל כך, ובשל היות החמץ גם איסור הנאה בתוך ימי הפסח (ואסור להנות מן החמץ – בין במכירתו, בין בהבערתו ובין בהאכלתו לחיות), רבות מאוד החומרות בדיני החמץ ובכל המתייחס אליהם. אף חכמים הנוטים להקל בכמה וכמה תחומים אחרים, מחמירים במיוחד בדיני פסח. משום כך, הלכה למעשה אין כמעט דבר מאכל שעבר תהליך ייצור כלשהו (להוציא מאכלים בסיסיים – ירקות ופירות, בשר ודגים, ביצים וכיוצא בהם) שלא יהיה בו מקום לחשש.

נוסף לכך, למרות שיש גישות שונות ביחס לעניין, מן הראוי להקפיד גם על שני תחומים אחרים שבהם יש ולו גם חשש להנאה אסורה מן החמץ – במוצרי קוסמטיקה מכל המינים ובתרופות שונות. בכל המקרים הללו יש לזכור, כי לעתים המרכיבים הראשיים – ואפילו יש רשימה מדויקת ומפורטת של מרכיבים – עשויים להיות מוצרים שאין הם כשלעצמם קשורים כלל בחמץ, אך עלולים להיות בהם מרכיבים או חומרי שימור בלתי נחשבים – ולכן הם אסורים לשימוש בפסח. יש גם מוצרים המופקים מחומרים המותרים או אסורים, כמו למשל כוהל בכל צורותיו, המופק לעתים ממיני דגן (הכוהל המופק מגפן או ממקורות רבים אחרים, אין בו חשש חמץ); מוצרים מורכבים עלולים, אפוא, להיות חמץ או תערובת חמץ, ולאדם פרטי אין כמעט כל דרך לברר את הדבר על בוריו. ומשום כך אין ראוי להשתמש אלא במוצרים שיש עליהם הכשר מובהק, שניתן לאחר בדיקה של רבנים מוסמכים. לצער הלב, חותמת סתמית של 'כשר לפסח' או אמירה סתמית מפי חנווני,

עשויים להטעות, מתוך זדון או אי־ידיעה, וכשלעצמם אין אפשרות לסמוך עליהם.

קטניות

בעיה אחרת המוסיפה במידה מסוימת לקשיים בקיום ההלכה, קשורה במנהג הנקוט בידי רבות מעדות ישראל, להחמיר על עצמן ולאסור גם מיני צמחים אחרים, אף על פי שאינם בגדר חמץ מן התורה. צמחים אלה מוגדרים כללית 'קטניות' (אף כי הגדרה זו אינה חופפת בשלמותה את ההגדרה הבוטאנית של מושג זה). בתוך אלה כלולים כמה מיני דגן, שאינם מן הדגנים האסורים מדין תורה — אורז ותירס בעיקר, וכן כמה מיני קטניות. המנהג הזה לאסור את ה'קטניות' בפסח הוא כללי ומקובל על כל האשכנזים, בכל העדות והמנהגים; ויש מוצרים ומאכלים מסוימים המקובלים כאסורים גם בעדות שונות שלא מן האשכנזים. הסיבוך הזה קיים בעיקר בארץ ישראל, אך לא פעם גם במדינות אחרות, כאשר מוצר מסוים מסומן בתווית 'כשר לפסח', והוא אמנם כשר — אך לא לאשכנזים. לא תמיד קיים ציון ברור המתייחס להבדלים אלה, וכן לא תמיד ברור גם לאנשים (ואפילו הם שומרי מצוות שאינם תלמידי חכמים) מהם בדיוק ההבדלים בין העדות בתחום זה.

הבדלי המנהגים המרובים בתחום זה גרמו לכך, שאף בעבר נהגו אנשים אף בקהילות שחבריהן היו יראים ושלמים שלא לאכול כל סעודה בפסח בבתי אחרים, שכן כללי החומרות שונים ממקום למקום. ובלי ספק שבימינו, כל ארוחה שאינה כוללת רק פרי או ירק בלתי מעובדים, יכולה להיות מכשול שלא מדעת. וכאמור, חומרתם של דיני החמץ מצד אחד, והעובדה שחומרות אלה נוהגות במשך זמן קצר בלבד, הביאו לכך שרבים (הן כפרטים הנוהגים מנהג עדתם או קהילתם, הן כממשיכי מסורת משפחתית מסוימת, והן משום החלטה אישית להחמיר בדבר) נוהגים בחומרות רבות ולעתים אף מוזרות בפסח, ואין בתחום זה גבולות מוגדרים וברורים, עד להיכן מן הראוי להחמיר.

כאן, כמו בעניינים רבים אחרים, סביר שאדם המתחיל בדרכו אל היהדות ישתדל לשמור ככל האפשר על הדברים העיקריים והחשובים ולא יתחייב — מתוך עודף התלהבות, האופיינית לעתים לאדם בתחילת דרכו — לחומרות יתירות, שלאחר מכן לא יוכל לעמוד בהן; שכן אז הוא עלול לסבך את עצמו הן מבחינה רוחנית והן מבחינת ההלכה. מבין החומרות הללו ראוי להזכיר אחת נפוצה ביותר: מנהגם של מרבית הנוהגים כמנהג החסידים, להימנע מלאכול 'מצה שרויה', כלומר לא לאכול אף מצה כשירה על כל פרטיה והלכותיה, אם נשרתה (ואפילו נגעה) בנוזלים. מנהג זה מצמצם במידה רבה את מבחר המוצרים שאפשר להכינם ולאכול מהם בפסח.

כלים מיוחדים

בשל איסורי החמץ ותערובות החמץ אסור להשתמש בפסח בכלי אוכל שמשתמשים בהם במשך כל ימות השנה, משום שלגבי כל אחד מהם קיים חשש — או ודאות גמורה — כי שימשו לצורך חמץ. בחג הפסח יש, אפוא, להשתמש במערכות כלים מיוחדות. כדי להשתמש בכלים של חמץ לצורך הפסח, יש צורך להכשירם במיוחד (וראה בפרק על הכשרת כלים). אף כאן, בשל ריבוי מיני הכלים, הן מבחינת החומרים המרכיבים אותם והן מבחינת אופן השימוש בהם, מן הראוי להתייעץ באדם הבקי בכך. מבחינה מעשית, ככל שיכול אדם להרשות לעצמו, מוטב שיקנה כלים חדשים, המיוחדים לחג הפסח, כלים שמשתמשים בהם רק במשך ימי החג ומשאירים אותם במקום מוצנע, עד לשנה הבאה. מסורת היא בישראל, ששולחן הסדר יהא חגיגי במיוחד, ומשום כך נהגו רבים במשך הדורות להשאיר כלים יפים ומיוחדים לשימוש בחג הזה. בדרך כלל אדם מוסיף וקונה לעצמו מפעם לפעם כלים חדשים לצורך הפסח, שהרי, כמובן, כלי הפסח כשרים לשימוש בכל ימות השנה, אם מחליטים להפוך אותם לכלי חמץ, תוך הקפדה על ההפרדה בין כלי בשר לכלי חלב.

יש לזכור, כי הכשרה זו של הכלים נוגעת לא רק לסירים ולצלחות וכלי האוכל, כסכינים וכפות, אלא אף למכשירי הבישול – תנורים וכירות למיניהם. יתירה מזה, מבחינת ההלכה יכולות להתעורר בעיות רבות יותר בשימוש בכיריים ובתנורים, מאשר בשימוש בכלי אוכל אחרים. ומאחר שלא כל אדם יכול להרשות לעצמו מערכת חדשה לגמרי של מכשירי בישול ואפיה – מכשירים כרגיל את המכשירים הקיימים. יש לדקדק גם לגבי הכיורים שבהם רוחצים את הכלים, שגם הם צריכים הכשר או התקנים מיוחדים, ובכל אלה צריך לשאול ולברר היטב את ההלכה, כדי שלא להיכשל בדבר מחמת חוסר ידיעה או מחמת אינפורמציה בלתי מספקת.

כללו של דבר – שמירת דיני הפסח כהלכתם אינה קלה ופשוטה ויש להביא בחשבון כי ההכנות לקראתו עשויות להימשך זמן ניכר; לא רק מטעמי נוחיות, אלא גם מבחינת ההלכה חשוב להשאיר מרווח זמן מסוים לפני כניסת החג, כדי לדאוג להכשר ראוי. יש לזכור כי לאחר שעות הבוקר המוקדמות של ערב פסח (הזמן המדויק תלוי ב'שעות הזמניות', ולפיכך משתנה משנה לשנה וממקום למקום) כל ערב פסח אסור גם הוא באכילת חמץ ובהנאה ממנו, כך שלמעשה יש להכין את מרבית הדברים מוקדם די הצורך.

מכירת חמץ

במרבית הבתים היהודיים משתדלים שלא להשאיר בבית במשך ימי הפסח 'חמץ בעין', כלומר, דברים שהם מוצרי חמץ מובהקים. עם זאת, מכיוון שבפועל קשה מאוד להיפטר מכל חמץ בכל שיעור שהוא (וכל שכן מן הכלים של כל ימות השנה, שהם כלי חמץ) ובעיקר בחנויות או מפעלים המשתמשים בכמויות גדולות של חמץ, התקינו חכמים במשך הדורות את 'מכירת החמץ' – מכירתו של כל החמץ המצוי ברשותו של אדם לגוי (שכמובן אינו אסור באכילתו ובשימושו). מבחינה לגאלית-הלכתית מכירה זו מסובכת ביותר, וחוזה המכירה מורכב ביותר,

על מנת לעמוד בכל אמות המידה של ההלכה ושל חוקי המדינה שבה נעשה הדבר, גם יחד. ברוב קהילות ישראל נהגו שרב הקהילה (או נציגיו) משמש שליחם של בני הקהילה והוא דואג למכירתו של חמץ זה. אכן, אקט זה יכול להיעשות רק בהרשאתו של בעל החמץ, ולכן צריך בעל החמץ לפנות אל הרב או נציגו ולתת לו הרשאה מתאימה כזו (בשעת הדחק אפשר להשתמש גם בהוראה טלפונית והדבר עדיף, בלי ספק, מאשר להימנע כליל מן המכירה). יש לזכור כי 'חמץ שעבר עליו הפסח', או כלי חמץ שלא נמכרו מעוררים בעיות הלכתיות מרובות גם לאחר הפסח, ומשום כך ראוי להקפיד לעשות את הדבר לפני שעת איסור החמץ בערב פסח. אדם הנוסע ממקומו יכול להורות על המכירה זמן רב לפני החג עצמו.

בכל מקרה, הן מבחינת תנאי המכירה והן מחמת הצורך בזהירות, מאחסנים את שאריות החמץ ואת כלי החמץ במקום מיוחד, כדי שלא לגרום לשימוש בטעות בכלים אסורים.

מצות

מצוות 'עשה' מן התורה היא לאכול מצה בכמות מסוימת בליל-הסדר עצמו, ואילו בשאר ימי החג יכול אדם לאכול מאכלים אחרים, ובלבד שאינם חמץ. ברוב המקומות ניתן להשיג מצות כשרות לפסח, אף כי גם כאן יש חומרות והידורי מצווה רבים ושונים. מכל מקום ראוי לדקדק יותר, במידת האפשר, במצות המצווה (כלומר, אותן מצות שאוכלים מהן כזית לצורך מצוות אכילת מצה, בשעת טקס הסדר עצמו) — שהרי מדובר בשלוש מצות לכל היותר לאדם. רבים מהדרים ומשתמשים לצורך זה ב'מצה שמורה', שהוכנה תוך הקפדה מיוחדת, ויש רבים הסבורים כי ראוי, ואף חובה, להשתמש במצות עשויות ביד דווקא, מפני כמה טעמים.

כשרות

כניסה לשגרת כשרות

שמירת הלכות הכשרות, ההקפדה על אכילת מאכלים כשרים בלבד, בבית ומחוץ לבית — היא אחת ההחלטות החשובות שעושה בעל התשובה בדרכו.

דיני הכשרות, יש בהם ייחוד מכמה בחינות. מצד אחד — שמירת הלכות הכשרות בעיקרה היא פעולה שלילית, הימנעות מאכילת מאכלים מסוימים, או מאכילה במקומות אוכל מסוימים וכיוצא בהם. אבל גם כאשר אדם מודע לענייני מזונו, הרי בסופו של דבר מדובר בפעולות אשר אינן מבטאות תכנים חיוביים מוגדרים בשעת עשייתן, אלא רק חוסר־מעשה. ומצד שני, שמירת הכשרות אינה רק עניין לשעה מסוימת ביום או למקום מוגדר — ההקפדה על האוכל הכשר קיימת בכל שעה משעות היום ובכל מקום. האופי היומיומי והשגרתי שבדבר הם חלק יסודי בתפיסת הכשרות ובקבלתה. שמירת דיני הכשרות היא, אם כן, מרכיב חשוב ומהותי בכניסה לאורח חיים יהודי, אשר

מעצם מהותו אינו מתבטא רק בפונקציות 'דתיות' מוגדרות לעצמן, אלא כמבנה וכדרך חיים.

לשמירת הכשרות יש היבט חברתי מובהק — משעה שאדם מקבל על עצמו לשמור את הכשרות, שוב אינו יכול לאכול בכל מקום וכל אוכל המזדמן לו, והדבר יוצר חציצה מסוימת בינו לבין הסביבה. אכן, יש לכך גם משמעות חיובית — בית יהודי שהכשרות נשמרת בו, הוא בית שכל אדם יהודי יכול לאכול בו, לשהות בו ולחוש בו כבן בית. שמירת הכשרות היא, אפוא, צעד משמעותי בהגדרת הייחוד של האדם והתייחסותו היהודית — בהבדלה שהוא גורם ובקירוב שהוא יוצר.

למרבית האנשים, שמירת הכשרות היא צעד בעל משמעות משפחתית. אין כל אפשרות של ממש לשמור כשרות ללא נכונות לשיתוף פעולה מצד שאר בני הבית. מעתה צריכים האשה, הבעל והילדים להביא בחשבון את העובדה כי אחד מהם נזהר בכשרות, ולשנות את אורחות חייהם על פי החלטה זו. אז חלה קירבה מסוימת בין בני המשפחה וכל בני הבית נעשים שותפים לכניסה אל החיים היהודיים.

מבחינה מעשית, הקושי שבשמירת כשרות משתנה במידה רבה לפי מקום מגוריו של אדם. אדם החי בארץ ישראל או בכל מרכז יהודי גדול, יכול לשמור את הכשרות בלא קשיים מיוחדים, משום שיש די מצרכי מזון וחנויות לשירותו. מי שאינו חי במרכז כזה, עלול להיתקל בקשיים ולעתים אף נדרש לשנות הרגלי חיים על מנת להתאים את עצמו להלכות אלה.

מסגרת של חיים

בעיקרו של דבר, כשרות אינה 'אקט' מסוים שאדם עושה; היא בעיקר מסגרת של חיים, מסגרת שהשפעתה הרוחנית והחומרית באה מבחינות רבות בדרכי עקיפין. ה'דיאטה', של הכשרות, כמו דרכי אכילה אנושיות אחרות, היא רקע, שעליו מתפתחים הרבה מאוד דברים אחרים.

במשך הדורות ניסו החכמים, ובהם רבים מחכמי ישראל

הגדולים, להסביר את דיני הכשרות בטעמים רציונאליים ופסבדו־רציונאליים. בעיקרו של דבר לא עלו הנסיונות הללו יפה אף בזמנם ובמקומם, ורבים מהם נראים רחוקים מן הלב ומן הדעת. אמנם, בפסוקי התורה (רוב עיקרי דיני הכשרות מצויים בספר ויקרא פרק יא ודברים פרק יד, ובעוד פסוקים מפוזרים אחדים) כמו גם במקורות היסודיים האחרים, אין כל ניסיון להסביר את הדינים הללו אלא במאמר הכולל — כי אלה הם אופניה ודרכיה של קדושת ישראל. בפראפראזה של המקורות החשובים הללו, הרי שמתוך הדינים עולה ההנחה, כי אכילתם של מאכלים מסוימים והימנעות מאחרים היא חלק מן התשתית הביולוגית־המיסטית של קיום החיים היהודיים. במובן ידוע זו ה'דיאטה' של היהודי וחלק מדרך חייו. וודאי שקיימים עוד הסברים דרשניים ומיסטיים רבים מספור לפרטי דיני הכשרות, אך בתפיסתם הכוללת הריהם חלק ממערכת ה'חוק' הבלתי מוסבר שבתורה, חלק מתבנית חייו הייחודית של האדם מישראל.

פרטי הלכה

כמו בתחומים רבים אחרים של ההלכה, הפרטים ופרטי הפרטים (בפרט אלה הנוגעים למצבים בלתי ברורים ולמצבי ביניים שונים) רבים ומסובכים. אולם התבנית הכוללת של הלכות אלה פשוטה למדי, ואינה קשה להבנה ולזכרון.

נסווג את הדברים הכשרים והבלתי־כשרים ליחידות סיווג כלליות ופרטים שונים:

א. מינראלים — כל המינראלים כשרים. כלומר: כל דבר דומם, בכל אופן וסוג של עיבוד (כגון מלחים שונים), כשר ומותר באכילה בלא פקפוק.

ב. דברים מן הצומח — בדברים מן הצומח יש להבדיל תחילה בין פירות, ירקות וכיוצא בהם, שלא עברו כל עיבוד, לבין אלה שעברו עיבוד מסוים בידי אדם: תסיסה, בישול וכדומה. בפירות ובירקות שלא עברו כל תהליך של עיבוד, יש להבדיל

אם גודלו בארץ־ישראל או מחוץ לארץ. מחוץ לארץ ישראל — כל הפירות והירקות החיים מותרים למעשה באכילה, ואין בהם חששות מבחינת הכשרות.

שונה המצב בארץ ישראל. בארץ ישראל חלות מצוות רבות על דברים הגדלים בארץ: לגבי רובם המוחלט של הפירות והירקות יש חובה להפריש תרומות ומעשרות. אשר לפירות העצים — יש חשש שמא הפירות הם מעץ ערלה, כלומר — עץ שטרם הגיע לשנת גידולו הרביעית. כמו־כן עלולות להתעורר בעיות מרובות בשנת שמיטה. אכן, לגבי הפירות והירקות המשווקים בארץ דרך סוכנויות השיווק הגדולות, יש בדרך כלל השגחה של הרבנות, הדואגת שלא יהיה איסור בפירות ובירקות המגיעים לשוק. מובן כי הפירות הנקנים באופן אחר או נלקחים במישרין מן המגדל, אין עליהם השגחה כזו. לא כל אדם — ובכלל זה שומר מצוות — מודע לקיומם של איסורים אלה, גם משום שבחוץ לארץ, כאמור, הם לא היו נהוגים, ולא היו ידועים לכל.

האיסור באכילת פירות וירקות שלא הופרשו מהם תרומות ומעשרות (וקרויים 'טֶבֶל'), הוא איסור חמור, ככל האיסורים הקשורים ל"מצוות התלויות בארץ". יש מן האיסורים כאלה, שלמעשה אין הקונה יכול לעמוד עליהם, אלא לאחר חקירה בלשית של ממש, וישנם פירות שאין כל דרך לתקן את האיסור שבהם. עם זאת, כדי לצאת מחשש לאיסור חמור, הרי בכל מקרה של קניית פירות וירקות, וכן מוצר מוגמר המיוצר מהם (או מוצר שיש בו תערובת של צמחים מן הארץ) אפשר לנהוג כלהלן: לפני האכילה (או מוטב — לאחר הקנייה), לוקחים מעט יותר מאחוז אחד מן המאכל, ואומרים: "הריני מפריש תרומות ומעשרות כפי תקנת החכמים". את החלק המופרש אין לזרוק בביזיון, אלא כדאי לעטוף אותו בדבר־מה ורק אחר כך לבערו או להשליכו. רבים נוהגים בדרך זו בכל דבר מאכל מן הצומח כדי לצאת ידי כל ספק. דרך זו היא דרך מקוצרת שנעשתה ותוקנה עבור אלה שאינם יודעים את פרטי ההלכות הללו. אכן,

דרך הפרשת התרומות כתיקונה מורכבת יותר, ויש מדריכים שונים המסבירים כיצד בדיוק יש לנהוג, אם רוצים לעשות את הדבר בכל פרטיו ודקדוקיו.

אשר לדברי מאכל מן הצומח שעברו טיפול ועיבוד, גם בהם יש כללים שונים: פירות וירקות מבושלים (בלא תערובת של כל דבר אחר), הם בדרך כלל כשרים. אולם קיימות בעיות שונות בקשר לכלי הבישול, לרטבים ולתוספות השונים.

ג. יין — היין מעורר בעיה מיוחדת, ומדובר דווקא ביין המופק מענבים. יש איסור קדום (שנזכר כבר במקרא — בספר דניאל) שלא לשתות יין של גויים, ובכלל זה כל יין שלא היה בכלי חתום ונגע בו גוי. בגלל האיסור הזה, אסור לשתות כל יין שיוצר בידי גויים, וכן כל משקה שהופק מזיקוק או עיבוד של יין (בעיקר קוניאק, ברנדי לסוגיו, שמפניה וכדומה). איסור זה חל רק על יין ענבים ומוצריו השונים, ולא על כל משקה חריף אחר שאינו מבוסס על ענבים. משום כך — ליקרים, בירה, יין תפוחים וכדומה — כשרים (לעתים מתעוררת בעיה ביחס לשתייתם בחג הפסח, ועל כך ראה בפרק הדן בהלכות פסח). יין שעבר תהליך של בישול לפני שנגע בו גוי — אין בו כל איסור, וכן הדין ביין מפוסטר.

מי שבא לבקרו אורח שאינו יהודי — טוב יעשה אם ישתמש ביין מבושל, או שלא ישתמש ביין כלל, כדי שלא לגרום לעצמו בעיות של כשרות או אי־נעימויות מכל סוג אחר.

ד. מיני מאפה — כל מיני המאפה, הממותקים והמתובלים, מעוררים שאלה — במה המתיקו או תיבלו את העוגה, ומהם שאר החומרים המצויים בה. גם במקומות שבהם חייב היצרן על פי החוק למנות את המרכיבים שמכניסים בכל דבר מאכל תעשייתי, ואף אם רשימת הרכיבים אינה כוללת דבר אסור — אין זו הוכחה גמורה, שכן מרכיבים בכמות זעירה אינם מופיעים ברשימות אלה, וכן אין מפורטת דרך הכנתם של מיני המאפה; ולכך עשויה להיות משמעות מבחינת הכשרות. מכאן, שאם קונים מיני מאפה כאלה, מן הראוי לבדוק אם יש עליהם הכשר.

אשר ללחם הנאפה בארץ ישראל בידי יהודים, אין בדרך כלל בעיות כשרות. במיוחד נכון הדבר לגבי מאפיות גדולות, העומדות תחת פיקוח כלשהו. אם קיים חשש של הפרשת תרומות ומעשרות וכדומה — אפשר להפרישם מן הלחם המוגמר (ואז אפשר להתכוון לצאת גם ידי חובת הפרשת חלה — וראה להלן). לעניין זה, המצב בחוץ-לארץ מסובך מעט יותר. כבר בימי בית שני גזרו חכמים בתקופות שונות, כי אין לאכול 'פת נכרים', אולם במשך הדורות היו עליות ומורדות בשמירת ההלכות הנוגעות לעניין זה. בימינו המצב להלכה הוא בערך כך: בארצות שבהן מוסיפים ללחם האחיד תוספות שונות (כמו בהולנד, שם מוסיפים כמות של חלב ללחם) יש לבדוק מה הן תוספות אלו, ואם הדבר מותר מבחינת הכשרות. ככלל, אם אפשר להשיג לחם שנאפה בידי יהודים ('פת ישראל') — מה טוב. אולם אם אין לחם שכזה בהישג יד, או אין סוג לחם זה מצוי באפייה יהודית — מותר לאכול גם לחם אחר.

אשר למיני המאפה הביתיים: אף כי בימינו אופים הרבה פחות בבית משנהגו בדורות קודמים, מכל מקום עדיין עושים בבתים מיני מאפה — בעיקר עוגות — ובאשר לאלה יש לזכור כמה עניינים: ראשית, מצוות חלה. מצווה מן התורה היא להפריש מכל עיסת בצק כמות מסוימת מתנה לכהן. מתנה זו קרויה "ראשית עריסותיכם, חלה" (במדבר טו,כ). בימינו, כיוון שהכהנים אינם יכולים להוכיח בוודאות את יחוסם, ואף אינם יכולים להיטהר ולאכול את החלה — אין נותנים חלק זה לכהן, אך קיימת עדיין החובה להפריש כמות קטנה ל'חלה'. אם יש בבצק כמות העולה על כדי השיעור של 'עומר המן' — ובימינו משערים כמות זו בקילוגרם וחצי קמח לערך — מפרישים כמות קטנה ל'חלה' ושורפים את החלק המופרש. לפני הפרשת החלה אומרים את הברכה, "אשר קדשנו במצוותיו וצוונו על הפרשת חלה". אף על פי שמצווה זו מוטלת על האופה, ומפני טעמים שונים ובכללם אלה שבתורת הסוד — מצווה מן המובחר שהאשה שבבית תקיים מצווה זו.

עניין נוסף שיש לתת עליו את הדעת, הוא תיבולן של עוגות שונות: כדי שלא להתבלבל ולהיכשל, מן הראוי לתת לעוגות המכילות בשר או חלב צורה מיוחדת, שתזכיר תמיד כי אלה עוגות מיוחדות, ואין לערבן במאכלי בשר וחלב שלא כדין.

ה. דברים מן החי — בתחום זה קיימים סוגים רבים, וראוי לחלקם לחלוקות משנה:

היצורים חסרי החוליות — כולם אסורים, למעשה, באכילה. דבר זה כולל רכיכות, שבלולים וצדפות, סרטנים לסוגיהם ולמיניהם, חרקים, עכבישים ופרוקי רגליים לכל סוגיהם, ועוד ועוד. לאלה יש שני יוצאים מן הכלל — האחד תיאורטי בעיקרו והאחר מעשי. עקרונית מותר לאכול מינים מסוימים של חגבים. למעשה, היתה אכילת החגבים מקובלת בקרב יוצאי קהילות מעטות מאוד (בעיקר תימנים ומקצת יוצאי צפון־אפריקה). ועוד יוצא מן הכלל — מעשי יותר — מותר לאכול דבש דבורים. היתר זה, המעוגן במקרא, מבוסס על כך כי הדבש אמנם מיוצר על ידי הדבורים, אך אינו חלק מגופן או הפרשה שלמה מגופן. מכל מקום, אין כל חשש ביחס לכשרותו של דבש — כל עוד הוא נקי מכל זיוף.

הדו־חיים — צפרדעים, קרפדות וכדומה — והזוחלים — לטאות, נחשים וצבים למיניהם — כולם אסורים באכילה.

דגים — באלה יש להבחין בין מיני דגים כשרים ומותרים באכילה, לבין מינים האסורים באכילה. החלוקה בין המינים המותרים באכילה לאסורים מפורשת בתורה: דגים שיש להם סנפירים וקשקשים מותרים באכילה; דגים שאין להם סנפיר וקשקשת — אסורים. החלוקה הזאת קרובה — אך לא זהה — לחלוקה הזואולוגית שבין דגי גרם לדגי סחוס.

מרבית הדגים הנאכלים מותרים באכילה, ולצורך ההבחנה בדגים טהורים יש לבדוק בדיקה פשוטה וקלה, אם יש להם קשקשים. דג שיש לו קשקשים נראים לעין, שאפשר להסירם מהעור, הוא בלא ספק טהור. הכרישים, השפמנונים והצלופחים הם דגים טמאים, ואסורים באכילה. יש גם מינים אחדים של

דגים, שמעמדם בהלכה אינו ברור ולעתים תלוי הדבר במנהג המקום, אם לאכול אותם אם לאו. החלוקה בין דגים טהורים לטמאים וכן בשאר בעלי החיים כוללת גם את כל המוצרים המופקים מהם — למן שמן הדגים ועד לקוויאר. סוגי הקוויאר נחלקים לטהורים וטמאים, על פי הדגים שמביציהם יוצר המאכל.

כל האמור לעיל נוגע לדגים, אך שאר יצורי המים אסורים כולם באכילה: בהם, כאמור, הסרטנים והצדפות, וכמובן גם היונקים הימיים — למן כלבי־הים ועד ללווייתנים והמופק מהם.

לאחר דיג הדג הטהור, שוב אין מתעוררות בעיות הלכה מיוחדות. אסור, כמובן, לאכול חלק מיצור בעודו חי (הוא האיסור החמור של 'אבר מן החי'); אך כאשר מומת הדג בכל דרך שהיא, מותר להשתמש בבשרו ובדמו בכל דרך.

עם זאת יש לדעת, כי אף על פי שהדג אינו מבחינת הדין 'בשר' ולא 'חלב' — לפי מנהג עתיק אין מבשלים דג ובשר בכלי אחד, ובדרך כלל אף אין אוכלים אותם יחד, אלא מפסיקים מעט בין מנת דגים למנת בשר, בשתיה וכדומה. עוד נהגו, שלא למלא כלים בדם של דג, בלא לעשות סימן שזה דם של דג, כדי שלא לגרום למראית עין, שאין האוכל נזהר, כביכול, מאכילת דם.

עופות — בבעיות כשרות של עופות (וכמובן לגבי יונקים) יש מספר רב יותר של מרכיבים ויש לדון בכל אחד מהם לעצמו:

המרכיב הראשון הוא בעיית העופות המותרים והאסורים באכילה ('טמאים' ו'טהורים'). המקור לחלוקה בין עופות שונים מצוין בתורה, שם מופיעה רשימת שמות העופות הטמאים, אולם לא כל מרכיבי הרשימה נהירים לנו. אמנם חכמים נתנו סימנים מסוימים בעופות לסוגיהם, אך בפועל קטן מספרם של מיני העופות המותרים באכילה בלא חשש, בהם עופות הבית הרגילים — תרנגולים ותרנגולי הודו, אווזים, ברווזים ויונים.

אולם גם אם העוף הריהו ממין טהור, יש עוד שלבים אחדים עד להיותו מותר באכילה. ראשית — שחיטה כשרה. בימינו נעשית שחיטת העופות בידי שוחטים שמלאכתם בכך, ואשר

קיבלו תעודה מתאימה מן הרבנים על ידיעותיהם המעשיות והעיוניות בתחום זה. שהרי במידה רבה מוטל על השוחט גם לבדוק אם אין בעוף כל פגיעה רצינית (מחמת פציעה או מחלה) העושה את העוף 'טריפה' — ואז הוא אסור באכילה. המתתו של עוף בכל דרך שאינה שחיטה עושה אותו 'נבלה' ואסור באכילה.

היות והדם אסור באכילה באיסור חמור, יש לעשות לאחר השחיטה מערכת פעולות מיוחדת, הקרויה 'הכשרה' של העוף, ומטרתה להוציא מן העוף כמות גדולה ככל האפשר של הדם שבתוכו. ההכשרה נעשית במליחת הבשר ושטיפתו במים. כיום, רוב הבשר הנמכר בחנויות ובאיטליזים נמלח כדין, ואין צורך לעשות בו פעולות הכשרה נוספות.

כאשר קונים בשר שלא הוכשר — יש לנהוג כך: ראשית — אם נותרו על העוף נוצות — יש להסיר אותן ממנו. אז שורים את הבשר במשך מחצית השעה עד שעה, בכלי מלא מים. את עורקי הדם הגדולים ואת הלב חותכים, ומוציאים קודם ההשריה. אחר כך מניחים את הבשר על כלי מנוקב, העשוי מכל חומר שהוא, ומולחים את הבשר מכל עבר. מליחה זו נעשית במלח גס. לאחר המליחה משאירים את הבשר במלחו במשך כשעה, ואחר־כך שוטפים היטב את המלח והדם. אז מוכשר הבשר לאכילה.

בשר שצולים באש אין צורך להכשיר בדרך זו, אלא מולחים אותו מעט ומניחים אותו על האש. מדובר בבשר הניצלה על שיפוד או כלי מנוקב אחר. בשר מטוגן — דינו כבשר מבושל וצריך הכשרה. את הכבד אי־אפשר להכשיר במליחה, ויש צורך להכשירו בצליה בלבד. לאחר הצליה אפשר לחזור ולבשלו, אם רוצים בכך.

הכלים שאליהם נוזל הדם — הן הכלי שבו שורים את הבשר והן זה שעליו מולחים אותו — אינם כשרים לשימוש אחר, כיוון שנבלע דם אל תוכם.

בשר בחלב — נוסף לשחיטה ולהכשרה, יש לשמור על עוד

דין חשוב ביחס לבשר עופות ויונקים: ההפרדה בין מאכלי בשר למאכלי חלב. על פי התורה אסור לבשל יחד בשר וחלב, אולם כדי למנוע בלבול וטעות התקינו במשך הדורות שיש להכין מאכלי חלב ובשר במערכות כלים נפרדות, ולא לאוכלם בארוחה אחת או ליד שולחן אחד — כאשר כמה אנשים אוכלים יחד.

מאכלי בשר הם הבשר עצמו, מרקיו והרוטב היוצא ממנו, וכל שאר המאכלים שיש בהם בשר. ולמעשה, מוטב להיזהר גם במאכלים שנתבשלו בכלי בשר. לכל אלה מן הראוי להכין לא רק סירי בישול או כלי אפייה מיוחדים, אלא גם מערכות נפרדות של צלחות, סכינים, כפות ומזלגות. נהוג לעשות סימני היכר מסוימים לכלי בשר וחלב, על־מנת שלא יתבלבלו ויחליפו ביניהם. מוטב גם להכין מפות אוכל מיוחדות למאכלי בשר וחלב. כמו כן ראוי שלא לרחוץ יחד את כלי הבשר והחלב לאחר השימוש. בבתים רבים מתקינים לצורך זה שני כיורי מטבח מיוחדים, כדי שלא יבואו לידי טעות.

בכל מקרה שבו משתמשים בכלי של חלב למאכלי בשר או להפך, יש חשש כי הכלי נעשה טרפה, ואז אסור לאכול בו כלל. אם רוצים לשמור על הכלי, מן הראוי לשאול את הרב מה לעשות בכלי כדי להכשירו (ראה בעניין זה בדיני הכשרת כלים). הפרדה זו אמורה כמעט בכל הכלים, אולם בנוגע לכלי זכוכית, אין חוששים שמא בלעו מקצת מטעם הבשר או החלב, ולכן מותר להשתמש באותן כוסות לצורך שתייה עם מאכלי בשר וחלב כאחד. עיקר הזהירות צריך להיות בכלי מתכת, עץ וקרמיקה. השימוש בכלים העשויים חומרים פלסטיים מעורר בעיות רבות, ועל־מנת שלא לבוא לידי צורך לשאול, מוטב להקפיד היטב על הפרדת מערכות הכלים, כפי שהיה נהוג בכל ישראל.

יש לזכור, כי רוב שאר המאכלים ניטראליים מבחינה זו (או כפי הכינוי המקובל על יהודי אירופה — שמקורו אינו ברור עד היום — הם 'פרווה'). כל מאכל שאינו עשוי בשר או מוצריו או חלב ומוצריו, מותר לאכול אותו עם מאכלי בשר או חלב בלא

חשש. הדבר ברור גם לגבי מיני לחם ומאפה או ביצים וכיוצא בהם, אבל ביחס לחומרים מורכבים, מוטב לבדוק ולשאול אם אכן אין בהם תערובת כזו.

נוסף לאיסור של אכילת בשר וחלב יחד, יש גם תקנה לשמור על מרחק זמן בין אכילת סעודה שיש בה בשר לסעודה של חלב. לאחר ארוחה בשרית נהוג ברוב קהילות ישראל לחכות שש שעות עד לשתיית חלב, או אכילת מוצרי חלב. על פי מנהגים מקומיים שונים, משך הזמן הזה קצר יותר. לעומת זאת, לאחר מאכלי חלב מותר לאכול בשר לאחר שהייה קצרה יותר – מחצית השעה לכל היותר. אך יש להחמיר לגבי אכילת מיני גבינות קשות, ומקפידים על המתנה לפרק זמן ארוך יותר לאחר אכילתם.

יונקים – התורה מפרידה בין בעלי־החיים המותרים באכילה – אלה המעלים גרה ומפריסים פרסה – לבין שאר בעלי־החיים שחסרים את שתי התכונות האלה. משום כך מותרים לאכילה בעלי־החיים הביתיים – בקר, כבשים ועזים, ובמין חיות הבר – כל מיני הצבאים והאיילים, המהווים משפחה מוגדרת היטב מבחינה זואולוגית (עקרונית מותר לאכול גם את הג'ירפה והאוקפי, שניהם מעלי גרה ומפריסי פרסה, אך כמדומה שאין זה רלוונטי לרבים). שאר היונקים כולם אסורים, ולעניין ההלכה אין הבדל בין איסור אכילת סוס, גמל או חזיר.

כמו בעופות, גם ביונקים יש להקפיד על דיני שחיטה וטרפות. בעל־חיים שלא נשחט כדין, או שיש בו טרפה – אסור באכילה. ביונקים מצוי מספר רב יותר של טרפות מאשר בעופות, ולכן נעשית בהם לאחר השחיטה בדיקה חמורה יותר. לעניין זה, יש אפילו מהדרים שאינם אוכלים אלא בשר 'חלק' ('גלאט') – בשר אשר הן בשחיטה והן בבדיקה לא התעוררו כל שאלות, והוא, אפוא, כשר לכל הדעות ולכל השיטות.

בבשר בהמות יש גם איסורים נוספים – איסור אכילת חֵלֶב ואיסור גיד הנשה. חלקים מסוימים ממאגרי השומן שבגוף הבהמות הם חֵלֶב, ואסורים איסור חמור באכילה. כמו כן, אסור

לאכול מגיד הנשה המצוי בירכים (ברגליה האחוריות של הבהמה). ישנם בעלי מקצוע — 'מנקרים' — שתפקידם להוציא מן הבשר את החלקים הללו (דבר מעניין הוא, שהסינים הקדומים כינו את היהודים שחיו בקרבם 'מנקרי הגידים', כסימן היכר דתי). יש מקומות אשר מטעמים כלכליים אין מוכרים בהן את החלקים האחוריים של הבהמה, כדי שלא לטרוח בניקורם. כל הנוגע לעניין הכשרתו של בשר הבהמות, ולאיסור לאכול בשר וחלב יחד — אמור כמו באכילת עופות, אלא שהאיסור בהם חמור יותר. מבחינת ההלכה בשר עוף ובשר בהמה, דין אחד להם כמעט לכל עניין ועניין.

ו. קניה ואכילה במסעדה — בדורנו, הרבה יותר מבדורות קודמים, קונים אנשים חומרי מזון מוכנים או מוכנים־למחצה בחנות, ואנשים נוהגים לסעוד במסעדות — הן בהיותם במקום זר ואף בהיותם במקום מגוריהם. השומר את דיני הכשרות נתקל בבעיות בכל התחומים הללו, ואף שהתנאים שונים ממקום למקום — יש דברים השווים בכל מקום.

בקניית מוצרים יש להביא בחשבון, כי מוצרי מזון שעברו טיפול (בישול, שימור וכדומה) מעוררים בכל עת בעיות של כשרות. הבעיות יכולות להיות הן לגבי החומר העיקרי והן לגבי חומרי הלוואי. כמו כן, יכולות להתעורר בעיות רבות לגבי דרך הכנתם של מאכלים שונים, כגון במקרים שאלה נעשים בידי גויים, או בכלים של טרפה. משום כך, בכל קנייה של מוצר מוגמר או מוגמר למחצה, מן הראוי לבדוק אם יש עליו הכשר. בארץ ישראל הבעיה קלה יותר, משום שלגבי מוצרים רבים החששות קלים יותר, ובחלק ניכר מאוד מן החנויות והמסעדות וכן לרוב מוצרי המזון המשומרים יש הכשר. בדרך כלל אפשר לסמוך על ההכשרים הללו (אף כי יכול, כמובן, להתברר במקרים שונים שהיתה טעות בדבר). דבר זה נכון בדרך כלל גם לגבי צה"ל ומחנותיו.

אכילה במסעדות — בארץ־ישראל יש, כאמור, מסעדות כשרות במספר סביר במרבית המקומות. למסעדות השומרות

כשרות יש בדרך כלל תעודת הכשר רשמית, ומן הראוי לבדוק את התעודה הזאת, בכל מקרה של ספק (למשל — לבדוק האם היא עדיין תקפה מבחינת התאריך). אף כי קיימים אנשים הגונים רבים שאפשר להאמין לדבריהם בנושא זה, גם אם אינם שומרי כשרות בבתי־ההארחה שלהם או המסעדה שלהם, יש להביא בחשבון, כי יש גם המנצלים בלא כל היסוס את אמונו של אורח תמים ומכשילים אותו באיסור. בכל מקרה של חשש — יש לנהוג כבארץ אחרת, בבית־אוכל שאינו יהודי (ראה להלן).

ז. בחוץ־לארץ — הנוסע מארץ לארץ יכול להסתייע במדריכים מיוחדים. יש הוצאות שונות של מדריכים, המפנים את הנוסע למקומות אוכל כשרים, ובדרך כלל גם לבתי־כנסת ולשאר מוסדות יהודיים. בקהילות יהודיות גדולות (כמו בארצות־הברית) יש רשתות רבות הדואגות להכשרים, הן אלה המיוצרות במפעלים יהודיים מיוחדים והן אלה העומדות תחת השגחה מסוימת. בדרך כלל ישנו סימן מסחרי רשום להבטחת הכשרות (כך המצב בארצות־הברית, בבריטניה ואף בארצות אחרות).

אדם הנמצא במקום מבודד ומרוחק מכל קהילה של שומרי כשרות, ומבקש לשמור כשרות, נתקל כמובן בקשיים רבים. במקרים כאלה יש להכין מצרכים מיוחדים ולהתקשר עם קהילות סמוכות, וכיוצא באלה.

הנוסע למקום שיש בו קהילה יהודית כלשהי, ואינו יודע פרטים נוספים — יכול לרוב לברר פרטים כאלו ברשת האינטרנט, ואם לאו — להתקשר טלפונית עם הרב המקומי, ומפיו לקבל אינפורמציה. בדרך כלל זוכה אורח כזה לעזרה לבבית רבה, ועשויה להיות לכך חשיבות רבה — בעיקר אם האדם מתכונן לשהות במקום זה זמן ארוך יותר.

בכל מקום שאין לו לאדם מקור סיוע כזה, וכמובן במקומות הרבים שאין בהם כל קהילה יהודית, אפשר לשמור על הכשרות בעזרת כמה כללים:

פירות וירקות שלא עברו כל עיבוד — אפשר לאכול בלא פקפוק בכל מקום.

לחם — כפי שכבר הוסבר — לחם פשוט, בלא תערובות ותוספות, אפשר לאכול ממנו במקום שאין פת ישראל.

מוצרי חלב — גזירה קדומה, עוד מתקופת התלמוד, היא שלא להשתמש בחלב ובמוצריו (פרט לחמאה) מעשה ידי הגויים. חלב גויים מותר לשתות רק אם החליבה נעשית בפיקוח של יהודי. החשש הטמון בבסיס האיסורים הללו הוא, שמא עירבו בתוך החלב הכשר (חלב בקר וצאן) גם חלב בלתי־כשר. בדור האחרון פסק אחד מגדולי הרבנים, כי במקום שיש השגחה ממשלתית על החלב ומוצריו, אפשר לסמוך עליה ולהשתמש בחלב גויים ומוצריו. יש רבים הנוהגים להקל על פי פסק זה.

ביצים — ביצים קשות מותרות באכילה בכל מקום.

משקה חם — קפה, קקאו, תה וכיוצא בהם — בלא תערובת חלב, אין בהם כל איסור.

משקאות חריפים — חוץ מיין ומוצריו (כפי שהוסבר לעיל), מותרים כל שאר המשקאות החריפים.

מבחינה מעשית מצאו רבים, כי אפשר לאכול במסעדה צמחונית, וביתר קלות אף במסעדה טבעונית, שאז למעשה אין כל קושי למצוא די מאכלים, וכאשר אין חשש שהאוכל יבושל בכלים אסורים. ובסכומו של דבר — גם אדם הנוסע לארץ זרה, שאין בה סידורי כשרות, יכול למצוא לעצמו מאכלים כשרים, אף כי כמובן יצטרך להגביל את עצמו במידה רבה.

מן הראוי להזכיר, כי מרבית חברות התעופה הגדולות, ואף כמה וכמה חברות ספנות, נוקטות סידורים מסוימים לאספקת ארוחות כשרות.

כפי שאפשר לראות מכל הפרטים הללו, הכשרות היא מערכת של כללים קטנים וגדולים, הבאים לביטוי במקומות ובתנאים רבים. הקשיים הגדולים ביותר הם לאדם הצריך לעשות את המעבר לחיים של כשרות, אולם לאחר מעשה מערכת זו משמשת מסגרת חיים, בלתי־מופגנת, לעתים, אך רבת־משמעות, אשר השפעותיה החברתיות והאנושיות עשויות להיות חשובות ומרחיקות־לכת.

הכשרת כלים

הצורך בהכשרה

כאשר אדם מחליט לנהוג כשרות באכילתו, אחד השלבים הראשונים בדרך זו היא הכשרת המטבח וכליו. כיוון שכלים שהשתמשו בהם במאכלים אסורים נעשים אף הם 'טרפה', הרי גם אם משתמשים בהם מכאן ולהבא רק באוכל כשר — הכלים ממשיכים לפסול את האוכל הנאכל בהם. משום כך יש לדאוג לכלים כשרים או מוכשרים, כדי שאפשר יהיה לאכול בהם אוכל כשר.

במקרים מסוימים ייתכן צעד דראסטי — אדם משליך את כל הכלים שהיו קודם לכן במטבחו, ורוכש לעצמו כלים חדשים. אולם דבר מעין זה יכול לעשות אדם שיש בידו רק כלים מעטים וזולים ביחס. משפחה ממוצעת תתקשה לשאת בעול כספי גדול שכזה — מה גם שיש דרכים להכשיר את הכלים השונים שבמטבח, שיהא דינם מאז ככלים חדשים וטהורים לגמרי.

הכשרת הכלים הכרחית כמעט בכל בית שלא הקפידו בו או לא ידעו דייריו די בענייני כשרות. אפילו בבתי משפחות שלא הביאו אל תוך ביתן מאכלים אסורים ממש כבשר טרפה, הן בשל השימוש בבשר בלתי־מוכשר, והן בשל עירוב מאכלי בשר וחלב. רק מי שאכל והשתמש באוכל צמחוני בלבד, אין לחשוש שכליו טרפה, אך בכל מקרה אחר יש חשש סביר שאין הכלים כשרים והם צריכים, אפוא, הכשרה.

דיני ההכשרה

דיני הכשרת כלים, אף על פי שעקרונותיהם פשוטים למדי, הם מסובכים למעשה, הן בשל פרטי דינים שונים, והן בשל המבנים המסובכים והמורכבים של כלי האוכל עצמם. משום כך, מוטב להשתמש בעצתו ובעזרתו של אדם הבקי בהלכות אלה. לא כל אדם, גם אם הוא שומר מצוות, ואפילו תלמיד חכם, בקי בכל פרטי הלכות אלה. רק הבקי בהלכות יוכל להתגבר על מרבית הבעיות המעשיות המתגלעות בתהליך ההכשרה. עם זאת, חשוב לדעת באופן כללי את עיקרי הבעיות והפתרונות שבעניין הכשרת כלים, לפי שעל־ידי כך אפשר להימנע ממכשול, ואף לפתור במהירות מקרים פשוטים שונים.

בדיני הכשרת כלים יש שלוש נקודות שצריך לבדוק, כדי לדעת לאיזו קטגוריה יש לייחס את הכלים לסוגיהם השונים: ראשית, החומר שממנו עשוי הכלי; שנית, דרגת החום שבה משתמשים בכלי זה; שלישית, אופן השימוש בו — ביבש או בנוזל, בעזרת כלי חוצץ באמצע או במגע ישיר, לבישול, לטיגון או לאפייה.

בדרך כלל אין טעם לסמוך על הזכרון, כי בכלי מסוים לא השתמשו מעולם לצורך מאכל שאינו כשר, כיוון שאדם אשר אינו מודע לבעיות אלה, אינו מעלה אותן על דעתו ועשוי לטעות ביחס להן. עם זאת, כאשר יש ודאות גמורה שבכלי מסוים לא בישלו מעולם, או שלא השתמשו בו כלל, מסייעת ודאות זו להחליט מה לעשות בו. בכל מקרה, קודם שניגשים להכשרת

כלים, יש להניח אותם ולא להשתמש בהם במשך עשרים וארבע שעות.

שאלת מידת החום בשימוש בכלי היא שאלה ראשונית מבחינות רבות. אם הכלי עשוי ומשמש רק להחזקת מאכלים צוננים, קרים או בטמפרטורת החדר, בלי חימום נוסף, הרי כלי זה אינו טעון הכשרה מיוחדת בכל מקרה. די בניקוי חיצוני יסודי או בשטיפה ורחיצה במים. לדוגמא: כלי שמחזיקים בו לחם או עוגות, או מקרר וכלי אחסון דומים. עם זאת, סכינים, ואפילו סכיני לחם, טעונים הכשר מיוחד. ואילו כלי אשר משתמשים בו לחימום מזון או לקיבול מזון מחומם, או ששימש במשך זמן ממושך לאחסון נוזלים (גם אם היו אלה נוזלים קרים, ובפרט כלי יין), טעונים הכשרה.

בעניין זה יש כלל גדול: כל כלי שמפאת החומר שממנו הוא עשוי ובשל צורתו אפשר להכשירו, מכשירים אותו בהכנסתו (ובמקרים אחדים רחיצתו) במים חמים נקיים, באותה טמפרטורה שבה השתמשו בו באיסור. וכך נעשה הדבר: לוקחים כלי גדול (כשר) ומחממים בו מים. למים אלה מכניסים את הכלים הצריכים הכשרה. למעשה, כל כלי שאפשר להכניסו למים רותחים — מוטב לעשות זאת. משאירים את הכלי זמן קצר במים הרותחים ומוציאים אותו משם — ואז ראוי הכלי לשימוש בכשרות. יש כמובן להקפיד כי הכלי שמכשירים אותו בדרך זו (הקרויה בלשון טכנית 'הגעלה') יהיה נקי ולא יהיו בו חלקים מכוסים במעטה כלשהו.

באופן זה אפשר להכשיר את רוב כלי הבישול העשויים מתכת, וכן כלי אוכל מכל הסוגים, סכינים, כפות ומזלגות.

כלים שמשתמשים בהם בטמפרטורה גבוהה יותר, אם במגע ישיר עם האש, כגון כלים לצליה וטיגון או תנורי אפיה, הכשרתם נעשית כדרך השימוש בהם: אלה שאפשר להכניסם לתוך להבה, מכניסים אותם לאש, למשך זמן קצר. ואילו כלים, אחרים, כגון תנורי אפיה וכלי מאפה, מנקים אותם יפה יפה, מדליקים אותם ומשאירים אותם דולקים בטמפרטורה הגבוהה

ביותר שלהם. לאחר הכשרה זו הריהם כשרים לכל שימוש.

הבעיה השניה הצריכה בדיקה נוגעת לחומרים שמהם עשויים הכלים:

כלי־חרס פשוטים, בלא זיגוג, וכלים אחרים המזוגגים — אין להם למעשה תקנה, אף כי במקרים נדירים אפשר להכשיר אותם. על פי רוב כלים אלה אינם יקרים במיוחד, ובדרך כלל הכשרתם קשה ובלתי כדאית.

כלי העץ אינם משמשים כרגיל בחום אלא לצוננים, ואם השתמשו בהם בחום, אפשר במקרים רבים להכשירם בשטיפה או הגעלה.

כלי זכוכית רגילים, כיוון שהם חלקים מאוד וכיוון שאין משתמשים בהם בטמפרטורות גבוהות — אפילו כוסות שתייה, אין בהם למעשה מים רותחים ממש ואין הם צריכים הגעלה. את הכלים הללו שוטפים בצורה יסודית, ומשרים השרייה רציפה במים במשך שלשה ימים.

כלי פיירקס וכיוצא בהם שמבשלים בהם — מכשירים בהגעלה (אף כי יש מחמירים ואוסרים).

כלי אמאייל נוהגים להכשיר בהגעלה.

כלי חרסינה שלא השתמשו בהם אלא לשתיה וכיוצא בהם, אפשר להכשיר אותם ברחיצתם במים חמים.

לעניין כלים העשויים מחומרים פלסטיים, יש דעות רבות. אם השתמשו בכלים אלה להחזקת דברים צוננים בלבד — די להם בשטיפה. אולם אם השתמשו בהם לבישול, יש לשאול את דעת הרב במקום. שכן בנושא זה יש חילוקי־דעות בין הפוסקים, ויש הבדל בין מנהגים שונים.

כל כלי העשוי שני חומרים שונים צריך בדיקה מיוחדת. במיוחד יש לבדוק כלים שיש בהם חיבורים (ברגים או הדבקות). בכל מקרה כזה מן הראוי לברר את הנושא לגופו, לפי שלעתים אין הכלי ניתן כלל לניקוי מושלם או להגעלה.

רוב הכלים שיש בהם חלק של מנגנון חשמלי צריכים עיון.

בדרך כלל אפשר להכשיר אותם בחימומם בדרגת החום הגבוהה ביותר, כאשר הם ריקים כליל או מכילים מים נקיים בלבד. במיוחד יש לשים לב לכלים המשלבים בפעולתם גם לחץ או שימוש בחומרים חריפים. מיקסר, למשל, טעון בירור מיוחד בכל מקרה, אף כי כרגיל אפשר לפרקו ולטפל בכל חלק לחוד.

יש לשים לב גם לכך, שכלים שונים משמשים לצורכי מאכלים, גם אם לא תמיד מביאים בחשבון את העובדה שהם קשורים למכשירי האוכל. לוחות עץ או מתכת שעליהם נוהגים לחתוך אוכל טעונים ניקוי יסודי, ואם אפשר — הגעלה. שולחנות אוכל, כיוון שלעתים נשפך עליהם מעט אוכל, ראוי לנקותם היטב. מכונות להדחת כלים צריכות ניקוי וחימום לדרגה הגבוהה ביותר, וראוי להתייעץ ביחס להכשרתן עם חכם הבקי בשאלות אלו.

מי שיש לו שיניים תותבות, שאפשר להסירן מן הפה — אף הן טעונות ניקוי יסודי ורחיצה במים חמים.

משטחי הבישול השונים במטבח עצמו וכן הכיורים לרחיצת כלים מעוררים בעיות מיוחדות. אם משטחי העבודה במטבח עשויים מתכת או אבן, ראוי לנקותם ניקוי יסודי ככל האפשר מכל לכלוך ושיירי אוכל, ולאחר מכן לשפוך עליהם מים הממשיכים לרתוח תוך כדי שפיכתם, כגון מתוך קומקום חשמלי וכדומה; או לשפוך עליהם נוזל דליק (ספירט או בנזין) ולהבעיר אותם במשך זמן קצר. גם כאן ראוי להתייעץ עם בקי בדבר, ולו רק לגבי ההיבט הטכני של עשיית הדברים. כיורי המטבח מהווים בעיה לפני עצמה. ברוב הבתים מהדרים עתה שומרי מצוות לעשות שני כיורים נפרדים, אחד לבשר ואחד לחלב, וכך נמנעות בעיות רבות. אם הדבר בלתי־אפשרי, יש לראות בכיור עצמו כלי שאינו כשר ולדאוג שלא יגעו בו כלי אוכל חמים (כגון בהנחת מעין רשת מגן בתוכו).

לאחר הכשרת הכלים יש להקפיד על הפרדה בין כלים המשמשים לבשר או לחלב, ולעשות בהם סימנים שלא יגיעו הדברים לידי עירוב. שכן, בכל מקרה של תערובת כזו יש צורך

לברר שוב את מעמדו של הכלי, שלעתים קרובות הוא נפסל לשימוש עד שיכשירוהו. ובדרך כלל ראוי להימנע משימוש באותם כלים למאכלי בשר וחלב, ובכלל זה מפות אוכל.

טבילת כלים

בעיה נוספת הכרוכה בהכשרת כלים היא טבילתם. הלכה היא, כי כל כלי שהיה בבעלותו של גוי — גם אם לא נעשה בכלי כל שימוש — יש צורך להטביל אותו במקווה, כדי שמותר יהיה להשתמש בו. כמובן שכלי ישן שהיה ברשות גוי טעון הכשרה אם רוצים להשתמש בו, אבל דין טבילה חל, כאמור, גם על כלי חדש שיצא מבית־החרושת. ומשום כך, כל כלי שנעשה בחוץ־לארץ, וכמובן גם כלי מארץ־ישראל, אם ידוע שנעשה בידי גויים, טעון טבילה. דין הטבילה חל מן התורה על כלי מתכת וכלי עץ. כלי־חרס פטורים מטבילה. כלי זכוכית טעונים טבילה (לפחות מגזרת חכמים) וכן מן הראוי להטביל כלים מפלסטיק.

את הכלי החייב טבילה, בין שהוא חדש או ישן שהשתמשו בו בלי טבילה בעבר, מביאים למקווה. כרגיל יש בכל מקווה טהרה מקום מיוחד להטבלת כלים. לפני שמטבילים את הכלי, בהכנסתו לרגע למים בלא נגיעה, אם היה זה כלי מתכת או עץ, מברכים: "אשר קדשנו בצוותיו וצוונו על טבילת כלי" (או "כלים", במידה שמטבילים יותר מכלי אחד).

לגבי כלים שיש בהם חלק חשמלי שאינו סובל הטבלה במים, מן הראוי לשאול בעצת הרב מה לעשות, שכן יש דרכים לטיפול גם במקרים אלה.

בדרך כלל, אם נעשים הדברים כראוי, הכשרתו של מטבח שלם אינה אורכת אלא שעות אחדות, גם אם רוצים להכשיר כלים רבים. ולמעשה אין הפעולה מורכבת כלל, וכאמור היא הכרחית לפני שמבקשים לנהוג בכל דיני הכשרות כהלכתם.

טהרת המשפחה

ימי נידה

התחום של 'טהרת המשפחה', הוא מן התחומים הקשים שבהם מתמודד אדם המנסה לחזור ליהדותו. נושא זה — שכל כולו קשור בחיי המין — הוא מעצם טיבו נושא שבצנעה. זהו דבר שאין מרבים לעסוק בו בציבור רחב, והוא רגיש ואינטימי, מביך וסבוך. בנושא זה עולה במלואה חריפות בעייתה של המשפחה אשר רק אחד מבניה בוחר בדרך התשובה, ואילו שאר בני הבית דבקים באורח חייהם הקודם. לבעיה זו אין פתרון אלא בהסכמה הדדית ובעבודה משותפת של שני בני הזוג יחדיו. ואולם, אפילו כאשר שני בני הזוג מגיעים יחד אל דרך היהדות, עדיין ניצבים לפניהם קשיים לא מעטים, ועל אחת כמה וכמה כאשר קצב התקדמותם אינו זהה.

עיקרן של הלכות אלה פשוט ביותר, ועיקרו בדינים המפורשים בבהירות ובחומרה יתירה בתורה, בתוספת כמה סייגים שהוסיפו חכמי ישראל, וחומרות שנהגו בהן בנות ישראל

במשך הדורות. עיקרם של הדברים הוא בהימנעות מכל מגע מיני (ולמעשה, אף מכל מגע פיסי) בין איש לאשה בתקופת הווסת של האשה ('ימי נידה'), וימים אחדים לאחר מכן. רק לאחר שהאשה, טובלת במקווה מים הכשר לטבול בו, הריהי מותרת ('טהורה') שוב לבעלה, והם מותרים שוב במגע מיני.

טומאה וטהרה

דיני הנידה מובאים בתורה בשני הקשרים: מצד אחד, דיני הנידה הם חלק מן המערכת הכללית — הגדולה והמורכבת מאוד — של הלכות טומאה וטהרה. למעשה, מאז חרב בית־המקדש הצטמצמה והלכה מערכת זו, שכן למושג 'טומאה' משמעות מוגדרת מאוד: טומאה היא מצב הנוצר במגע עם דבר טמא, או במצבים מסוימים — חולניים (כגון צרעת) וגם נורמאליים (כגון לידה) — שאף בהם נוצרת טומאה. המצב הזה גורם לכך, שלטמא אסור להיכנס לבית־המקדש או לגעת בכל דבר שיש בו מקדושת המקדש. מובן, אפוא, כי משחרב המקדש נעשתה הטומאה עניין תיאורטי למדי לסתם אדם מישראל. אכן, הכהנים הקפידו יותר בשמירת הלכות טומאה וטהרה, הן משום שהוסיפו לאכול תרומה (שאף היא 'קודש' ואסור לנגוע בה או לאוכלה בטומאה), והן משום שאסור לכהנים להיטמא בכל טומאות המת. חיוב הכהנים להתרחק מטומאת מת נוהג עד ימינו אנו. במשך דורות אחדים היו עוד קבוצות מיוחדות ('חברים') שהיו נזהרים בדיני טומאה, אולם לא ארכו הימים ולא נמצאה עוד כל דרך להיטהר מן החמורה שבטומאות, טומאת המת, ומשום כך בטלו למעשה רוב רובם של דינים אלה. מבחינת ההלכה, הביטוי המקובל הוא — "כולנו טמאי מתים".

בדיני נידה נותר עדיין משהו מהלכות בסיסיות אלה, כפי שהוא מתקיים בכמה הלכות אחרות (כגון שריפת ה'חלה'). אולם דיני נידה מופיעים בתורה גם בהקשר אחר — כחלק מאיסורי העריות. וכמו שאר דיני העריות, יש במגע מיני אסור משום עבירה חמורה ביותר, שהיא מן החמורות שבעבירות ('איסור

כרת'). היבט זה שבדיני נידה קיים בכל תוקפו עד היום, ומכאן החומרה היתירה שבשמירתם והסייגים שנתוספו במשך הדורות לעיקרי הדינים שבתורה.

ימי הנידה הם ימי שפיעת הדם החודשית (הוסת) ועוד שבעה ימים לאחר מכן ('שבעה נקיים'). מתוך שיקולי הלכה שונים, נמשכת תקופת איסור נידה שנים עשר יום לפחות. אולם ייתכן (לפי אורך זמן הווסת) שהתקופה מתארכת עוד יום או יומיים. במשך כל הזמן הזה, עד לטהרה במקווה, אסור לבוא במגע מיני עם אשה נידה, בין במגע מיני שלם ובין בכל מגע או קירבה שיש לה משמעות מינית. על פי דברי חכמים — כל נגיעה מכל סוג שהוא, גם אם אינה מכוונת ואין בה כל משמעות מינית או ארוטית, אסורה בימים אלה. איסור הנידה חל, כמובן, על מגע עם כל אשה, בין שהיא נשואה ובין שהיא רווקה (שכן איסור הנידה הוא איסור נפרד מאיסור אשת־איש), והוא מחייב אותה מידה של הרחקה.

סייג עתיק מאוד (שיש אומרים כי הוא מן התורה, אך מכל מקום הוא מרומז כבר בדברי הנביאים) הוא האיסור לשכב במיטה אחת עם אשה נידה, דבר המחייב כל משפחה שומרת מצוות להחזיק מיטות נפרדות לבני הזוג, לפחות למשך ימי הנידה. בימים אלה מן הראוי להימנע לא רק ממגע פיסי, אלא במידת האפשר אף ממצבים של קירבה יתירה, כישיבה על ספה אחת, אכילה מתוך צלחת אחת וכדומה.

בדיקה וטבילה

לאחר שזרימת דם הנידה פוסקת, בודקת האשה ומוודאת את הדבר, בהכנסת צמר גפן לבן אל הנרתיק, סמוך לערב לאחר הפסקת הווסת. וכך היא בודקת מדי יום באותה שעה בשבעת הימים הבאים (ועל כל פנים ביום הראשון וביום השביעי). לאחר שעברו שבעת ימים 'נקיים' אלה, יכולה האשה ללכת בערב הראשון לטבול ולהיטהר.

הטבילה, כמרכיב הכרחי של הטהרה, נזכרת כמובן בתורה. טבילה זו, שאין מטרתה ניקיון אלא טהרה, יכולה להעשות בכל מקום שבו נקוו מים רבים בדרך הטבע — ים, מעיין, נהר או מקווה מי גשמים. כיוון שמבחינת תנאי המקום (אם בגלל המרחק ואם בגלל אי־הנוחות שבדבר) אין הטבילה במעיין או בים מעשית בדרך כלל, מותקן לצורך זה ה'מקווה' — המתבסס על מקום שנקוו בו מים בדרך הטבע (מי גשמים), ובו נעשו שכלולים וסידורים שונים על מנת לצרף אל המים הטבעיים הללו את הנוחות, החימום והניקיון.

הטבילה אינה מיוחדת רק לנידה, והיא חלק מהותי בכל מערכת של היטהרות המצויה ביהדות. אף בימינו נוהגת הטבילה כחלק הכרחי של כל גיור (בין של גברים ובין של נשים), וכן נוהגות כמה טבילות לגברים: מנהג הלכתי הוא לכל ישראל לטבול בערב יום הכיפורים, ועל פי הדין גם בערבי חגים; יש רבים הנוהגים לטבול ביום שישי — לכבוד השבת, ואלו הנוהגים לפי מנהג החסידים טובלים בכל יום לפני תפילת שחרית, ויש אפילו הטובלים פעמים אחדות ביום.

הטובל (או הטובלת), לאחר שניקו את עצמם קודם לכן מכל לכלוך (נשים רוחצות וחופפות את שערן לפני הטבילה) נכנס לתוך מי המקווה בלא כל חציצה (רק בדוחק מסויים מתירים טבילה בבגד רופף) ומשקיעים במים את כל הגוף, עד ששום חלק ממנו לא יבצבץ אל מחוץ למים.

דברים רבים נכתבו ברמז ובסוד להסברת מהותה של הטבילה המטהרת במים, אך יש מעין צד משותף לכל ההסברים: ההכרה כי בטבילה יש משום חזרה סמלית אל ההוויה הראשונית (הווית העולם במים, הווית האדם ברחם אימו, ועוד). כאשר הטובל חוזר ושוקע בתחום הבראשית של המציאות, הוא יוצא משם כבריאה חדשה ומה שהיה קודם לכן אינו נחשב עוד. הטבילה נחשבת, אפוא, למעמד של התחדשות, כעין יצירה חדשה או מחודשת של המיטהר.

חיי זוגיות

אימוץ אורח החיים הכולל בתוכו את טהרת המשפחה כחלק מן המרקם של חיי המשפחה, אינו משימה קלה למי שקיים עד כה אורח חיים שונה; גם לאדם שאין בלבו כל היסוסים ופקפוקים — ואפילו למי שגדל בתוך חברה יהודית שומרת מצוות — אין משימה זו פשוטה כלל ועיקר. הקושי הגדול ביותר, טמון בהימנעות מכל מגע במשך זמן ממושך למדי בכל חודש. העובדה שיש להימנע מכל מגע ומכל גילוי ארוטי בזמנים מסוימים עשויה להכביד מאוד, בפרט כאשר יש צורך להתרגל למצב חדש זה. משום כך, קושי זה קיים במידה רבה אצל זוגות צעירים, שאך זה נישאו, יהא אשר יהא חינוכם המוקדם. נוסף לבעיות הפנימיות, עלולות להיווצר לעתים בעיות חיצוניות חברתיות — לא תמיד החברה הסובבת את בני הזוג מכירה או מבינה סוג זה של התנהגות, ולעתים הוא אף מתפרש שלא כהלכה. גם מבחינת הילדים שבמשפחה עלול הדבר לגרום לאי נעימות מסוימת.

לכל הבעיות הללו אין פתרון חד־משמעי, שהרי בכל בית ולכל אדם יש אופן ביטוי מיוחד משלהם. אולם בדרך כלל בכל משפחה המקיימת נוסח חיים יהודי — אשר משמעו חיי משפחה המתבססים על מידה רבה של כבוד הדדי, ולא רק על גילויים ארוטיים — ההתייחסות אל בן הזוג היא כשותף לחיים, ולא רק כאובייקט מיני או מכשיר לפריה ולרביה. ולא משום שיש באלה איסור או מגרעת, אלא משום שקיימת בנוסף להם הרגשת החובה של כבוד הדדי בין בני הזוג. כאשר החיים המשותפים מבליטים גורם זה של כבוד הדדי, אין תקופת הפרישות יוצרת מתחים מיוחדים, ולא ניכר מעין 'קרע' במסגרת הקבועה בחוויה הפנימית ולא בהתנהגות החיצונית.

עצם ההזדמנות של הימנעות מיחסי מין במשך תקופה מסוימת, יכולה להיות אמצעי לחיזוקה של מערכת יחסים מעודנת יותר, של קרבה בלתי אירוטית, של שיחה רצינית ושל ידידות. לעיתים מערכת היחסים בין בני זוג מושתתת בפועל

בעיקרה על המשיכה המינית, עד שהיא מסתירה צדדים אחרים, וחשובים לא פחות, של האישיות. ההתרחקות בפועל ובמחשבה מן התחום המיני, עשויה לתרום להעמקתם ולהרחבתם של הקשרים.

הסכמה וקשר בין בני הזוג

דברים אלה אמורים בעיקר כאשר שני בני הזוג מעונינים בשמירת הלכות הטהרה; אולם כאשר רק אחד מבני הזוג מוכן לכך — מתעוררות בעיות חמורות ביותר. יותר מאשר כל מקרה אחר של אי־הסכמה בין בני הזוג, עלול נושא זה לסכן את קיומה של המשפחה. בכל מקרה כזה, מן הראוי להסביר את החשיבות שבשמירת הלכות אלה. יש להסביר כי חומרת האיסור שביחסי מין עם אשה נידה, אינה נופלת מן החמורים שבאיסורי התורה — חילול שבת או יום הכיפורים, למשל. ויתר על כן, איסור זה — ככל שאר האיסורים הנוגעים ליחסי מין — אינו חל רק על הגבר לבדו, או רק על האשה. באיסור, כמו במעשה, נחשבים האיש והאשה שותפים שווים. חוסר הידיעה השורר במקומות רבים בנושא זה, נובע מכך שבשל רגשי 'צניעות' או ביישנות נמנעו מלדבר עליהם. ואפילו בחברה שבה משמשים נושאים הנוגעים במין לשיחת יומיום, עדיין יש מעצורים מסוימים בדיון על טהרת המשפחה.

יש להוסיף עוד, כי אף על פי שילדים הנולדים לאשה שלא שמרה על טהרת המשפחה, אין נחשב הדבר לפגם הלכתי פורמאלי (כלומר, הם רשאים לשאת אשה בלא סטיגמה של 'ממזרות') הרי מכל מקום נחשב הדבר לפגם, ובעיני רבים אף לפגם חמור ביותר. מובן, אפוא, כי אין אדם יכול 'לחיות חיים יהודיים', בלא שנושא זה יגיע לפתרון בדרך היהדות. ואף על פי שמהלך חייו של החוזר אל היהדות עשוי להיות רצוף סתירות מרובות, הרי בעיה זו היא אחת הבעיות שיש להיות מודע לצורך להביאה לכלל פתרון.

מן הראוי להזכיר, כי איסור נידה, כאיסורי יסוד אחרים

בתורה, אין לו 'הסבר' רציונאלי במקורות. הוכחות — אמיתיות או מדומות — באשר לנזקים העשויים להיגרם בשל מגע מיני בזמן הנידה, אין להן כל עניין לגבי המצווה הזאת ושמירתה. אולם חכמי המשנה דיברו על היבט חיובי מסוים, אשר השמירה על טהרת המשפחה יוצרת. השעמום — הארוטי והמיני — הנובע פעמים רבות מתוך מגע שאין בו כל הפסקה, או פסק זמן של התרעננות, שעמום זה אינו קיים במערכת החיים היהודית. הפסקת המגע בימי הנידה ממושכת דייה (ובשל הסייגים שהוסיפו חכמים אף יוצרת 'מרחק' הגון), ובונה תחושת נעורים וחיוניות בכל 'פגישה מחודשת' של בני הזוג — מעין 'פגישה ראשונה'; חזרה מתמדת ושונה על חויות בראשית. דווקא יצירת המרחק המרובה שבימי הנידה, יוצרת, לכאורה, מעין התייחסות בין שני 'זרים' השבים ונפגשים מחדש לאחריהם.

בעיות שונות

בעיה אחרת הקיימת לא מעט אצל נשים (במיוחד בישראל), היא תחושה של אימה — כמעט של אמונה תפלה — כלפי המקווה. חלק גדול מן המטען הזה, מקורו — כפחדים אחרים בתחומים אחרים — בבורות ובחוסר ידיעה, וחלקו — מחמת 'תעמולה' מפורשת וגלויה שנעשתה כנגד תחום זה. מכל מקום, בימינו אין כמעט מקווה טהרה שהשהייה בו אינה נעימה ושיש בו גורם כלשהו היוצר רגשות דחייה. וכאמור, אשה שיש לה קשיים נפשיים חמורים מדי בתחום זה, יכולה לנסות לטבול בפעמים הראשונות בים — שם ה'שם הרע' של המקווה שוב אין בו כדי להטריד. אכן, בכל טבילה במקום שאינו מוסדר לכך ראוי לבדוק תחילה היטב את פרטי ההלכה השונים, ואף להתייעץ עם אדם הבקי בכך, כדי שהדבר ייעשה בלא תקלות שבהלכה (בעיות רחיצה מוקדמת, לבוש וכדומה).

מן הראוי להוסיף לכך עוד שני עניינים: ראשית, טומאה מקבילה אך שונה מטומאת הנידה היא טומאת היולדת. עניין זה מבואר בהרחבה בתורה, אך מפני סיבות שונות (וכאמור — גם

משום היחס שבין ה'טהרה' ליחסי מין, ששניהם קיימים גם במקרה זה) מקובל ברוב קהילות ישראל בימינו, כי לאחר שנפסקת שתיתת הדם כתוצאה מן הלידה, ולאחר 'הפסק הטהרה' של שבעה ימים 'נקיים', מותרים יחסי מין בין איש לאשתו. הרחקה זו שלאחר הלידה יוצרת לעתים קשיים נפשיים מסוימים, אבל לעומת זאת יש בה כדי לסייע ביתר שאת לאיש ולאשה גם יחד להתגבר על הקשיים הסבוכים הכרוכים בלידת ילד. הלכות אלה הנוגעות ללידה קיימות גם לגבי הפלה, בין טבעית ובין מלאכותית.

נקודה אחרת שיש להדגיש, היא הצורך להקפיד בכל מקרה שבו אשה מגלה כי יש שתיתה או טפטוף דם מן הנרתיק (ובכלל זה כתם דם על בגד תחתון). שאלות בעניין זה מן הראוי להפנות לתלמיד חכם המוסמך לדון בנושא. ראוי להוסיף, כי הרבנים העוסקים בנושא נוהגים בכך בעדינות יתירה, כך שאין כל מקום וחשש של אי־נעימות בשאלה כזו, בין שהיא נשאלת מפי האשה עצמה, ובין שבעלה משמש שליח לעניין זה.

כל האמור לעיל הוא המסגרת הכללית מאוד של הלכות נידה, והוא מקיף את המקרים שאין בהם סיבוכים הלכתיים, משום שהם שומרים את הנורמה של מהלך הווסת הטבעי. עם זאת, רבות הנשים שאין מחזור הווסת שלהן קבוע די צורכו. לעתים הוא משתנה מזמן לזמן, בהמשכו או בעיתויו. יתר על כן, לעתים (שאינן שכיחות אך בכל זאת קיימות) קורה שהמחזור החודשי ממושך, משום מה, עד כדי שנגרמים קשיים מסויימים לאשה להרות (כאשר סוף זמן הטהרה הוא לאחר הביוץ). בעיות אלה נדונו פעמים רבות בספרות ההלכה, ויש להן פתרונות הלכתיים ורפואיים, אלא שהם דורשים בדיקה מיוחדת של כל מקרה לגופו.

לעתים יכול אדם לדמות לעצמו כי עיסוק כזה — שבו מעורבים איש ואשה — ב'פרטים גינקולוגיים', יש בו מן המרתיע. אולם דווקא כאשר נעשה הדבר מתוך רגש של יראת שמים, הרי להפך — הדיון בין בני הזוג עשוי להיות אינטימי יותר, ועם זאת לא להגיע להרגשה של חשיפה גסה של בן זוג

אחד לסקרנות זולה, אלא להפיכת הנושא לעניין שיש בו גם תחומים של עילאיות והתעלות.

מניעת הריון

ביחס לשימוש באמצעים למניעת הריון, ישנן בעיות רבות. היחסים שבין איש לאשה, ובכלל זה יחסי מין, הוא נושא לעצמו, שיש בו פחות מתחומה של ההלכה המחייבת, והרבה יותר מתחומי המוסר ודרך החיים של היהדות והקדושה. עם זאת, מניעת הריון — כאשר בני הזוג מחליטים על כך — עשויה להיות בעיה מפני תחומי הלכה אחרים (מצוות פריה ורביה לפרטיה). וראוי לאדם להרהר בכך ואף לשאול בעצתו של חכם המבין את הבעיות לכל היבטיהן. יש לזכור כי שיקולי הלכה אינם אוטומטיים ומכניים, ויש התחשבות רבה בגורמים שונים בחייהם של בני הזוג (רפואיים, נפשיים ואפילו כלכליים) מלבד דיני ההלכה הקבועים. אך יש לזכור כי ככלל קיימת ההנחה, כי אמצעי מניעה שיש בהם משום יצירת מכשול פיסי מפני כניסת הזרע לרחם — אסורים. אמצעי מניעה אחרים (גלולות, התקן תוך רחמי ועוד) אין בהם איסור מצד זה. ואם מחליטים בני הזוג להשתמש באמצעים כאלה ראוי להם לבחור באותם שאין בהם איסור כשלעצמן.

אדם שלם

טהרת המשפחה ומערכות הדינים הקשורות והנצמדות אליה, הן המסגרות ההלכתיות העיקריות התוחמות את חיי המשפחה. אולם אין הן כשלעצמן מגדירות את המהות החיובית של יחסים כאלה. התפיסה הקונספטואלית הכללית של חיי הנישואין, היא כי הנישואין אינם רק אמצעי עבור פריה ורביה, אלא הם חלק מן המהות האנושית. גבר או אשה לבדם הם רק 'חצי גוף'. באב הטיפוס של אדם וחווה, רואים את השניים כשני חלקים של הוויה אחדותית אחת, הצריכה לחזור ולהתאחד שוב, בצירוף של איש ואשה, על מנת ליצור מחדש אדם שלם.

ההשלמה ההדדית הזו משתנה מזוג אחד למשנהו, ואין מערכת יחסים קבועה בין בני הזוג – לא מבחינת מעמדם ההדדי במסגרת המשפחה, ולא בדברים שהם מעניקים זה לזה. ועם זאת, יש כמה דברים הצריכים להיות קיימים בכל מסגרת – יחס של כבוד הדדי, נאמנות ושיתוף של ערכי יסוד. אהבה לוהטת, משיכה גופנית או שותפות אינטלקטואלית עשויות להיות תוספות חשובות, אבל אינן מכריעות בבניית מערכת יחסים זו.

מתוך כך צומחת גם ההתייחסות לחיי המין. אין היהדות רואה במין עניין של טומאה, השפלה הכרחית לצורך פריה ורביה. חיי המין נתפסים כביטוי הגופני של התאחדות בין האיש והאשה, כאקט בעל משמעות חיובית כשלעצמו, ובדרגה גבוהה – כמעשה של קדושה. משום כך, גם כאשר ברור שיחסים אלה אינם מביאים לידי לידה – עדיין הם נחשבים למצווה.

הצניעות אינה תוצאה של בושה אלא של הערכה יתירה של תחום שהוא פרטי, אינטימי מאוד שצריך לנהוג בו ברגישות ובצנעה על מנת שלא ייעשה מושפל ובזוי.

בספרות היהודית לדורותיה מצויה שורה ארוכה של הדרכות והמלצות ביחס חיי המין – תכיפותם וצורתם – אבל מתוכן רק מעט הנחיות מחייבות בצורה מוחלטת. ההסכמה ההדדית לגבי הנקודות הללו היא אחד האלמנטים הקבועים בהנחיות אלה, כמו הצורה להתחשב במשאלותיה ובסיפוקיה של האשה. בתחומים אלה, שאין נוהגים לעסוק בהם בגלוי ובפרוטרוט, על בעלי התשובה במיוחד להיזהר שלא לקבל על עצמם בהחלטיות סטנדרטים הגבוהים בהרבה משיעור קומתם. נסיון כזה, כאשר האנשים אינם מוכנים לו מבחינה נפשית, עלול לגרום למשברים קשים ומיותרים. 'שלום בית' הוא נימוק חשוב כל כך, שראוי לו לאדם לנהוג בגמישות מרובה, לוותר ולקבל מתוך רצון את משאלותיו של בן־זוגו. תחום זה, שהוא מוצנע וגם מורכב ביותר, מחייב לזכור (עוד יותר מאשר כל מסגרת אחרת של הנישואין) ששני אנשים, גם אם יש ביניהם קרבה יתירה, הם עדיין שניים

– שונים ונבדלים זה מזה, ולכל אחד מעלותיו ורצונותיו, כמו גם חולשותיו ופגמיו, ולכל אחד יש קצב אחר וכיוון התקדמות אחר.

מקומה של האשה

מפגש תרבויות

מכלול הבעיות הקשורות למעמדה של האשה ביהדות, אינו עניין המיוחד לבעלי תשובה דווקא. הבעיות הרבות נובעות מהתנגשות של תפיסות ערכיות, תרבותיות וחברתיות שונות. חבעיה חריפה ביותר אצל אלו שגידולם וחינוכם היו במסגרת תרבות אחת, ואשר חזרתם אל היהדות כרוכה במעבר חד וחריף למדי אל תרבות אחרת. אפשר לומר, שקשייה של האשה בעלת התשובה — פחות משהם קשיי הסתגלות מעשיים-טכניים, הם בעיקר קשיים חברתיים והכרתיים: הבנה פנימית חשובה, ולא אחת קשה יותר לביצוע, מאשר פרטים שונים של מצוות 'עשה' ו'לא תעשה'.

הכניסה ליהדות היא כאמור, כניסה אל תוך תרבות שלמה; ותרבות משמעה — סולם ערכים מיוחד, תפיסת עולם המתחילה מתוך נקודות ראשית שונות. בתרבות המערב, שהיא התרבות החיצונית השלטת בימינו, נתפס מקומה של האשה כמובן בצורה

שונה לחלוטין מאשר בתרבות היהודית. אי־אפשר ואין טעם לחיות בתוך תרבות אחת ולדון אותה לפי קני מידה הנובעים מתוך תרבות אחרת. תהיינה תוצאותיה של שפיטה כזו מבחוץ אשר תהיינה — לעולם אין היא משמעותית כמו מתוך ראייה מבפנים, ומי שאינו מסוגל לראות דברים מבפנים — יקשה עליו להשתלב במערך החיים היהודיים.

שונות וחיקויים

חשוב מאוד להדגיש ולזכור, ולעתים צריך לעשות זאת פעמים רבות עד שהדבר נקלט בלב, כי בשאלת מעמד האשה אין מקום להשוואת 'מעמדות' או השוואת 'דרגות'. על פי השקפת העולם היהודית, החברה האנושית בכללה היא חברה רבת־פנים, שמרכיביה שונים זה מזה, ואשר לכל פרט וכל יחידה חברתית בה יש תפקידים מיוחדים ודרכי חיים ותפקוד נבדלים. דבר זה אמור לגבי מהות היחס שבין כהנים לישראל, כשם שהוא אמור לגבי היחס שבין גברים לנשים. ודאי, לגבי צרכים שונים חייבים אנו ליצור סולם דרגות מסוים ולתת עדיפות לאדם זה או אחר, או לקבוצת אנשים מסוימת. אולם אין זה סולם ערכים קבוע, אלא הוא משתנה — על פי התנאים והנסיבות המיוחדים. לכל קבוצה ולכל יחיד יש משימות ערכיות מיוחדות, אשר בעיקרם של דברים אין להשוותן אלו לאלו. מבחינה זו יצורי העולם נבראים, כל יצור בתכונותיו וב'צביונו' המיוחד, ואין כל טעם "להטיל קנאה במעשה בראשית" (ברכות לג,ב).

לגבי כל פרט, בכל מקום ומצב שהוא, יסוד הדברים הוא לנסות ולהוציא אל הפועל את הפוטנציאל המיוחד לו, את מירב התכונות החבויות בתוכו, ואין טעם בכך שאחד ינסה לחקות את מעשי חבירו. כבר אמרו חכמי המוסר, כי העבירה "לא תחמוד" חלה גם במישור פנימי יותר, על תשוקתו של אדם אחד להגיע לתכונות ולמעשיו של אחר. ההסתכלות באחרים, בכל דרגה שהיא, צריכה ויכולה להיות מכשיר לעידוד, אמצעי לדחיפה לקראת התעלות, אך בשום פנים ואופן לא להביא לידי חקיינות.

כמה וכמה מצוות שבתורה מדגישות את העיקר הזה על היבטיו השונים — שאין לערב מין בשאינו מינו, שאין ליצור יצורי כלאים, וכי העברת דרך אחת למי שאינו עשוי לה, אינה התעלות אלא ירידה. עניין עקרוני הוא, כי אחדות אמיתית, אין להשיגה בטשטוש תחומים ובהידמות שטחית, אלא להיפך — אחדות יכולה להגיע לביטוי כאשר היחידות המרכיבות אותה שומרות את איכותן ואופיין העצמאי. התייחסות, חיבה ואהבה אינן תובעות מחיקת כל ההבדלים — ויתרה מזאת, הן אינן יכולות להתקיים כאשר אין כל שוני בין החלקים השונים. ההפך הוא הנכון; בעולם הקטן של יחסים שבין בני אדם, כמו ביחסים שבין קבוצות גדולות וחברות שונות — הנסיון ליצור אחידות הוא שיוצר סכסוכים, ולעומתו — שוני שאין בו שנאה, אלא מוכנות לקבלת שונותו של הזולת, יוצר ומגביר את היחס ההדדי.

עם בפני עצמן

מקומן של הנשים בחברה היהודית שונה ומובחן ממקומם של הגברים בו. הן ניצבות לפני דרישות אחרות וזכויות אחרות, ויותר משיש בכך פרטים מעשיים הצריכים לימוד, יש כאן גישה והשקפת־עולם שיש להזדהות עמה מבפנים. עמדה עקרונית אחת הריהי, כאמור, עקרון השוני. ההגדרה ההלכתית "נשים עם בפני עצמו הן" (שבת סב,א), יש לראותה בפשטות כהגדרת ההבדל הרב והשוני המהותי בתפקידים ובמשימות בין שני המינים. ומשום כך, אחד הדברים הראשונים שעל האשה, בפרט בעלת התשובה (בשל היותה שייכת לרקע חברתי־עקרוני נבדל) להתרגל אליהם, הוא בעצם קבלת הדברים, שלא כל דבר אשר גברים מישראל עושים אותו בתחום חיי הדת — בין בבית־הכנסת או בכל תחום אחר — הריהו דגם לחיקוי לנשים. העובדה שגברים לובשים טלית או מניחים תפילין אינה צריכה להיות נושא לחיקוי או לרצון להידמות. הכהנים נושאים את כפיהם בתפילה ואילו הישראלים אינם עושים כן — ואין עליהם לא חובה ולא זכות לנסות לחקות את הכהנים. מעשה המצוות

אינו 'משחק חברה' או מפגן ספורטיבי, שבו ניתן לעשות 'תחרויות נשים' במקביל ל'תחרויות גברים'. נתינת מצווה ידועה לאנשים (יחידים, קבוצה או אומה), משמעה שאנשים אלה הם הזקוקים לה לשם התעלות נפשם וכדי להגיע לידי מגע עם הקב"ה. ומי שלא ניתנה לו מצווה מסוימת, משמע שאינו זקוק לה על מנת להגיע למעלה ולמדרגה אשר ה' שואל מאיתו.

בשל ניסיונות של חיקוי חיצוני, קורה לא אחת שאדם מרבה לעסוק בדברים שאינם מעניינו ואינם מתפקידו, ואשר עשייתם אינה מביאה לו כל תועלת. וכך הוא נמצא גם מזניח דברים חשובים באמת. אין זאת אומרת, שאסור לאדם להטיל על עצמו חובות מסוימות מעל ומעבר למצווה עליו, אך יש לשקול את פרטי הדברים היטב, ולבדוק אם אכן יש כאן צורך נפשי אמיתי, או שיש כאן היגררות אחרי חיצוניות חסרת כל ערך. נשים רבות (בכל הדורות ובכל המקומות) היו מקפידות, למשל, לשמוע קול שופר (שאינו מצווה עליהן); ואילו מעט נשים הקפידו להתפלל בכל יום את התפילות כולן, דבר שהוא באמת מחובתן. הלהיטות אחרי המרשים, המיוחד, הבלתי־רגיל, באה במקום קיומה היומיומי של חובה, שחשיבותה גדולה לאין־ערוך.

החובה ההלכתית

ההלכה הכללית (הגם שיש בה כמה וכמה מצוות היוצאות מכלל זה) היא, שנשים אינן מחויבות במצוות שהזמן גרמן, כלומר, אותן המצוות הקשורות במועד מסוים ואינן חלות בכל הזמנים — נשים פטורות מהן. הלכה למעשה, כאשר דנים בדברים המצויים והרגילים, אין מספרן של המצוות הללו מרובה כל כך. למעשה, הדבר פוטר את הנשים מטלית (שאין זמנה בלילה), מתפילין (שאין זמנם בשבת ובחג) ומישיבה בסוכה בחג הסוכות. עקרונית, נשים פטורות אף משמיעת שופר בראש־השנה ומנטילת ארבעת המינים בסוכות, אך רוב הנשים בעם ישראל נהגו לקיים מצוות אלה, ועל פי רוב השיטות אף מותר להן לברך עליהן. ומשום שהכלל אינו מקיף את כל הפרטים, הרי

נשים מחויבות בכל זאת בקידוש של שבת, בנרות חנוכה, בשמיעת מקרא מגילה ובכל מצוות ליל-הסדר.

אם ננסה למצוא לכל פרטי ההלכות הרבים הללו מכנה-משותף, דומה כי הגישה המרכזית היא, שנשים מחוייבות פחות במצוות שעיקרן הפולחן, החזרה על מעשים מוגדרים התלויים בקביעת זמנים מוגדרים וממוסדים לעשייתם. לעומת זאת, יש ממילא הדגשה על החלק הרוחני והכולל יותר — של היחס לאמונה ואל הקב"ה והדבקות בו, שלא במערכת של עשייה מוגדרת, אלא מתוך גמישות רבה, מתוך עמידה על תכנים וקביעות כלליות, ולא על פרטי פרטים.

דומה שגישה זו — הנותנת לנשים מרחב וחופש תנועה גדול יותר — נהוגה גם לגבי חובת לימוד תורה. לגבי מצווה חשובה ויסודית זו, יש להבחין בכמה הגדרות חשובות מבחינת ההלכה. הקביעה הכללית היא כי אין הנשים חייבות במצוות תלמוד תורה, אך יש לסייגה משני צדדים: ראשית, מבחינת הנושא: אף שאין חובה על הנשים לעסוק בכל תחומי הלימוד המופשטים, הרי חובה עליהן ללמוד ולדעת הלכה למעשה את כל המצוות שחובה עליהן לקיימן. וכיוון שלגבי מצוות 'לא תעשה' שוות הנשים לגברים, והן חייבות גם במספר רב של מצוות 'עשה' — בין אלה שלא הזמן גרמן, ובין אלה שהנשים מחוייבות בהן מטעמים אחרים — הרי שבפועל חובה על אשה בישראל ללמוד ולדעת את ההלכה כמעט בכל התחומים אשר ההלכה עוסקת בהם; בענייני היתר ואיסור, שבתות ומועדים ורבים אחרים. כיוצא בזה, חובה על כל אדם מישראל, בין איש ובין אשה, לקיים כמה מצוות עקרוניות שאינן מצוות של עשייה בפועל, אך הן מצוות 'עשה' תמידיות — המצוות של האמונה בה', של אהבתו ויראתו והדבקות בו. וממילא חייבות גם נשים לעסוק באותם תחומים של התורה, הדנים, מפרשים ומלמדים את קיומן של מצוות אלה — תחומי המחשבה והמוסר, הקבלה ומדרשי האגדה.

נשים פטורות, אפוא, בעיקר מן העיון בספרות התלמודית

במובנה המצומצם, אשר אינה עוסקת ואינה קשורה לא להלכה למעשה ולא לאמונה ולרגש הדתי. או במילים אחרות — אף כאן תחום העיסוק הנשי נוגע יותר לענייני היהדות הרחבים יותר, והרבה פחות לעיסוק בפרטים שאינם מעשיים או ישימים.

עניין אחר שיש להוסיף הוא, כי אף שאין חובה על האשה לעסוק בתלמוד תורה (באותם תחומים שבהם אינה מחוייבת), אין כל מניעה והגבלה לאשה לעסוק בהם, אם חפצה היא בכך; או כדברי הרמב"ם: אף שאין האשה מצווה על תלמוד תורה, היא מקבלת שכר על תלמוד תורה ככל שהיא מעוניינת לעסוק בו. ונמצא שבאופן כללי ניתן לאשה תחום מעשה ותחום לימוד שיש בו מידה רבה יותר של גמישות, פחות מחוייבות בפרטים לוחצים — אך לא פחות חובה של התקשרות ודבקות בכל היבטיה של היהדות.

צניעות

צד חשוב אחר הקשור לא רק בקיומן של המצוות אלא בתפיסת העולם השלמה, נוגע למקומה של האשה בחברה. עניינה של הצניעות אינו נתפס רק בבחינת גדר וסייג בדיני העריות, ושמירת קדושתם של חיי המשפחה ויחסי האישות. מבחינה זו — גדרי הצניעות אינם מיוחדים ואינם בלעדיים לנשים; חובת הצניעות במובן זה חלה על נשים וגברים כאחד, אף כי לא תמיד היא מקבלת דרך ביטוי אחת.

אכן, הצניעות אינה נשארת רק בבחינת תחום וגדר להלכות מסוימות, אלא יש בה תפיסה כללית יותר, מרחיקת לכת ורבת היקף. כדי להבין את מהותה של הצניעות, מן הראוי להעמידה כנגד תפיסת העולם של התרבות המערבית בתחום זה. בימינו, התרבות הכללית — התרבות החילונית של כל העולם כמעט — אמנם נותנת לאשה מעמד של שוויון רשמי, ומצד שני עושה את האשה — כל אשה — לאובייקט מיני. אין הכוונה לומר שכל אשה שהיא חלק מתרבות המערב, אפילו בחברה המתירנית של ימינו, הריהי פרוצה ומופקרת; אולם התרבות כולה, במצועף

ובגלוי, נותנת לאשה מעמד של פיתוי מתמיד. אשה מנסה להיות יפה – על פי הגדרות היופי המקובלות באותה שעה ובאותה חברה – כדי להיות מושכת מבחינה מינית לכל אדם. הדבר מתבטא בלבוש, בדיבור ובדרכי התנהגות. אופן ההתנהגות הכולל הוא אכן כזה, גם אם אינו מגיע לכלל ביטוי מעשי.

לעומת הגישה הזו, בחברה היהודית נושא הצניעות מודגש מאוד, ומשמעו בעיקרם של דברים הוא, שהאשה כאדם מהווה חלק מן החברה, אך בתחום חיי האהבה והמין היא צנועה, לאמור: מיוחדת ומיועדת לאדם אחד, בתוך מסגרת חיי המשפחה. ההבדל הזה בגישה, אין משמעו – כפי שהוא מתפרש לעתים שלא כראוי – גישה שלילית או עויינת כלפי יחסי אהבה בין איש לאשה, או כלפי חיי המין לעצמם. לאמיתו של דבר, ההפך מזה הוא הנכון – הקשר שבין איש לאשה אינו נתפס ביהדות כמכשיר הנועד לשם פריה ורביה ותו לא, אלא כהתקשרות מהותית, הדרושה גם לאיש וגם לאשה כדי להגיע לידי שלמות מהותית. איש בלא אשה ואשה בלא איש נחשבים ל'פלג (מחצית) גוף'. וכדברי הכתוב, "ויקרא את שמם אדם" (בראשית ב,ה), ואין שלמותם כאדם אלא בחיבורם יחד. דווקא מכיוון שקשר זה נחשב מהותי ועקרוני לחיי הנפש של כל אדם, איש כאשה, הוא מוכרח להיות קשר יחידאי, קשר צנוע בין שניים, שאין אחרים שותפים לו.

צניעות אין משמעה נזירות, ואין היא תובעת מן האשה שתנסה לכער את עצמה, או שתִראה מעלה מיוחדת בהעדר החן. פעמים שאין מבינים כראוי את המשפט "שקר החן והבל היופי אשה יראת ה' היא תתהלל" (משלי לא,ל), וסבורים כי יש להבינו כקריאת תגר כנגד היופי, או לפחות כנגד השתדלות להתייפות; ואין הדבר כן. משמעותו האמיתית של הפסוק היא כי החן והיופי הם דברים חולפים, שאינם קיימים לעולם – ובמובן זה הם 'הבל'; והחיים, ואף חייה של האשה, אין מטרתם לעסוק אך ורק בהתקשטות האישית ולהרהר בה בלא הרף, אלא בדברים נעלים יותר. אף על פי כן, אין באלו כשלעצמם לא פגם ולא

פסול, ויתירה מזו, הם נדרשים מכל בת ישראל, והיופי — החיצוני והפנימי כאחד — הוא שבח לה. ההנחה ש"בנות ישראל נאות הן" (נדרים סו,א) היא נושא לגאווה לישראל, והצניעות — אין משמעה השחתת מתנה שנתן ה' לאדם, אף לא חוסר השתדלות לזכות בה. כבר אמרו חכמים, שצניעות היא האופן שבו מכבדים מתנת יקר, דבר חשוב ורב ערך. מנהג הצניעות, הריהו מנהג שמקורו בהערכה יתירה כלפי דברים שאין מן הראוי לבזבזם בהשלכתם אל רשות הרבים.

עיקר הבית

רעיון הצניעות, שסיסמתו בכתוב "כל כבודה בת מלך פנימה" (תהלים מה,יד), אינו נוגע אך ורק לחשיפה או לבזבוז של הגוף האנושי. בכתוב זה יש צד כללי יותר בנתינת מקום לאשה כ'עקרת הבית', וכדברי חז"ל — "עיקרו של הבית", עד להגדרה המכלילה "בֵּיתו — זו אשתו" (יומא ב,א). בכללם של דברים, נתפסים תפקידי גברים ונשים כמופנים לכיוונים שונים: תפקידם של הגברים כלפי חוץ, ובכלל זה במעשי מצוות שמגמתן לשנות ולתקן את ה'חוץ'; ואילו תפקידן של הנשים מופנה פנימה, במיעוט מצוות חיצוניות ובריבוי חובות פנימיות ונפשיות. וכן הוא הדין לגבי מהותן של יחידות חברתיות: בית האב — המבנה החברתי החיצוני — הוא מקומם ותחום פעולתם של גברים; הבית והמשפחה הם תחום פעולתן של הנשים. ואכן, אף כאן כמו בקביעות מכלילות אחרות, אין ההכללה אלא רישום קווים יסודיים ביותר, ובפועל יש תמיד מבנים מורכבים יותר, שיש בהם לסבך את התמונה, ולהוסיף על הקווים הנכנסים ומתערבים זה בזה בתוכה. יש פרטים יוצאים מן הכלל, יחידים שאינם יכולים (ואינם צריכים) להיכלל באותן מסגרות הנכונות לרבים אחרים. אולם מבחינת הכלל, הרי למרות שמשפחה מורכבת כרגיל מאיש ומאשה, מבחינת החשיבות ומבחינת התפקוד, האשה היא עיקרו של הבית, והיא היא היוצרת את הבית.

מי שמבין את תפקידה של עקרת הבית, כמצטמצם לבישול או לניקיון המרבדים — מגמד ומעוות את מלוא תפקידה של עקרת הבית. בעיקרו של דבר, היחידה החברתית היסודית ביותר, בעלת ההשפעה הרבה ביותר והחשיבות הגדולה ביותר היא המשפחה. יחידות אחרות יכולות להיבנות על־גבי יחידת יסוד זו, לעתים בלא כל קשר עמה ולעתים אף בניסיון לעוקרה. ועם זאת, כל היחידות החברתיות האחרות הריהן במידה רבה זמניות וארעיות לעומת המשפחה. כמו בגופו של אדם — בו לחלקים שונים יש תפקידים מוגדרים, וישנם חלקים עיקריים יותר ופחות, כך גם חלקים שונים של המשפחה ממלאים תפקידים שונים, שמידת נחיצותם משתנה על פי הנסיבות. אולם בכל מבנה מסודר קיים מרכיב יסודי, הקובע את קיומה ואת ערכה של המערכת כולה. מרכיב יסודי זה במשפחה, בכל משפחה, הוא עקרת הבית. תפקידה, ייעודה של עקרת הבית, קשור רק בחלקו בהיבטים החיצוניים של הנהלת הבית; עיקרו הוא בהקניית הרוח, האופי והתכנים לחיי המשפחה. בעניין זה חשיבותה של האשה במשפחה מכרעת, הכיוון הנקבע בכוח אישיותה, במכלול הדרישות והמשאלות וסולם העדיפויות שלה הוא הכיוון אשר המשפחה כולה, כיחידה אחת, תלך בו. בני המשפחה כיחידים עשויים לבחור לעצמם דרך אחרת — כאשר הם מצויים בפני עצמם ומנותקים מהמסגרת המשפחתית. אולם המשפחה, כחטיבה אחת ודרך חייה הפרטית־האישית — נקבעת על פי עקרת הבית. לכך חשיבות רבה, לא רק ביחס לחינוכם של הילדים במשפחה, אלא אף לגבי מהותו ודרכו של האב־הבעל. אף אם האיש הוא 'בעל הבית' מבחינות רבות, או מכוח אישיותו, הרי בסופו של דבר הבית עצמו הוא האשה, ועל־פיה נקבעת רוחו. את ההשפעה המכרעת הזאת הביעו חז"ל בחריפות רבה במילים "הכל מן האשה" (בראשית רבה יז) — הן לרע והן לטוב.

תפקיד זה והשפעתו המהותית, אינם ניכרים תמיד במישור הגלוי או במישור הפעילות הציבורית, אך הם יוצרים אותה

ומבססים גם את ההיבטים הציבוריים-החיצוניים. "כל כבודה בת מלך פנימה" הוא, אפוא, הגדרת תפקידה של האשה — להיות "בת מלך" כאשר פעילותה היא "פנימה". מסלולה של האשה לגבי עצמה ולגבי החברה הוא, אפוא, פעילות מופנמת, פעילות של בניית האישיות, של הכרה וגיבוש, של עיקר החיים — ובנייתם של החיים היהודיים בפועל ממש סביב הדברים שראוי לחיות בהם.

סימני הבית היהודי

סימני היכר וחשיבותם

אורו של הבית היהודי, אמור, ביסודם של הדברים, לקרון מתוכו. כלומר, מציאותם של אנשים הקשורים בנפשם אל העולם היהודי מתבטאת גם בלא צורות חיצוניות מוגדרות, והיא ניכרת היטב — מבלי צורך ליצור באופן פעיל סמלים מיוחדים. מבחינה זו, מבטא בית יהודי תכנים יהודיים, כדרך שהוא מבטא את אישיותם של הדרים בו ואת נטיותיהם. עם זאת, יש גם כמה וכמה דברים, שהם מסימניו של בית יהודי, הקשורים במסורת היהודית ובמצוות מוגדרות בתחום זה; סימנים שאינם רק ביטוי אישי־פרטי של קשר נפשי, אלא סמלים וחפצים בעלי משמעות ומובן אובייקטיבי.

החזקה בסימני היכר אלה, יש בה תועלת מכמה בחינות: ראשית, לאדם עצמו. בכל מהלך החיים — בפרט בזרם המהיר והשוטף של עולמנו, מהיר התנועה והשינויים — חייבים אנו לתת את הדעת ולסייע לעצמנו לחזק את הקשרים הפנימיים

שלנו. במהלך חיי היומיום מצויים מרבית בני־האדם באווירה, אשר במקרה הטוב היא ניטראלית כלפי ערכים והגדרות רוחניות, והיא עשויה אף לבלוע אל תוכה את האישיות כולה. משום כך, חשוב שאדם החוזר אל ביתו, יחוש — במודע ואף שלא במודע ובלא מחשבה — את השיבה אל מהותו הפנימית. ברור שאדם מתרגל לצורות ולחפצים המצויים בביתו, אך הרגל זה קובע אף אופן התייחסות מסוים אל הבית, ואל עצמו. צורתו החיצונית היהודית של הבית מחזקת את צורתו הפנימית.

סיבה אחרת נוגעת לחברה הסובבת. הסביבה אנושית שבה מוקף האדם מתייחסת אליו על פי סימני היכר מסוימים. כאשר החברה פוגשת בבית יהודי היא מגיבה בהתאם. יש דברים ודיבורים שאינם יכולים להיאמר ולהיעשות בבית שכזה, ויש נושאים הצפים ועולים בו, כאילו מאליהם. וכאמור — השפעה זו על החברה היא לעתים מודעת, ולעתים אינה ברורה ומובנת — אך היא תמיד פועלת ומשפיעה.

טעם שלישי, חשוב ביותר, הוא השפעת הדברים על המשפחה, ובפרט על הילדים הגדלים בה. ילד הגדל בבית סופג לתוכו את אווירתו, והסמלים החיצוניים שבכל בית מופנמים ונעשים משמעותיים יותר. הפרטים הקטנים המצויים בבית קובעים את התייחסות דייריו אל מכלול החיים בו ויוצרים את הזכרונות שאדם נושא עמו. חלק גדול במערכת זכרונות הילדות מוקצה לסמלים ולצורות חיצוניות, וגילויים חיצוניים של יהדות יוצרים קשר של זהות עם מהויות ומשמעויות יהודיות. זכרונות ילדות אלה נשארים תמיד חלק מן ההוויה האנושית של האדם, והם הקובעים במידה רבה את זהותו הפנימית. בית שצורותיו החיצוניות ניטראליות, אינו יכול להעביר את תחושת הבית היהודי ואת הקשר הנפשי העמוק לתכנים ולצורות יהודיים. ולהפך — מקום שיש בו סמלים יהודיים יוצר תכנים וסמלים יהודיים בעומק נפשם של בני הבית.

המזוזה — הסמל הרשמי

המצווה הראשונה הנוגעת לבית — מצוות המזוזה — היא מן התורה, ומשמשת כמעט 'סמלו הרשמי' של הבית היהודי. המזוזה היא קלף שעליו כתובות שתי פרשיות מן התורה — 'שמע' (דברים ו,ד־ט) ו'והיה אם שמוע' (דברים יא,יג־כא), הכוללות כמה מעיקרי אמונת ישראל, ואשר בהן נזכרת מצווה זו — "וכתבתם על מזוזות ביתך ובשעריך". הכתב על גבי הקלף חייב להיות כתוב בידי סופר ירא שמים, ואילו חיקויים על נייר או בדפוס אינם כשרים כלל. כדי לשמור על הקלף והכתוב בו, מכניסים אותו לתוך קופסה מיוחדת — 'בית מזוזה', אשר אין לה לא מידה ולא צורה קבועה, ומשום כך רבות מאוד הצורות הניתנות לה — מסורתיות וחדשות, פשוטות ואמנותיות.

את המזוזה קובעים על מזוזת הפתח — חלק העץ או הברזל המצוי במסגרת של פתח הדלת — מחוץ לדלת, לימינו של הנכנס בפתח. לעתים מתעוררות שאלות בדבר הגדרת הימין, או בדבר קביעת המזוזה בדלתות שצורתן בלתי־רגילה, ואז ראוי לשאול בדעת תלמיד חכם. את המזוזות קובעים על כל דלת בבית, חוץ מאשר בדלתות המובילות לחדרים שאין זה מן הכבוד להדרם בצורה זו (אמבטיה או בית כיסא). כאשר קובעים את המזוזה בפתח מברכים עליה "אשר קדשנו במצוותיו וצוונו לקבוע מזוזה".

מצוות המזוזה היא חובה על כל בית שאדם יהודי גר בו. אם בארץ־ישראל — חלה עליו החובה מיד, ובחוץ־לארץ, רק לאחר שלושים יום. חובת המזוזה חלה במידה שווה על יחיד ועל משפחה, על איש ואשה. ולכן יכולים הן הבעל והן האשה לקבוע את המזוזה ולברך על כך.

באופן קביעת המזוזה ובמיקומה יש מנהגים שונים: כמנהג האשכנזים קובעים את המזוזה בתחילת השליש העליון של גובה הפתח, ואם הפתח גבוה במיוחד — לא יותר מגובה אדם. את המזוזה קובעים מעט באלכסון, כאשר חלקה העליון נוטה כלפי פנים הבית. לפי מנהג הספרדים, שמים את המזוזה במאונך, מעט

למעלה מגובה מחצית הפתח. מנהג הוא בישראל, שכל אדם הנכנס או יוצא מן הבית, מניח ידו על המזוזה או נושק לה, ויש בזה משום ביטוי להערצת הדברים הכתובים בה. כאשר עוקר האדם מביתו להתגורר במקום אחר — אין הוא מסיר את המזוזה מן הפתח, אלא אם כן הדייר שבא אחריו לגור בו אינו יהודי.

במשך השנים נקשרו למזוזה סגולות ואמונות שונות, אבל עיקר המצווה להראות את דבקותנו בה' בכל עת, עד שאנו כותבים את דברי תורתו גם על מזוזות הפתחים, לזכרון לנו. כאמור, המזוזה משמשת גם סמל וסימן היכר לבית יהודי. בית שיש בפתחו מזוזה — הרי זו הצהרה של בעל-הבית, כי הוא יהודי, ומשום כך החובה לשים את המזוזה בצד הדלת הפונה כלפי חוץ, אל הרחוב.

ספרים ומקומם

המזוזה היא מצווה מן התורה, אך יש דברים אחרים אשר מוסיפים לבית 'מראה יהודי', ואחד החשובים שבהם הוא הספרים — ספרי הקודש. אכן, היו משפחות בישראל שנהגו להחזיק בביתן מטעמים שונים ספר תורה, אולם בימינו יש חשיבות מעשית רבה לספרים אחרים. מציאותם של ספרים בבית והעמדתם במקום שאליו ניתן להגיע, במקום שאפשר לראותם, אינו רק עניין שימושי ללומדים ולקוראים בספרים הללו. ספרי הקודש, בעצם היותם גלויים ומצויים בבית, משמשים אות זכרון כי יש לעלעל בהם ולפחות להציץ בהם מפעם לפעם. הם משמשים 'פיתוי' לילדים להסתכל בהם ולשאוב מתוכם דברים, והם יוצרים אווירה מיוחדת.

יש לזכור כי מבחינת ההלכה יש לנהוג כבוד בספרי קודש. מנהג ישראל הוא, שאין מניחים ספר קודש הפוך, וכן אין להשאיר ספר פתוח אם אין קוראים בו. ספר שנשמט אל הקרקע — יש להרימו, ואף יש המנשקים אותו אחר כך. בנוסף לכך, אין לשים ספרים אלה במקומות שאינם מכובדים בתוך הבית,

והתפשטות או מגע מיני אסורים בחדר שיש בו ספרים כאלה, אם הספרים אינם מכוסים.

קופת צדקה

נוהג אחר שיש בו משום הקניית מראה יהודי לבית, הוא מציאותה של קופת צדקה. מובן כי אין אדם יוצא ידי חובה בקופה בלבד, ועוד ידובר בחשיבותה של מצווה זו (בפרק 'מצוות שבממון'). אולם קופת הצדקה — בין אם היא קופה פרטית שאדם אוגר בה כסף לעניים, או קופה של מוסד סוציאלי או תורני — מהווה חלק מן החינוך שאדם מקנה לעצמו ולבני־ביתו. קופה כזו היא תזכורת מתמדת לחובותיו של אדם מישראל כלפי החברה, תזכורת כי חיי הדת אינם 'פולחן' בלבד, אלא יש בהם התחייבות לאחרים. יש לזכור, כי מציאותה של קופה כזו אינה דווקא מעניינם של עשירים בלבד (שעליהם חובה יתירה להיזכר במצוקתם של אחרים ולהזכירה לבני־ביתם), אלא היא שייכת לכל אדם מישראל.

מנהג עתיק, שיש לו ביסוס מעמיק גם בתחום ההלכה והקבלה, הוא הנוהג לשים סכום כלשהו בקופת הצדקה לפני שמתפללים כל תפילה, וכיוצא בו מנהג מיוחד לנשים לשים כסף בקופת הצדקה לפני הדלקת הנרות. יש הנוהגים לתת צדקה לפני כל מצווה ומצווה שאדם עושה, שהרי לפני המצווה אומר אדם (בנוסח 'לשם יחוד') שהוא עושה אותה "בשם כל ישראל", ומצהיר על שותפותו עם כלל ישראל במצווה זו. מעשה זה, של נתינת צדקה לפניה, מבטא הצהרה זו באופן מעשי.

קישוטים שונים

יש להזכיר עוד, את המצווה של "זה אלי ואנווהו" (שמות טו,ב), המתפרשת בדברי חכמים: "התנאה לפניו במצוות" (שבת קלג,א). יש מצווה לעשות את כל 'תשמישי המצווה' יפים ככל האפשר. כשם שבמשך הדורות הזהירו גדולי ישראל את בני העם — ובעיקר את בנותיו ונשיו — שלא להרבות בהתקשטות

ובהתהדרות, כך הדגישו כי יפה לקשט וליפות דברים של מצווה. ספרי התפילה או כוס הקידוש, מכשירי ההבדלה או קופסת האתרוג — כל אלה הם נושאים לקישוט ולעיטור. קישוטים מסוג זה נהגו בישראל במשך כל הדורות, אולם אין נוסחה קבועה ומוכתבת של יופי. אין מן ההכרח לחקות בכגון זה דווקא את מה שנראה יפה בעיני האבות והסבים, אלא אם כן חש אדם בלבו צורך להמשיך את קו המסורת של אבותיו גם בתפיסה שבנוי. קישוטו של הבית — בפרט בימי שבת וחג — בחפצי מצוות וביופיה של מצווה, אף הוא חלק מדרכו של בית יהודי.

לצד החיוב שבקישוט יש גם שלילה. כלומר, כשם שיש חפצים וסמלים שיש בהם משום קירוב הרוח לדרך ישראל (למשל, הסמל העתיק של ה'מזרח' — רקמה, גזירת נייר או תבנית אחרת שהיתה פונה לירושלים), כך יש דברים שיש להקפיד על השמטתם. סמלים או מוטיבים השייכים לדתות אחרות — ואפילו לחברות אחרות לא יהודיות — יש ספק במידת ההיתר שבהם. אולם גם אם אדם מעוניין רק ביופיים של דברים מסוימים, הרי חשוב עד מאוד לזכור, שהבלטתם, תלייתם על הכותל או העמדתם במקום בולט — גם אם אין להם כל משמעות אידיאית לבעל הבית, יש בהם השפעה סמויה הן עליו והן על בני־ביתו. אפשר שדברים אלה יהיו ממוקמים באלבומים, בספרי תמונות ובאוספים, אך מן הראוי שלא יבואו לידי הבלטה.

סמלים נוספים

נוסף להיבטים אלה של סמלים גלויים, שנועדו לשם כך, יש עוד דברים רבים שבית יהודי כהלכתו קונה אותם אט אט, מתוך עצם העובדה שאנשי הבית נוהגים בו על פי הדין. עצם העובדה שנוהגים בבית מנהג כשרות, ממילא נותנת דמות אחרת למטבח. ההפרדה בין כלי בשר לכלי חלב מחייבת מערכות כלים נבדלות, מקום מיוחד לאחסון כלים מכל סוג שהוא, מפות שולחן מיוחדות וכיוצא באלה.

בבתים רבים מקפידים על פי הדין, שילדים אינם יושבים בכסאות המיוחדים להוריהם, וכך נוצר בבית המושג 'כסא של אבא', 'מקום של אימא'. אלה, וכיוצא בהם, אינם יסודות התורה – אך כולם נארגים יחד למערכת המחזקת ומאששת את החיים הפנימיים של הדרים בבית כזה.

לבושים

הצהרה פומבית

בשלב זה או אחר בדרכו של בעל התשובה, הוא נתקל בשאלת הלבוש, לאמור, במערכת של מנהגים ודינים הקשורים לאופן הלבוש הראוי לאדם שומר מצוות. אף על פי שהבעיה כשלעצמה אינה חריפה או חמורה במיוחד, מכל מקום היא נעשית בעיית חיים לא קלה, היות והלבוש הוא דבר פומבי. בגדים שאדם לובש — אין הוא לובשם רק בצנעת הפרט שלו, ואין הוא יכול ללובשם רק בזמנים מוגבלים או בחלק מן המקומות. ומשום כך לבישת בגדים מסוימים, יש בה מידה רבה של הכרזה פומבית על אמונות ודעות — הכרזה שלא תמיד אדם מעוניין לעשותה ולא תמיד הוא מוכן לקראתה. לא ייפלא, שמדי פעם מזדמן שאדם המקיים כמעט את כל מצוות התורה ואפילו בהידור מסוים, נרתע מלתת פומביות לעמדתו בשינוי מהותי של לבושו. חלק ניכר של דברים אלה נעשה, אפוא, בשלבים, על פי מידת שלמותו של האדם עם דעותיו ועמדתו, ומידת נכונותו

להודיע עליהם ברבים — תוך קבלת התוצאות החברתיות והאישיות הנובעות מכך.

כיסוי הראש

לגבי גברים — הנקודה הרגישה היא כיסוי הראש. מצווה זו היא אחת המצוות שהתפתחו והלכו ממדרגה של מנהג חסידים ויראים, והפכו למעין נורמה מחייבת לכל שומר מצוות. למעשה, מדין התלמוד אין אנו מוצאים חובת כיסוי ראש, אף כי כבר שם נרמז, כי יש בכיסוי הראש בכדי לגרום להתנהגות של יראת שמים. אולם המנהג לכסות את הראש התחזק והלך, עד שבימי הביניים כבר הוסכם על כל הפוסקים, בכל הארצות ולפי כל המנהגים, כי אין אומרים דברים שבקדושה — ברכות, תפילות או דברי תורה, ואף אין נכנסים למקום מקודש — בית הכנסת, בית מדרש ואפילו בית הקברות — אלא בכיסוי ראש. על כן, בימינו כיסוי הראש במקרים אלו, הוא בגדר חובה שאין עליה עוררין.

לגבי שאר הזמן — לא היתה אחידות במנהגים לגבי כיסוי הראש, במקומות ובמצבים שונים. למעשה, בכל קהילות ישראל באירופה (להוציא חלק מיהודי גרמניה החרדים), נהגו לכסות את ראשם בכל עת, בבית וברחוב, ועל פי מנהגי המחמירים והחסידים — אפילו בשעת השינה. בארצות המזרח לא היתה הקפדה כה חמורה על כיסוי הראש, ואנשים רבים — שלמים ויראי שמים — לא הקפידו על כך, אלא בזמן ובמקום הנוגעים לקדושה. מן הראוי להוסיף, כי על פי הקבלה יש חשיבות יתירה לכיסוי הראש בכל עת, ורבים נהגו אפילו לכסות את הראש בכיסוי כפול (כובע או טלית מעל הכיפה) בשעת תפילה או ברכה.

בגלל סיבות היסטוריות שונות, ובעיקר משום שרוב ישראל שוב אינם לובשים 'בגדים יהודיים' מובהקים, הפך מנהג זה למעין סמל פומבי, וכך הוא נתפס בתודעתם של רבים. ויש לזכור, כי גם מבחינתה של התורה וההלכה יש חשיבות רבה

לדברים המקבלים משמעות סמלית שכזו. יש נושאים שונים, אשר גם בלא ערך פנימי חשוב מקבלים משנה חשיבות, משום שהם מתפרשים בצורה מסוימת בעיני הרבים. למעשה, קשור הדבר במכלול התפיסה שלגבי קידוש השם וחילול השם, שכאשר אדם עושה דבר המתפרש בעיני הרבים כעבירה, הרי יש בכך משום חילול השם, גם אם אין המעשה עצמו פגום ופסול עד כדי כך. וכך גם לגבי כיסוי ראש — למרות שעל פי רוב משמעותו ההלכתית היא מועטת, הרי שבתודעת הרבים הוא נחשב לסמל יהודי מובהק.

כסוי הראש כסמל

מפני טעמים אלה יש משמעות וערך לכיסוי הראש — דווקא משום שהוא משמש סמל חיצוני ולא חשוב במיוחד — להשתייכות לציבור מסוים, ויותר מכך — לדרך חיים מסוימת. בגלל המשמעות הסמלית הזאת, על האדם הקרב אל היהדות לדעת את משמעות הדבר: מצד אחד, אדם הנוהג בשאר דרכי חייו כשומר מצוות, ייחשב בעיני הרבים לפורק עול ויוצא דופן, אם לא יקפיד על כיסוי הראש. דבר זה אמור ביחוד בארץ, שבה יש לסמל זה משמעות בולטת במיוחד. ומאידך גיסא, אדם שאינו שומר על המצוות כולן בפומבי, ייתכן שאין זה מן הראוי לו להופיע עם כיפה וכביכול להודיע ברבים על מגמותיו וכוונותיו — כאשר מדי פעם עלולה להתגלות סתירה חיצונית בהתנהגותו; זו עלולה להביאו במבוכה, ואף להטיל צל של צביעות וחוסר הגינות על ציבור שלם. מבחינה זו על האדם לבחון את עצמו, אם אמנם הוא מוכן לקבל על עצמו סמל בולט שכזה, על כל המסקנות המעשיות הנובעות ממנו. ולהפך — מי שנוהג בכלל בשמירת המצוות, מן הראוי שלא יהיה פורש מן הציבור, ואפילו גורם אי־נעימות לעצמו ולחברה הסובבת אותו בהימנעות מכיסוי הראש. מי שאינו מתכוון לחיות חיי 'אנוס', השומר את יהדותו בסוד, מגיע בסופו של דבר למצב שבו הוא מודיע ברבים על כיוון מסוים של חייו — בכך הוא רק מסייע

לעצמו ולאחרים בהתייחסותם אליו, וכדאי לאדם להקדים בכך.

כיוון שכיסוי הראש לגברים אינו בבחינת מצווה הכתובה בתורה או בתלמוד, אין נורמות מחייבות — לא לגבי מהותו ולא לגבי גודלו של כיסוי הראש. אך נראה, כי כיסוי הראש חייב שיכסה לפחות את רובו של הראש. ואילו לגבי טיבו או החומר שממנו הוא עשוי — לא צוינו כל הגבלות, וכל הקיים בנושא הזה אינו אלא עניין שבמנהג מקומי, של מנהגי קהילות או חוגים מסוימים וכיוצא באלה. ושוב יש להזכיר, כי כיוון שבימינו יש בכך משום פומביות, יש משמעות אף לפרטים, משום שהחברה הדתית והלא דתית נוהגת לזהות אדם על פי פרטים קטנים בלבושו. ומשום כך ראוי לו לאדם לברר מה היא המשמעות שמייחסים לצורה מסוימת של כיסוי ראש, ולא להביא אחרים לידי טעות או מבוכה.

טלית קטן

נקודה נוספת השייכת ללבושם של גברים, היא לבישת 'טלית קטן'. בימי קדם היתה הטלית לבושם הרגיל של בני אדם, וממילא היה לבושם של היהודים טלית עם ציציות, כדין. אולם בימי הביניים, כאשר השתנו דרכי הלבוש, וכאשר הפכה הטלית לבגד לבית הכנסת, החלו במקומות שונים ללבוש בין הבגדים 'טלית קטן' — בגד שכל מטרתו היתה לקיים את מצוות ציצית. אכן, לבישת בגד זה היתה מנהג מקובל ולא הלכה, שכן לפי ההלכה חובת הציצית היא חובת הבגד, לאמור: רק כאשר אדם לובש בגד אשר על פי מבנהו חייב בציצית — בגד בן ארבע פינות — חלה עליו המצווה. אך אין מצווה חיובית ללבוש דווקא בגד שכזה. עם זאת, החלו רבים ללבוש 'טלית קטן' בין בגדיהם, והדבר היה לנוהג קבוע, אשר ביסודו של דבר נשמר ברוב קהילות ישראל עד היום הזה. ויש להדגיש: אף זה מנהג חסידות שהפך לנוהג קבוע ומקובל ברוב עם ישראל.

בימינו נוהגים לעשות בגד זה בצורה אחידה למדי — פיסת בד מוארכת, שבאמצעה יש פתח כדי להכניס בה את הראש,

ובארבע פינותיה ציציות. ברוב קהילות ישראל נהוג היה, שגם ילדים לובשים בגד זה, כמובן על פי מידותיהם. במנהגים השייכים למצווה זו קיימים עדיין הבדלים ניכרים בין העדות השונות. אך יש לזכור, כי יש גודל מינימלי מסוים לטלית קטן (60־50 ס"מ רוחבה, ואורכה — יותר מפי שנים מזה). ואם נעשה הדבר בשיעור קטן מזה בהרבה — אין בה משום קיום מצווה או מנהג, משום שאין זה נחשב כבגד, ואינו חייב בציצית. אשר לטיב החומרים — המדקדקים משתמשים רק בטלית העשוייה צמר, ואחרים אינם מקפידים על סוג הבד. אף שיטות החיתוך של פתח הטלית אינן אחידות, וכן תפירת הכנפות, אופן הטלת הציציות וקשירתם, אלא שברוב החנויות לתשמישי קדושה יש מבחר של סוגים שונים.

במקומות רבים נהגו ועדיין נוהגים, שאף אם לובשים את ה'טלית קטן' מתחת לבגדים, מוציאים החוצה את הציציות. אכן, בעניין זה היו הבדלים במנהג, שכן מצד אחד כבר התירו חכמים להצניע את הציציות בכל מקום שהדבר עשוי להביא לידי מבוכה או אי־נעימות, ומצד אחר יש רבים הנוהגים על פי הקבלה ומצניעים את הציציות. משום כך תלוי הדבר אף הוא במנהגים של כל חוג או קהילה.

לבוש כבוד

אף על פי שלגבי לבושי גברים אין נורמות מחייבות כלליות, יש כמה הנחיות כוללות, התופסות כמעט בכל מקום. חשיפה יתירה של הגוף נחשבת ללא צנועה, ובלתי נאה. בעיקר חשוב הדבר בבית הכנסת או במקום מקודש אחר. צד אחר של הלבוש היהודי הוא הלבוש המיוחד למקומות ולזמנים מיוחדים. כיוון שבית הכנסת נקרא 'מקדש מעט', והעומד בתפילה צריך לנהוג כאילו הוא ניצב לפני מלך, הרי שדבר זה חייב להתבטא לא רק בדרך התנהגות אלא גם בלבוש מתאים. לגבי בית כנסת — ובעצם אף לגבי כל תפילה ביחידות, ואפילו ברכת המזון — נקבע בהלכה כי כל צורת לבוש אשר נחשבת לדרך שאין אדם

מופיע בה לפני אישיות נכבדה — שר, נשיא וכיוצא באלה — אין היא ראויה בבית הכנסת. קביעה זו אינה מוחלטת, כמובן, והיא משתנה בהתאם לנסיבות הזמן והמקום, אך יש לה תוקף בכל מקרה לפי הנהוג והמקובל באותה שעה ובאותו מקום. הלבוש המתאים הוא אפוא חלק מהותי מכלל ההכרה והתחושה של הדרת מלך במקום מקודש. כיוצא בזה, מצווה היא לכבד את השבת ואת החגים בלבוש מיוחד. לבוש חגיגי בשבתות וחגים אינו רק תוספת להרגשה המיוחדת לגבי ימים אלה, אלא הוא חובה של ממש, שאפילו מי שאין ידו משגת צריך לפחות לשנות את בגדיו לכבוד השבת והחג. ומקובל שבגדי החג יהיו יפים יותר ומכובדים מבגדי שבת רגילה. יתר על כן, אחת המצוות המיוחדות לחגים היא שהבעל יקנה לאשתו בגד או תכשיט חדש לכבוד כל חג, כחלק ממצוות השמחה בחגים.

לבוש הנשים

בעיות דומות במהותן, אם כי שונות בפרטיהן, קיימות בנוגע ללבוש הנשים. גם כאן קיימת שאלת הלבוש באופן כללי, ועניין כיסוי הראש — לנשים נשואות בפרט.

אשר ללבוש הנשים, מודגשת פי כמה הצניעות. גם בהלכה זו קיים העיקרון, כי לבוש צנוע אינו מושג מוחלט בכל מקרה, וכי יש בו שינויים בהתאם לשינויי הזמן והמקום. עם זאת, מקובלות, כמובן, כמה הגדרות הנחשבות כלליות למדי, ולפיהן נוהגים פחות או יותר בכל ישראל. יש לזכור כי בנוגע ללבוש בלתי צנוע אצל נשים, קיימת בעיה הלכתית מעשית, מעבר לדיני הצניעות. כיוון שעל פי הדין אסור לומר דברים שבקדושה, כאשר מצוי במקום אדם מעורטל, הרי שמי שלובשת בגד חשוף במיוחד, לא זו בלבד שהיא עוברת על הנוהג או ההלכה לעצמה, אלא אף מפריעה בכך לאחרים.

כללית ניתן לומר, כי מקובל על הכל שהגוף עצמו חייב להיות מכוסה, בבגד שאינו שקוף. אשר לגפיים — המנהגים אינם אחידים, והם תלויים, כמובן, במידה רבה במנהגי המקום

בכלל. על הידיים להיות מכוסות עד למרפק (אף כי גם ההלכה מציגה בעיות אחדות בעניין זה), ועל הירכיים להיות מכוסות לפחות עד לברך. מעיקר הדין יש לכסות גם את השוקיים בגרביים, אך יש שסמכו על המקילים ולא הקפידו בדבר.

גם במהותם של הבגדים יש שיקולים שונים, שאינם ניתנים תמיד להגדרה. בדרך כלל מקובלת ההנחה, כי אין אשה הגונה צריכה ללכת בבגדים בלתי צנועים, גם אם אין בהם עבירה על הגדרות ההלכה הקבועות. כלומר, אל לה ללבוש בגדים הנחשבים למגרים ולבלתי מקובלים באותה חברה, כגון בגדים הדוקים מדי. מובן כי גדר זה אינו ניתן לקביעה כמותית מדוקדקת, והוא תלוי במידה רבה במושגים המקובלים בחברה שבה חי האדם. יש להדגיש, כי אין כוונה או מגמה שהבגדים (או האשה הלובשת אותם) יהיו בלתי יפים, ובוודאי לא שיהיו דוחים, אולם צריכה להיות מידה מסוימת של שמירה על אמות מידה של לבוש מכובד.

בגדי איש

בעיה לעצמה היא לבישת המכנסיים. נושא זה קשור מבחינת ההלכה לא בדיני צניעות כדיוקם, אלא באיסור הכללי המפורש בתורה, האוסר על גבר ללבוש בגדי אשה ועל האשה ללבוש בגדי גבר. איסור זה יש בו יוצאים מהכלל — במרבית הקהילות התירו לאנשים להתחפש בפורים בבגדי בן המין האחר, משום חדוות היום. כמו כן, אם הלבוש משמש בזמן מסוים למטרה מסוימת, שאינה עניין של התקשטות אלא משום מניע תועלתי כלשהו, כגון הינצלות מחום השמש, או הגשם — אין איסור בדבר. מבחינה זו, לבישת מכנסיים על ידי נשים תלויה בפרטים רבים, שלא תמיד נוגעים ישירות לשאלת הצניעות, אלא לצדדים הלכתיים אחרים. מעיקר הדין — מכנסיים המיוחדים לנשים ואין בהם משום חוסר צניעות בולט בגזרתם, אין בהם כל רע. יתר על כן, במצבים מסוימים (טיולים, וכיוצא באלה) יש בלבישתם משום תוספת צניעות. עם זאת יש לזכור, כי הדבר

שנוי במחלוקת, ובחוגים מסוימים נחשבת לבישת מכנסיים לבלתי צנועה. במקומות אחדים נהגו נשים ללבוש מכנסיים ועליהם שמלה (מנהג עתיק הוא בקהילות תימן, למשל, ואף בימינו מקובל המנהג בכמה חוגים וקהילות). כללו של דבר, בכל מקום שיוצאת אשה למקום שיש בו ציבור שאינו אחיד, עליה להביא בחשבון את העובדה שאין הדבר מקובל על הרבים, אף כי, כאמור, אין בכך איסור הלכתי קונקרטי.

יש לזכור כי האיסור הכללי "לא ילבש גבר שמלת אשה" (דברים כב,ה) אמור גם לפריטים ואבזרים אחרים של לבוש, אף כי אלה נקבעים במידה רבה לפי הנוהג המקומי. ברוב המקומות רואים בהתאפרותם של גברים משום איסור זה, ואף מבחינת ההלכה יש איסור על צביעת שיער של גברים, משום שזהו מנהג נשים. בקהילות רבות הקפידו שגברים, גם אם הם מתגלחים, ישאירו לפחות שפם או חתימת זקן, משום טעם זה.

כיסוי הראש לנשים

עניין הנוגע דווקא לנשים נשואות, הוא חובת כיסוי הראש. כיסוי הראש של נשים הוא דין עתיק הנרמז כבר בתורה, והוא נהוג בישראל בכל הדורות. בקהילות שונות היו אף נשים לא נשואות נוהגות לכסות את ראשן, אלא שנוהג זה היה חלק ממנהגי הצניעות המקומיים ולא התפשט בכלל ישראל. חובה זו אינה קשורה בדין כיסוי הראש של הגברים, לא מבחינת תוכנה ולא מבחינת חומרתה. כיסוי הראש של אשה נשואה הוא ביטוי למעמדה המיוחד, ובכל הדורות הקפידו עליו הקפדה יתירה בכל יציאה מחוץ לתחום הבית.

בפרטי הנוהג בעניין כיסוי הראש יש עד היום מנהגים שונים, מהם המבוססים על מנהגי מקומות שונים ומהם על שיקולים אחרים. בעיקר החמירו בכיסוי הראש נשים הנוהגות על פי הקבלה. לפי מנהגים אלה — שהיו מקובלים הן בחלק גדול מארצות אירופה המזרחית והן בחלק מארצות המזרח — אשה מכסה את ראשה לחלוטין, עד שאין השערות נראות כלל,

לא רק ברשות הרבים אלא אף בביתה בחוג המשפחה. בארצות מזרח אחרות וכן במרבית הקהילות במזרח אירופה לא הקפידו על כיסוי כל השער, אלא על מרבית הראש. בארצות שונות, היו נוהגות אף נשים המדקדקות במצוות לשלשל את צמותיהן מתחת לכיסוי הראש. אך מבחינת ההלכה המקובל הוא כיסוי מרבית שערות הראש, והמחמיר עושה זאת כהידור מצווה ולא כחובה הכרחית. מכל מקום נראה כי לפחות כיסוי כלשהו, ולו גם סמלי, של הראש הוא בגדר חובה של ממש לנשים.

בדורות האחרונים החלו לנהוג בקהילות מסוימות, שנשים נשואות לובשות פאה נוכרית מעל לשערותיהן. פאה זו משמשת מעין כובע, ודי בה. יש לזכור, כי כיסוי ראשה של אשה נשואה לא נועד 'לכער' אותה או לעשותה בלתי נאה בעיני אחרים. אכן, היו ועדיין יש חכמים ומקומות, הגורסים שאף פאה נוכרית צריכה כיסוי כלשהו, בפרט כאשר הפאה אינה נותנת כל מקום להכיר באשה שאכן היא נשואה ומכסה את ראשה. אלא שאף בפרטים אלה תלוי הרבה במנהגים, ואין בכך קביעה מוחלטת המחייבת את הכל.

מבחינת הטעמים שבתורת הנגלה, כיסוי הראש הוא מעשה סמלי של 'קבלת עול'. במסורת היהודית ואפילו בשימושי לשון עתיקים מאוד, 'ראש גלוי' משמעו חופש בלא קבלת מרות. כיסוי הראש בשעת תפילה ולימוד, או בכל שעות היום, משמעו מבחינת תפיסת החיים היהודית — קבלת מרותו של הקב"ה, ההכרה כי האדם מקבל על עצמו מרות עליונה ו'עול מלכות'.

חברה

פרט — חברה

כל אדם, בנוסף להיותו אדם לעצמו, הוא גם חלק מתוך החברה שבה הוא חי. המעגלים החברתיים רבים ושונים: המשפחה, חוג הידידים, מקום הלימודים ומקום העבודה, מקום המגורים במובנו הצר, ואף המדינה שבה חי האדם. לאדם מישראל מצויים גם הקשרים עם הכלל היהודי — בית־הכנסת שבו הוא מתפלל, החברים שעימם הוא לומד, והעם היהודי במובנו הרחב. במעגלים חברתיים מסוימים הקשר הדוק, רגשי ומכוון, ואילו באחרים הוא מקרי, ארעי ולעתים אף בלתי־רצוני. מכל מקום, יש קשרים הדדיים בין האדם כיחיד לבין החברה, ואין קשרים בלא השפעה הדדית, לטובה או לרעה.

בתוך מערכת השינויים החלים בעולמו של בעל־התשובה, עקב תהליך התשובה, מתחולל גם שינוי ביחסיו אל החברה הסובבת אותו. בכל מקרה קיים שינוי של יחסים והתייחסויות, ופעמים מוביל הדבר גם לצורך — ואפילו להכרח — לעשות

שינויים ניכרים במבנה החברתי, לעבור לחברה אחרת ולקשור יחסים חדשים עם חברה חדשה.

לעתים רחוקות למדי קורה, שתהליך התשובה בחייו של האדם מתמזג עם תהליכים דומים ומקבילים בחוגו החברתי המצומצם, כגון כאשר בני זוג מחליטים, שניהם כאחד, ללכת בדרך זו. גם אז, כאשר הגרעין המשפחתי המצומצם נשאר קיים ויציב, חלים שינויים ביחסים עם המעגלים החברתיים הרחבים יותר — המשפחה הרחבה, חברת השכנים, חברת העבודה וכיוצא באלה.

התמדה מול תמורה

מן הצד המעשי, כמו גם מן הצד הנפשי, פועלים שני כוחות מנוגדים זה לזה. מצד אחד פועל עקרון ההתמדה, הנטייה לשמור על הקיים ולהמשיך קשרים ויחסים ישנים. באחדים מהם הדבר הכרחי — על אף התמורות העוברות על האדם, אין הוא יכול לנתק את הקשר המהותי עם קרוביו והוריו. במקרים אחרים השיקולים מעשיים — החלפת מקום מגורים או מקום עבודה אינה נעשית תמיד בבת־אחת ובחטף, גם כאשר אדם רוצה בכך. וכמובן, קשרי רגש, מהם ישנים וחזקים מאוד, קשה לנתקם ביום אחד.

מן הצד האחר — הרי עצם עניינה של התשובה נעוץ בהינתקות מן העבר ומעולמו של העבר, ובעיקר — בשינוי מהותי בהערכת הדברים כולם. ולכן, גם כאשר החברה הישנה אינה פגומה כשלעצמה — הרי היא שונה בדרכה, במטרותיה ובדרכי התבטאותה. יתירה מזו, תהליך התשובה מתחולל בתוך האדם, והוא יוצר שינוי פנימי בערכיו ובדרכי חייו; כך נוצר נתק בין האדם, שכעת נעשה בודד יותר וחשוף יותר מאי־פעם לעצמיותו, לבין דמותו הישנה, הבנויה על התקשרויות ויחסים עם העולם שמחוצה לו.

אין ספק כי אין אדם מסוגל להינתק מהשפעתה של החברה הסובבת אותו. ודאי, ככל שהקשר הרגשי והמעשי הדוק יותר,

כן רבה השפעתו. אך גם כאשר היחסים רחוקים, צוננים וטכניים בלבד, לכאורה — אין האדם יכול להימנע מהשפעה במידה זו או אחרת. יתירה מזו, ניסיון החיים מראה, כי גם כאשר מצוי אדם בתוך סביבה עויינת, ואפילו כאשר הוא מרחיק את עצמו במודע מן החברה או מורחק ממנה — לא פגה השפעתה עליו. עם זאת, השפעתה זו של הסביבה יכולה להיות אף הפוכה; כשם שהסביבה והחברה משפיעות על המצוי בהן ומביאות אותו להתקרב אליהן במידת מה, כך יכולה גם הסביבה שאינה מזדהה עם הפרט שבה להביא לחיזוק עצמיותו ולתוספת הדגשה על תפיסת עולמו ודרך חייו, וליכולת טובה יותר לעמוד לפני מכשולים וניסיונות. אך בכל מקרה, החיים בחברה מסוימת — ואפילו בשוליה — יוצרים מגע, יחסים וקשרים בלתי נמנעים.

הכוחות המנוגדים הללו קיימים ופועלים לעצמם, בלא קשר להערכה האובייקטיבית — מה ראוי ומה נכון לעשות בנושא זה. עדיין, קיימים כמה וכמה שיקולים מעשיים והלכתיים כאחד, שכל בעל תשובה צריך להביאם בחשבון, ולנסות ולכוון לפיהם את דרכו.

מסגרת תומכת

הבעייתיות הכרוכה בכל מערכת של יחסים חברתיים קיימת לגבי כל אדם, והאדם מישראל בפרט, אך היא מקבלת משנה־משמעות אצל בעל התשובה. בעל התשובה אינו 'יורש' עולם של ערכים ואורחות התנהגות, אלא מנסה להיכנס אל תוכו ולעצבו. רגישותו בנושאים רבים גדולה יותר, והוא נזקק יותר לתמיכה חברתית. מבחינת ההלכה בלבד זקוק האדם בישראל בזמן הזה לשתי מסגרות יסוד לפחות — המשפחה, ליישום מערכת המצוות הנוגעת לחיי המשפחה וכל הכרוך בהם, והמניין — לקיום הקשר ההכרחי אל היהדות בבחינתה כעדה, כקהל ה', הבא לביטוי בעשרת האנשים המתפללים יחדיו. ואולם אין די לאדם בכך. הוא זקוק למקום שבו יוכל ללמוד, לתשתית חברתית שבה יוכל לחנך את ילדיו, למערכת של כשרות, מקווה וכיוצא

באלה; ומבחינה רוחנית — לחיזוק התודעה וליצירת דפוסי חיים.

כאמור, השלמה רוחנית זו מצד החברה חשובה במיוחד לבעל התשובה, ואף חיונית לו. לחיזוקה של התודעה והחוויה נזקק אדם כדי להשלים את החסר לו מבחינה רוחנית ורגשית. גם מי שעשה את דרכו אל היהדות לבדו, מי שגבר על המכשולים הנפשיים והעיוניים בכוחות עצמו, יודע מטבע הדברים תקופות שפל. מצבי רוח, דאגות ובעיות הם מנת־חלקו של כל אדם, ובתקופות כאלה נפגעים גם צדדים אחרים של חיי הנפש הרוחניים. וכמו כן — שגרת החיים מקהה מדי פעם את חדותן של חוויות, וגורמת לחזרה מכנית כמעט, בלא מעורבות נפשית ותודעתית, על טקסים ומנהגים. מבחינה זו, קיומה של החברה המזדהה משמש כלי לייצוב רמתו של היחיד. ירידתו הארעית של האחד מתאזנת בהתגברותם והתעלותם של אחרים, והכלל מושך אחריו את היחידים הנחשלים ואינו מניח לירידה להגיע לידי נפילה של ממש. ובכלל, מכיוון שבאישיותו של כל אדם יש נקודות תוקף ונקודות תורפה, הרי הוא מסוגל לתרום משלו לחיזוקו של הכלל.

חשיבותה של המטרה השניה רבה אף יותר לבעל התשובה — יצירת דפוסי חיים. מכלול המצוות כולן אינו אלא מסגרת — שלד לבניית החיים. את המסגרת הזאת ניתן לערוך בצורות שונות, בגוונים דקים אך מרובי משמעות ושונים זה מזה. יצירתה של תבנית חיים, העטת עור, גידים ובשר על גבי השלד העקרוני היא עניין של ניסיון, ואין היא נעשית כראוי לה אלא כאשר יש לו לאדם דגמים — דוגמאות אנושיות חיות שיוכל ללכת בדרכן. אין זאת אומרת שאדם חייב לנהוג כמעשה הקוף, ולחקות את התנהגותם של אחרים בכל. אלא שדוגמה חיה מלמדת ומועילה יותר מכל ידיעה תיאורטית; והוא שאמרו חז"ל, "גדול שמושה יותר מלמודה" (ברכות ז,ב). לפי שהמשמש תלמיד חכם אמיתי ושרוי במחיצתו — מקבל בכל רגע הוראה והדרכה, לאו דווקא בדיבור מפורש, אלא בהדגמה חיה כיצד עושים וכיצד נוהגים.

כל השיקולים הללו מחייבים את בעל התשובה להשתדל למצוא לעצמו מסגרת חברתית — יהודית במהותה — ולהשתלב בתוכה. גם כאשר כל מערכות היחסים החברתיים הקודמות עומדות, לפחות למראית עין, בעינן, יש צורך למצוא את המסגרת הנוספת, מסגרת לחיי הנפש והגוף היהודיים. בחירתה של מסגרת כזו אינה קלה ופשוטה. לרוב נתקל אדם, אגב דרכו, בקבוצה חברתית אשר ביכולתו להתקשר עמה — בין שהדבר נובע מקרבה גיאוגרפית, כגון מניין בבית־כנסת סמוך, או מתוך קשרי היכרות מקריים. לעתים די לו במסגרת הזו למשך תקופה ארוכה, ואפילו לכל ימי חייו. אך עצם ההתקשרות הראשונה, אין פירושה בהכרח שיהא קשר זה מתמיד וקבוע, ולעתים ראוי לו לאדם לחפש במקומות אחרים, עד שימצא לעצמו חברה המתאימה לו מכל הבחינות.

חברה מתאימה, אין פירושה תמיד חברתם של האנשים הגדולים, החשובים או אף הצדיקים ביותר, אלא חברה שיש בה כדי לתת לו את מירב היתרונות אשר חיי החברה עשויים להציע. בעניין זה יש לקחת בחשבון שני גורמים משמעותיים, הבאים לידי ביטוי במימרת חז״ל: ״עשה לך רב וקנה לך חבר״ (אבות א,ו).

עשה לך רב

עצם הביטוי ״עשה לך רב״ מובנו שאדם צריך לקבוע לעצמו ולבחור מישהו שיהיה לו לרב, מורה, מורה־דרך. קביעה כזו היא שרירותית, לעתים קרובות, שכן מטבע הדברים אין אדם מסוגל לבדוק ולבחון תמיד את רבו ולעמוד על היקף ידיעותיו, וכל שכן על מידת הרוחניות היהודית שבקרבו. ולמרות זאת, אף שבחירת הרב עלולה להיות מקרית ותלויה בגורמים של הזדמנות ושל קשר אנושי — יש בה חשיבות מרובה ויש להקדים לעשותה. כל עוד הרב הוא אדם שראוי ללמוד ממנו (ועניין זה אינו נוגע רק לריבוי הידע, אלא למעלה מזה — אמינותו הפנימית של האדם, הזדהותו באמונה ובמעשה עם הדברים שאליהם הוא

מחנך ואותם הוא מלמד) — אין הבדל אם הרב הוא גדול הדור בכל מובן, או שיש רבים הגדולים ממנו בתורה או ביראה. חזקה על רב ירא־שמים, שבכל עת שיתקל בבעיה שאין הוא מסוגל לפותרה — אם הלכתית או מעשית — ילך בעצמו וינסה לברר את הפתרונות אצל אלה שיש בידם לעזור. כלל גדול הוא בכל תלמיד חכם הראוי לשמו, שהוא יודע ומסוגל לומר "איני יודע".

לעומת זאת, כאשר אין אדם 'עושה לעצמו רב' אלא מחפש ומשוטט בין האנשים, שומע את דעותיהם השונות ומנסה להגיע לאיזה סיכום עצמי — הרי שבפועל אין לו רב כלל. לעניין זה חשוב, שאם אדם מקבל על עצמו מורה — יקבל אותו ואת הוראותיו במלוא הרצינות והשלמות, הן להקל והן להחמיר. וכללית — אין ראוי לאדם לשאול מפי הרב, כאשר אין הוא מוכן לקבל על עצמו את המענה, יהא אשר יהא.

בחירתו של רב אינה רק עניין של מציאת כתובת להיוועץ בבעיות הלכתיות מסוגים שונים, אלא לא פחות כדי לשאול בדברים שאינם 'הלכתיים' במלוא מובן המילה; בתחומי הביניים שבין האסור והבלתי־ראוי, המותר והראוי לשבח. תחומים אפורים כאלה הם המקום שבו עלול אדם להפוך ל'נבל ברשות התורה', כביטוי החריף של חכמים בעניין זה. 'עשיית רב' היא, אפוא, מציאתו של מדריך המסוגל לעזור בפתרון בעיות, בהתרת ספקות ובהתגברות על קשיים מסוגים שונים. יש לזכור כי אין הכוונה שאדם יטיל את מלוא כובד בעיותיו על אחר, ושינסה לפטור את עצמו מכורח המחשבה או מכאבי ההחלטה. אין אדם רשאי — ולאמיתו של דבר אף אינו מסוגל — 'להשאיל' את מוחו וליבו לאחר ולהיעשות ככלי דומם, שדברים מוחלטים מעל גביו. בעיות וקשיים, התלבטויות ושאלות קיימים גם אצל אדם המצוי אצל גדולי ישראל ומקבל את מרותם. אלא שתפקידו של המורה לשמש קנה־מידה אובייקטיבי; הוא מקורב לתלמידו ואוהד אותו, אך אין דעתו מוטה ואין לו אינטרס אישי, וכך ביכולתו לסייע למתלבט להגיע לידי מסקנה נכונה.

קנה לך חבר

הוא הדין לגבי "קנה לך חבר". חברה יהודית בעלת משמעות, היא כזו שאדם נקשר אליה ומקבל על עצמו לא רק צדדים הלכתיים או פורמאליים־טכניים שלה, אלא גם נורמות של דרכי חיים. דברים רבים הקשורים בחברה היהודית, אין להם כשלעצמם גדר הלכתי מוחלט, או שאינם קשורים כלל לגדרי הלכה. הדברים יכולים לגעת בנושאים שוליים, כלבוש וצורות התבטאות, ואף דרכים לבילוי שעות הפנאי. וכאמור, ההשתלבות בחברה היהודית אינה מתמצית אך ורק בהימצאות בחברה, באותם מקומות ובאותם עניינים המחייבים שהייה בציבור (מניין, לימוד וכיוצא בהם); אלא במאמץ להיכנס לאורח חיים מוגדר. שכן, נוסף לכל המעלות הרוחניות הטמונות בהימצאות בתוך חברה תומכת ומסייעת, הרי גם לקביעת דרכי חיים ואופני התנהגות מוגדרים נודעת חשיבות רבה. מצד אחד — חשוב הדבר כלפי חוץ: העולם הסובב את האדם מגדיר אותו בדרך כלל לפי חלוקות מקובלות ודפוסי התנהגות. אדם המתלבש באורח מסוים או מתנהג בצורה מסוימת גורר תגובה מיידית, מודעת ובלתי־מודעת, מצד הסביבה. הוא מקרב אליו את הקרובים לו, מתרחק מן הרחוקים ממנו, נעזר (לא תמיד מרצונו) בזרים, ונמנע מפיתויים רבים. וכך הוא מגיע לקרבה רבה יותר עם האנשים שרצונו להיות קרוב אליהם.

מצד אחר — יש לדבר חשיבות מרובה מבחינת האדם עצמו. כאמור, בתחומים רבים בחיים אין ההלכה אלא מסגרת כוללנית למדי, המשאירה מקום נרחב למדי של חללים ובעיות שאין להן פתרונות חד־משמעיים. בהיעדר מסגרת חברתית היוצרת את דפוסי ההתנהגות באותם שטחים, נוצרים לא אחת מצבי מבוכה, מתח ואף סתירות עמוקות. שכן, לעתים רואה האדם בדרך התנהגות מסוימת דרך ניטראלית במהותה, שאין לה כל משמעות מרחיקת לכת; ואמנם, לא אחת יש בקביעה זו מן האמת מבחינה עקרונית מופשטת. אולם במהלך החיים מביאים צורת התנהגות, אופן לבוש או מקצוע מסוים למסקנות מעשיות

ועיוניות, ואלה יוצרות קונפליקט בין מה שאדם חושב לטוב וישר לבין מה שהוא נוהג למעשה. ויותר ממה שבעיה זו גורמת קשיים לאדם היחיד, היא מכבידה על מסגרת המשפחה הרחבה יותר. היחסים שבין איש לאשתו, קביעת דרכם של הילדים וחינוכם — באלה מתגלים הבקיעים הנוצרים במערך חייו של האדם. סתירה או חוסר עקביות שאדם יחיד יכול להתמודד עימם ביחידות, מתגלים כתהומות מסוכנים שאנשים אחרים נתקלים בהם ונכשלים בהם. ההשתלבות בלב שלם במבנה חברתי מוגדר היא, אפוא, הגדרת משנה של החיים היהודיים, החשובה ואף הכרחית כאשר אדם מתכוון באמת ובתמים לחיות את חייו בדרך היהדות.

השתייכות חברתית

וכאן, הן לעניין הרב, ויתירה מזו — לעניין החבר והמערכת החברתית, יש להכיר את הגורם האחר — האנושי הפרטי. הרי אין בני אדם דומים זה לזה בדעותיהם ובאופיים, ומשום כך רגשות של קרבה או חיבה אינם מותנים רק במבנה אובייקטיבי מסוים, אלא בקרבת נפש סובייקטיבית. אין אדם יכול לצוות על עצמו לחוש רגשות קרבה מיוחדים כלפי מישהו — גם כאשר הוא סבור כי מן הראוי לעשות כן. ודאי, קיימת שליטה מסוימת בדבר, ואדם ש'ליבו ברשותו' פותח את לבו אל הראויים לכך, אבל גם בתוך מסגרת זו קיימים אנשים קרובים יותר וקרובים פחות. וכלל גדול בבחירת חברה מתאימה — שאין לחפש רק את זו הראויה מצד מעלותיה, אלא אף את זו היוצרת הרגשה של קרבת־נפש. יש הבדל גדול בין מניין אקראי של עשרה מישראל שנזדמנו יחדיו, לבין עשרה אנשים שהם עדה אחת, ששוררים ביניהם יחסי נפש, ואשר דרכי הגבתם לדברים רבים משותפות.

מניין ואף ציבור יכול להיות רק מיצבור של יחידים; ואילו עדה היא יחידה אחת, שפרטיה הם בבחינת אברים בתוכה. ומחמת הקשר הנפשי ביניהם — זרימתה של ההשפעה הראויה

פועלת באינטנסיביות רבה יותר. אשר על כן, בכל בחירה של סביבה ראוי לאדם לשאול את עצמו לא רק אם יש לו הסכמה אידיאית עם אותה קבוצה, אלא אף אם יש לו יחס נפשי־אישי אל חבריה. כאשר שורר יחס שכזה, יש מקום להדקו ולפתחו, ואילו כאשר אין אדם מוצא יחס עם אנשים אחרים — גם אם הם מכובדים וראויים בעיניו — מוטב שימצא לו מקום שבו יוכל להשתלב בצורה טובה יותר.

עשה לך!

בחירתה של חברה מתאימה היא, אפוא, עניין חשוב וצעד חשוב מאוד בדרך להשתלבות שלמה בתוך מערכת החיים היהודית. אלא שיש מקום להדגיש כאן את משמעות המשפט "עשה לך רב וקנה לך חבר". אין מדובר כאן במציאה, בדבר הבא לאדם במזדמן, או אפילו אחרי חיפושים ממושכים, אלא בתהליך של עשייה, לאמור: תהליך שיש בו החלטה אישית והכרעה רצונית. שכן מי שיקדיש את זמנו לחיפושים אחר החברה המתאימה והשלמה, או אחר הרב המושלם בכל המעלות — עשוי למצוא את עצמו נע ונד שנים רבות, ואף כל חייו. דבר זה אמור בפרט לגבי בעל התשובה, שהוא ממהותו אדם היכול לנתק את עצמו ממסגרת חברתית ומחשבתית מסוימת, ויכולתו זו שלא להלך תמיד בנתיב הכבוש — עשויה להביאו אף לקיצוניות של תהייה בלא סוף. "עשה לך רב" היא גם הוראה להגיע לידי החלטה בנושא זה, לקבוע מסמרות ולא להמשיך בנדודים. אנו יודעים על אישים חשובים ש"עשו להם רב" וכפפו את עצמם לפני מי שהיה מבחינה מסוימת במדרגה גבוהה יותר, אף שהם עצמם היו אישים גדולים לעצמם, ויכלו גם הם לתרום משלהם לאחרים. אף על פי כן, הם חשו בצורך לקבל מרות, כחלק מהשלמת אישיותם. "עשה לך" היא, אפוא, הוראה לעשות, ליצור החלטה מרצון, על אף הקשיים והבעיות השונות, הכרוכים לא אחת בהחלטה לאחוז בנקודה מסוימת. אכן, קורה שאדם מוצא לעצמו לאחר זמן־מה חברה אחרת ורב אחר, אלא שעליו

להשתדל מראשית להיאחז באחיזת קבע ולבנות לו בניין רוחני יציב, בכל הדבקות שיכולה להיות לו. שכן אף על פי שאין בקשר כזה משום התחייבות נצח, אין לעשותו קשר ארעי של בחינה וניסיון בלתי פוסקים.

לאחר הבחינה הראשונית, אם אמנם יש לאדם קשר למקום או לאדם זה או אחר, מן הראוי לבסס את הקשר הזה, לטפחו ולהוסיף ולבנות על גביו. והוא שאמרו חז"ל, "כל הקובע מקום לתפילתו אלוקי אברהם בעזרו" (ברכות ו,ב). קביעת מקום שכזו, לתפילה, לתורה ולחברה, היא הכלי לקבלת עזר מאלוקי אברהם, המסייע למחפשים.

המעגלים הישנים

יצירת קשרים ומציאת חברה חדשה של ידידים קרובים במסגרת החברה היהודית, פותרת אמנם את בעייתו של היחיד המחפש את דרכו מבחינת הרקע והסיוע. עם זאת עומדת בעינה השאלה, מה לעשות וכיצד להתייחס לכל מערכת הקשרים הקודמים שלו. בעניין זה אין כללים קבועים היפים לכל, אלא תנאים חיצוניים, כאופי ואישיות, משפיעים על בעל התשובה לכיוונים שונים.

משום כך, יש בני־אדם שטוב להם ליצור חתך ברור, חיצוני וניכר במהלך חייהם. מוטב להם להחליף, ולו לזמן מה, את המסגרת החברתית כליל, על מנת שיוכלו לחזור (במידת הרצון או ההכרח) אל המסגרת החברתית הקודמת — כ'אדם אחר', אשר דעותיו ודרכי התנהגותו עברו שינוי, ואשר על החברה לקבל אותו בדמותו החדשה ובאורח־חייו השונה. דווקא אנשים הססנים ורגישים, טוב להם לבחור בדרך זו, משום שעל־אף הקשיים הנעוצים בה, היא מסייעת להם להגיע לידי יציבות נפשית וחברתית טובה ושלמה לאחר זמן. שלבי ההתלבטות והמעבר קשים לאדם עצמו, ומערכת יחסים עם החברה הסובבת, המשתנה חדשות לבקרים — רק מכבידה על מצב מסובך בלאו הכי. הרי השינוי אינו מתמצה רק בדעות מופשטות,

אלא אף בדרכי התנהגות. בדיחות, בילוי משותף ואכילה בצוותא אינם יכולים עוד להיעשות במתכונתם הקודמת, ובאמצע הדרך קשה לו לאדם לפרוש מן הציבור, ועל כן הוא מכניס את עצמו למצבי מתח מיותרים. הקושי עשוי להיפתר בניצולם הנכון של 'פסקי־זמן' העומדים לרשות האדם בין כה וכה: יציאה לחופשה, נסיעה למקום אחר לזמן מה — אלה נותנים לאדם אפשרות לחזור בדמות חדשה, במעט או בהרבה.

אכן, לא כל אדם יכול — אם מצד אישיותו וקצב התקדמותו, ואם מצד גורמים חיצוניים — לבצע ניתוק שכזה. במקרים אלה טוב שיחליט באילו דברים דעתו נחרצת, ולגבי אותם נושאים יבהיר לחבריו, מפני מה אין הוא יכול עוד לנהוג כפי שנהג עד כה, או להשתתף באותם אירועים ובילויים כמקודם.

מובן, כי אדם העומד באמצע הדרך שרוי במצב מגוחך במקצת, כאשר חבריו יכולים להעיר לו — ובצדק — כי אין התנהגותו עקבית כלל ועיקר, וכי הוא בורר לעצמו דברים אחדים ונוהג היתר באחרים. ועם זאת, מוטב לו שיבהיר את עמדתו ולא ינסה לתרץ את התנהגותו בשורה ארוכה וסבוכה של תירוצים. תירוצים כאלה אינם מוצלחים תמיד, לעתים קרובות הם שקופים ומעוררים גיחוך רב יותר, והם אף מסבכים את האדם הנוקט בהם בסבך של שקרים קטנים וגדולים, ובפשרות בדברים שאינו רוצה להתפשר בהם. מי שהחליט, דרך משל, ששוב אינו נוסע בשבת, טוב לו שיודיע זאת לחבריו. בסופו של דבר הבהרה כזו מסייעת גם לו וגם להם. יתר על כן, לעתים מגלה האדם החושש מפני ניגוד מעמיק וקטטות, כי חבריו הקרובים מסוגלים להבין ואף לסייע, גם כאשר אין הם עצמם הולכים באותה דרך.

הטפה ושכנוע

בעיה אחרת היא שאלת התייחסותו האישית הנפשית של הפרט אל החברה. לא פעם בעל התשובה נלהב מאוד, ולעתים

מגלה תמימות רבה בדרכו החדשה. התלהבות זו יכולה ללבוש צורה של הטפה בלתי פוסקת ושל הצקה לחבריו הקרובים, שינסו גם הם "לטעום מעץ החיים". מצד אחד, יפה לו לאדם שמצא את דרכו, שהוא רוצה לזכות את בני משפחתו ואת ידידיו באותה זכות. ואדם הצומח מתוך חברה כלשהי — יש לו לפעמים יכולת שכנוע גדולה יותר מאשר לכל אדם אחר. ועם זאת, עליו להיזהר שלא יפריז, שלא ימאיס את עצמו על הכל ולא יהפוך למטרד חברתי.

נוסף לצדדים האנושיים האחרים, יש בכך גם עניין של קידוש־השם, או להפך — חילול־השם. בעל התשובה המוצא את דרכו, ומתחיל להטיף ולהוכיח באוזני הרבים — הריהו לעתים בבחינת 'דל גאה' — שאין ברשותו דבר שלם המצדיק התגאות — מאותם שאין הדעת סובלתם, ובמקום לגרום לקירוב הוא מביא לריחוק. בתחומים אלה ובאחרים "הצנע לכת" היא מידה משובחת, ודוגמה אישית מדברת יותר מכל דבר הטפה ודרשה. אם בעל התשובה אכן רוצה לעשות דבר מה, עליו להשתדל בעיקר להיות, כמאמר חז"ל "אהוב למעלה ונחמד למטה" (ברכות יז,א) — ביחסיו עם בני־האדם, במילוי חובותיו ומעבר להן, ובכך הוא זוכה לעתים להיות ממזכי הרבים באמת.

מסורת האבות והמשפחה

מנהג אבות

מבחינת הקשר עם המסורת היהודית, דומה בעל התשובה לאדם שלא היו לו הורים. מסורת האבות – עם כל מה שיש בה מבחינת התכנים, הגישות ההלכתיות והמעשיות, מבחינת נוסחאות תפילה ודרכי חיים – כל אלה אינם קיימים בדרך כלל אצל בעל התשובה. יהיו הגורמים שהביאו אדם לידי תשובה אשר יהיו, מכל-מקום הוא חש הכרח להתחיל דברים רבים מבראשית. רק לעתים רחוקות קורה שבתשובתו זו חוזר בעל התשובה אל נקודה כלשהי בעברו ומתחבר עמה. בדרך כלל שרשרת הרציפות של דורות מקבלי מסורת נקרעת בדור מסוים, ועל בעל התשובה להתחיל במערכת זו מחדש.

כאן ראוי לציין, כי למרות הפירוט העצום הנהוג בהלכה, אין היא מגדירה את כל אופניו ודרכיו של אורח-החיים הדתי. בתחומים רבים (כמו בנוסח התפילה מצד אחד, או אפילו בהלכות טרפות מצד אחר), אין ההלכה מסתפקת בהצעת דרך

לגיטימית אחת. בדרך כלל קובעת ההלכה, כי על כל אדם להמשיך את מנהגי אבותיו, בין להקל ובין להחמיר. אך לא מדובר רק בפרטים המוזכרים בהלכה, ותלויים במנהגי המקום או המשפחה, אלא במספר עצום של פרטים אשר אינם שייכים לתחום ההלכה. בתחומים רבים בחיי הדת אין ההלכה מתערבת כלל: נעימת תפילתו של האדם או צורת כוס הקידוש שלו; הרקמה על תיק הטלית או המאכלים שאדם מכין לחמין של שבת. יתכן שהפרטים הללו אינם בעלי חשיבות מבחינת עקרונות האמונה ויסודותיה, ומשום כך אין אף אחד מהם כרוך בהכרעות הלכתיות כלשהן – אך כיוון שמדובר בחיי היומיום, הרי האדם חייב לבחור לעצמו כיצד לנהוג; המשוטט בבתי-כנסיות שונים או מבקר בבתי משפחות שונות במשך החגים, יכול להיווכח במידת ההבדלים השוררים בין בית לבית, כאשר כל האופנים הללו יפים וכשרים.

מסורת קטועה

בכל הדברים הללו נוהג אדם מישראל להמשיך את מסורת אבותיו, ומיזוג של משפחות או עדות גורם ממילא למיזוג מסרים של מנהגים והרגלים – ואף אלה מעוגנים יפה בתוך שיטות מוגדרות היטב. אולם בעל התשובה אינו יכול להמשיך ולנהוג כאביו, שהרי עיקר תשובתו הוא בשינוי דרכו זו. בדורנו רב מספרם של האנשים שמסורת אבותיהם נקטעה מסיבות אחרות, ואף בציבור הדתי ניכר מניינם מאוד. משום כך, בוחרים בעלי התשובה באחת משתי הדרכים – לעתים הם מצטרפים לקבוצה מסוימת, ובכך מקבלים על עצמם את דרכיה ומנהגי חייה של אותה קבוצה, הן בענייני ההלכה המובהקים והן במסורת ובדרכי החיים הפרטיות; ולעתים בוחרים בדרך הלקיטה: בעל התשובה בוחר לעצמו מנהגים ודרכים ממסורות שונות – אלה שעשו עליו רושם בשעתם, ואלה שהוא חש משיכה אליהן – ואת כולן הוא מצרף לנוסח מיוחד משל עצמו.

שתי הדרכים הללו מעוררות, בלא ספק, בעיות הלכה

מסוימות, ומחמת חידושו היחסי של הנושא, עדיין לא נדון במלוא ההרחבה ועדיין לא הושג לגביו סיכום החלטי, אף לא מבחינת ההלכה. אולם קיימת גם בעיה אחרת, שלגביה אין כל ספק — הבעיה האישית־הנפשית, בעיית ההמשך והמסורת. לבעיה זו נודעת משמעות — לא רק למי שמלקט לעצמו מערכת מנהגים משלו, אלא גם לזה המאמץ לו מערכת מנהגים ומסורות של קבוצה מסוימת ומוגדרת.

יהדות אינה מתמצית בקבלת דרך אישית בלבד; חלק עקרוני וחשוב טמון בקשר האמיץ עם הדורות — העבר והעתיד גם יחד. ההתקשרות אל היהדות, עם כל היותה מצד אחד אישית־אינדיבידואלית מאוד, הרי יש בה תמיד גם קשר אל דורות אין־ספור של אבות. ההתחברות למסורת אינה יכולה להיעשות רק באורח מופשט לחלוטין, לעולם יש צורך בקשר קרוב, אישי יותר עם המשפחה — אבות ודורות קדומים. יתר על כן, כל אלה, גם אם אין בעל התשובה מכיר בחשיבותם מיד, גוברת משמעותם כאשר מנסים להעביר את ערכי המסורת אל הדור הבא. בפרטים שונים, כמו בגוף ההלכות, אין מדובר בהעברת מידע בלבד, אלא בהעברת דרכי חיים מהאבות לבנים, ולכן נוסף לו גוון אישי וקשר אנושי. חיים המתנהלים רק 'לפי הספר' (יהא זה ספר הלכה או ספר מנהגים) הם נוקשים וחסרי חום.

יתירה מזו — מנהג מקבל את חיותו מעצם היותו כרוך בזכרון — באדם, במאורע או בחוויה אישית. אי־אפשר לזכות באלה כאשר נצמדים אל נוסח שאול מאחרים. דווקא כאשר נתקל האדם בבעיית ההמשכיות בחיים, מתברר לו כי דבקות מקרית למדי בקבוצה מסוימת, לא תמיד מובנת בעיני בני דור אחר. האחיזה בקבוצה המאמצת מתרופפת בהכרח, משום שאין לה שורשים ויסודות. אף בעיית ההגדרה האינדיבידואלית של התא המשפחתי, של החברה הקטנה, אינה מוצאת פתרון מוחלט בהיאחזות במסורת סתמית של קבוצה כלשהי, שהרי היא אינה מעניקה לאדם אותה מידה של ייחוד ועצמיות שחייו תובעים. דווקא בתוך החברה המסורתית באמת, שבה המסורת היא עניין

של חיי היומיום, אין השתייכות סטריאוטיפית לקבוצה. הקבוצה האחידה, שכל כולה "שפה אחת ודברים אחדים" (בראשית יא,א) אינה קבוצה של מסורת, אלא של טוטליטאריות — עתיקה או חדשה — שאינה מבטאת חיים שצמחו בדרך הטבע, אלא מנגנון מכאני ולא אמיתי.

דמות ה'סבא'

בגלל טעמים אלה, חשוב ביותר שאדם החוזר לחיי דת יהודיים שלמים לא יוותר על מציאת שורשיו ומקורותיו המשפחתיים, ההיסטוריים והעדתיים. אנשים רבים מכירים את דמות ה'סבא', לא רק כדמות מתוך האגדה המשפחתית, אלא אף כאישיות חיה, שאפשר להתחקות אחריה, ובמובן מסוים להמשיך אותה. אך גם מי שאין לו 'סבא' ממשי שכזה, מן הראוי שיחשוף את שורשיה ההיסטוריים של הוויתו היהודית, וינסה ככל האפשר למצוא קשר עימם.

מתן משמעות לחיפוש זה, אינו רק בבחינת הסכמה שלאחר מעשה לריבוי הצורות של המסורת היהודית — אלא קבלתו של הפלורליזם שבתוכה. גם בחזון המשיחי של הנביא יחזקאל, על-אודות בית-המקדש שלעתיד לבוא, מצויים שערים שונים לשנים-עשר שבטי ישראל, וגדולי החכמים אף דיברו על כך, שאכן קיימים שערים נבדלים לאנשים שונים. שערים אלה אינם תוצאה של חוסר יכולת להגיע לידי אחדות, אלא הם ביטוי חיובי לשוני שבין בני-האדם, לצורך להביא שוני זה לידי ביטוי לכל קבוצה, לכל משפחה, לכל בית אב. חכמים אף הגדילו ותיארו את תפקידו של אליהו הנביא בבוא הגאולה — להחזיר את בני-ישראל, איש איש אל שבטו ומשפחתו — "איש בנחלת מטה אבותיו ידבקו בני ישראל" (במדבר לו,ז). אחדות ישראל יכולה להתקיים אך ורק כאשר השבטים הנבדלים יכולים להבליט את ייחודם ולהתקשר ולהתייחס זה על זה מתוך חיזוק מקוריותם, ולא מתוך טשטושה.

החיפוש אחר השורשים, אף במובנו ההיסטורי הפשוט

ביותר, עשוי להיות חוויה משמעותית, הן במישור האישי והן במישור הדתי. אולם גם מי שאינו מוצא בחיפוש זה משמעות, ראוי לו לחפש את שורשיו ולנסות לדבוק בהם במידת האפשר. יחוסה של משפחה אינו רק עניין של התפארות ריקה — שכן היחוס משול לתואר אצילות, שמשמעותו העיקרית היא נטילת אחריות מרובה, ולא כבוד משפחתי בלבד. מי שמגלה את שורשי משפחתו באדם גדול, אינו קונה לעצמו רק נושא להתרברבות, אלא אף דמות הדורשת יחס ולעתים אף חיקוי; ובכל מקרה תובעת דמות זו יחס של השוואה. לא פעם משמשת אחיזה כזו עזר רב לאדם השרוי במצוקה רוחנית או חש התערערות פנימית. במקרים אלה משמש הקשר המתמשך עד לדמות מסוימת נקודה של ביטחון וחיזוק, נקודה של יחס שאפשר להיזכר בה ולמצוא קשר אליה.

אין מדובר דווקא באנשים שהיו אנשי־שם או גדולי עולם. דמות של אדם מן העבר, שהיה שלם עם עצמו ועם עולמו — בין אם הוא אדם שהשאיר זכרון אישי חי או דמות המשוחזרת מזכרונותיהם של אחרים — משמשת לא פעם נקודת אחיזה, חיזוק ומחויבות. בקשר מסוג זה יש הרחבה מסוימת של מצוות כיבוד אב ואם, שהיא, כפי שאמרו גדולי הדורות, המצווה המוטלת על הענף לכבד את השורש שממנו ינק וצמח. כיבוד אב ואם והדורות שקדמו להם מתקשר בכך ב'כיבוד המקום' — בתפיסה אחרת של התקשרות עם המקור, שממנו נובעים חייו של האדם. חיזוק הקשר שלו עם עברו הוא חלק מהתחברותו המחודשת אל מקורות החיים היהודיים בכללם.

ירושת אבות

נוסף לקשר הזכרונות (ומעין הזכרונות) לאנשים מסוימים במשך הדורות, יש חשיבות מעשית רבה לניסיון לבנות קשר עם נוסחם של האבות והדורות שקדמו להם. גם מי שאינו יכול לבנות לעצמו קשר שלם עם הקבוצה והחברה אשר אבות אבותיו נמנו עמה, הרי הוא יכול לאמץ לעצמו חלקים מסוימים

של ההלכה ומנהגי האבות. מבחינת ההלכה, שמירתם של מנהגים כאלה אינה חובה — בגדר הליכה בעקבות מנהג המקום או מנהג המשפחה, משום שהניתוק בין הדורות כבר אירע — אולם עדיין יש לה משמעות רבה. מצד אחד הידיעה כי נוהג, נוסח או סגנון כלשהו בא לו מאבות אבותיו — מעניקה להם את גוון החיות והחיוניות הנחוצים כל כך לשמירתם של חיי היומיום. פרטים שונים, ואפילו אינם חשובים כשלעצמם, מקבלים טעם אחר כאשר הנוהג בהם יודע, כי הוא שב ונוהג כמנהג אבותיו; כך נעשית החזרה על נוסח או מנהג ידוע לא מצוות ספר קרירה, אלא נוספת לה תחושת החום והקרבה. גם אם אדם לומד את מנהגי אבותיו ואת דרכיהם מתוך הספרים, עצם העובדה שהוא מחדש בתוכו דבר מה הקשור אליו בקשר פנימי, מעניקה לו משמעות אחרת.

מצד אחר, שלעתים אינו כה גלוי אך הוא חזק יותר, קובעת עוצמת יחסה של המשפחה אל הנוסח המסוים את יחסו של הפרט אליו. השבטים השונים נכנסים כולם למקדש אחד מבעד לשערים רבים, אף שהם יכולים מן הסתם להיכנס גם בפתחים אחרים; הדרך המתאימה ביותר היא מבעד לשערם שלהם. בחירתה של קהילה מסוימת או שבט יהודי מסוים בנוהגים ידועים, בלחנים מסוימים או בנוסח ידוע אינה שרירותית בלבד. ברירה טבעית של דורות רבים משכיחה דברים שלא נוצר אליהם קשר ומשאירה את זכרונם ואת קיומם של דברים אחרים, הקשורים אל הנוהגים בהם בקשר עמוק יותר. גם אם לא תמיד נעשית הבחירה הזאת מתוך ידיעה שלמה של כל הגורמים הקשורים בדבר, מכל מקום יש יחס פנימי בין הנוהגים בדרך זו — המשפחה, העדה או בית הרב — לבין דרכיהם ומנהגיהם. ומשום כך, החוזר אל יהדותו, החוזר אל שורשי הוויתו הראשוניים, יש בו תהודה גדולה ועמוקה יותר לאותם אופני ביטוי השייכים לשורשיו הפרטיים, ועל כן ימצא בהם דרך שלמה יותר אל מהות עצמו.

החיפוש

התחקות זו אחר שורשי המשפחה ומנהגיה, יכולה להיעשות בדרכים שונות. פעמים מתגלה לאדם בבירורו זה, כי קרוביו ובני משפחתו עשויים להיות יותר מאשר מכרים מקריים גרידא. לעתים פגישה כזו פותחת לאדם דרכים חדשות להכיר את עצמו טוב יותר בראי דורות אחרים. כך אפשר להסתייע בספרים המספרים על מקומות, כפרים וערים שבהם ישבו בני משפחתו, על מנהגי מקומות שמהם מוצאו וכיוצא באלה.

וכמובן, יש לנהוג מידה רבה של זהירות, שכן גם כאשר נסחפים לעתים בתחושת ההזדהות, קיים מרחק בין הדורות, והפער שנוצר בשל נתוני זמן ומקום, אי אפשר להתעלם ממנו ולבטלו. קירבת נפש שאדם מוצא לעתים עם מישהו מאבותיו, או הרגשת חמימות ו'בית' שאדם מוצא בחברה מסוימת, אין פירושם בהכרח זהות גמורה. חשוב שלא להיתפס לגינונים חיצוניים, אלא לנסות ולהבין דברים מתוכם. ובלי ספק, לפעמים אין אפשרות 'לחזור' במובן זה אל העבר, גם אם רוצים בכך. ואף על פי כן, אחיזה מסוימת בשורשים, אף כי אינה חלק הכרחי בדרכו של אדם, יש בה תועלת מרובה. דווקא בעל התשובה אשר מבחינות רבות מנתק את עצמו מקשרים רבים, חשוב שייצור כנגדם קשרי זהות וקירבה חדשים. טוב לאדם מישראל, שידע כי על אף הבדידות המהותית הכרוכה בבחירה האישית, האדם מהווה גם המשך וענף של חיים שלמים ועולם מלא.

המשפחה בהווה

תהליך החזרה בתשובה, הכולל בתוכו נסיון למציאת השורשים ויצירת קשר אחדות עם דורות קודמים, עלול להביא איתו גם מידה רבה של בעייתיות, מצד דורות אחרים. אותו אדם, שבמידה מסוימת מחבר מחדש שרשרת דורות שנותקה, ומגיע למגע חדש עם רציפותה ההיסטורית של משפחתו, יכול ליצור באותה שעה עצמה ניתוק חמור בינו ובין משפחתו הקרובה — הורים, אחים ואחיות, ושאר קרובים.

מובן כי אין בדברים הללו מתכונת קבועה. פעמים רבות קורה שמי שהעז והלך בדרך הקשה, מגלה דווקא שבמעשיו ובהחלטותיו הוא מבטא רחשי לב סתומים של הוריו. הם עצמם שקועים יותר מדי בעולם הממשי והרוחני שבו הם חיים, או שעכבות נפשיות, זכרונות ומצוקות נפש מונעים מהם לשנות את מהלך חייהם, אבל עם זאת יש להם יחס אוהד וקרוב אל בנם שהצליח להגשים משאלות לב כמוסות שלהם, המוצפנות היטב בתוכם, ולדלג מעל עכבותיהם שלהם. במקרים אלה יש יחס של אהדה ואפילו עידוד — למרות שהמרחק בחיי המעשה נשאר בעינו.

אולם ישנם גם מצבים רבים אחרים, כאשר ההורים והקרובים חשים כאילו איבדו כל קשר עם בן המשפחה שחזר בתשובה, ונוצרים רגשות שליליים — למן תחושה של נבגדות ושל זרות, עד לחשד ועוינות, ואפילו איבה אישית חמורה. הסיבות ליחס שלילי כזה יכולות להיות שונות מאוד — פעמים שיחס כזה נובע מהתנגדות אידאולוגית תקיפה (שהרי אפילו 'חילוניות' גרידא עלולה לקבל תכונות אופי של אמונה 'דתית', וכל שכן אם הדבר מלווה בהחזקה בדרך רעיונית מסוימת, בעלת ערכים משלה), פעמים שהדבר נובע מרגשות אשמה נסתרים, ופעמים שיש בכך התפרצות מחודשת של איבה סמויה שמקורה הוא פסיכולוגי ואישי. ולעיתים לא רחוקות — מתוך אהבה, כאשר נראה (במיוחד להורים אוהבים), שבנם מעביר את אהבתו לאובייקט אחר ובכך מבצע הוא מעין מעשה של בגידה בהם. לא פעם מזכירה מערכת יחסים זו את המתרחש בין בני משפחה לאחר שאחד מהם מצא לו בן זוג, כאשר עשוי להיווצר מגוון יחסים נרחב: מיחסי קירבה ואהבה ועד לניתוק גמור, לא רק מבן הזוג הזר אלא אף מבן משפחתם.

בעל התשובה (כמו זה שנישא מחדש), עלול למצוא את עצמו בעימות לא פשוט — הקשר החדש שיצר הוא לרוב אינטנסיבי יותר ולוהט יותר, אבל בדרך כלל אין אדם רוצה להיות במצב בו הוא חייב לבחור בין מושאי אהבתו, עד כדי ניתוק קשרים ויחסי קירבה ואהבה קודמים.

אהבה וכבוד

מובן כי לא תמיד תלויים הדברים דווקא בבעל התשובה, ולא תמיד הוא יכול לקבוע מה תהיה מערכת היחסים המחודשת בינו ובין משפחתו. אולם עם זאת קיימים דברים אחדים שכל אדם יכול לפחות להשתדל לעשותם – וחשוב מאוד שבעל תשובה יעשה אותם, למענו, למען משפחתו ולמען יהדותו. לעיתים קרובות שקוע בעל התשובה כל כך בעולמו הפנימי ובבעיות חדשות שלא היה מודע להן קודם לכן, עד שאין לו מקום בנפשו להתייחס לאנשים אחרים. אופן כזה של התנתקות הוא בכל מקרה סימן בלתי חיובי, שכן הקשר עם בני אדם הוא הכרחי וחיוני לא פחות מאשר הקשר עם הקב"ה.

הצעד הראשון שצריך אדם לעשות כאשר הוא עובר למצב חדש הוא לנסות להבין, וככל האפשר לכבד, את האחר. להבין את האחר משמעו בהקשר זה – לנסות ולראות את הוריו ואת שאר בני משפחתו מתוך נקודת הראות שלהם. גם אם סבור אדם שהוא צודק בדרכו, והאחרים טועים – מכל מקום ראוי לו לנסות ולהבין מה הם חושבים וכיצד הם מרגישים. רק במקרים קיצוניים מאוד, כאשר כל פגישה מובילה לריב, יש מקום להתרחקות. בכל מקרה, בעל התשובה צריך להדגיש ולהסביר כי מעבר לעולם רוחני חדש אין משמעו בהכרח בעיטה בכל השייכים לעולם אחר. הדגשה זו נחוצה דווקא משום שלא פעם משנה אדם את אורחות חייו ואת צורת המגע שלו עם אחרים, וככל שהדבר יכול להיות מוצדק מצד עצמו – כך הוא בלתי מובן לאחרים, ועשוי להתפרש על ידם (מחוסר ידיעה או מפני טעמים אחרים) כעלבון, כנטישה, או כניתוק קשר. כאשר אדם מודע למשמעויות הללו, הוא מבין עד כמה הוא צריך לעסוק לאו דווקא בהטפה – אלא בהסברה. להסביר את עצמו, להסביר את נימוקיו, ולא פעם גם להסביר את מסגרת החיים החדשה שלו.

יש לזכור, כי המצוה של כיבוד הורים ושל קירוב הקרובים, אינה תלויה במהותם האישית, אלא בעצם הקשר שביניהם.

חכמים הסבירו כי המצוה לכבד את ההורים היא מעין המצוה של כבוד ה' – הכבוד כלפי היוצר, כלפי שורש החיים. גם מי שסבור שהוריו וקרוביו אינם הולכים בדרך הנכונה, עדיין מחויב הוא לכבדם ולקרבם. כל המנסה לכפות את דרכי חייו על אנשים אחרים אינו יכול לצפות שיקבלו אותו ואת דרך חייו החדשה באהבה. כבר אמרו חכמינו כי "כשם שמצוה לומר דבר הנשמע, כך מצוה שלא לומר דבר שאינו נשמע" (יבמות סה,ב). האיסור על מריבה אינו פחות מאיסורים אחרים, ומשום כך – בכל מקום שדברים עלולים לבא לידי עימות וקטטה יש תמיד מקום להימנע מדיבורים, ולנסות ליישב את היחסים בדרך חלקה ככל האפשר. אין זאת אומרת שבעל התשובה חייב לוותר על דרכו כאשר אין הדבר מתקבל יפה בעיני בני משפחתו, אבל עם זאת הוא צריך להדגיש תמיד את הקשרים ואת יחסי הקרבה למרות כל ההבדלים.

בין ישראל לעמים

עם לבדד

שאלת היחסים שבין אדם מישראל לבין העולם הנכרי, כולו ולפרטיו, קיימת במידה רבה יותר מחוץ לגבולות ארץ־ישראל. שם היא מתבטאת באלפי קשרים של יומיום, קשרים אישיים, חברתיים ורוחניים. חריפותה של הבעיה פחותה יותר בארץ ישראל, באופן יחסי, ואופייה שונה, ועל אף שמספר הנכרים החיים בארץ הולך וגדל באיטיות — השאלה עדיין נוגעת בעיקר לתחום המופשט ולא למעגל יחסי האנוש הרגיל. נושא זה אינו מיוחד, כמובן, לבעל התשובה, שכן כל אדם מישראל נתקל בה בימינו בדרך זו או אחרת; אלא שאדם אשר חייו החברתיים והרוחניים היו קשורים קשר הדוק ואמיץ יותר אל העולם החיצון הלא־יהודי, אפילו אם אלו רק קשרים של תרבות והווי חיים, עשוי להיתקל בה בחריפות רבה יותר.

מערכת היחסים שבין ישראל לעמים אינה פשוטה כלל ועיקר. יש בה מרכיבים עיוניים ועקרוניים, רבדים היסטוריים רבי משמעות, והתייחסות לאומית, חברתית ואישית המשתנה

תדיר. את היחס שבין ישראל לעמים אפשר לראות ולהגדיר בהרבה פנים ובדרכים שונות, אך ביסוד הכל עומדת התפיסה האמורה בתורה בתיאור אודות עם ישראל: "הן עם לבדד ישכון" (במדבר כג,ט). לבדידות הזאת יש צדדים מרובים, ובעיקרה אין היא התבדלות (מתנשאת או אחרת) של חוסר מגע עקרוני ומהותי, אלא הדגשה של 'היות אחר'. שהיא הצד האחר של היות 'אני עצמי', הביטוי החיצוני של המהות הפנימית "קדושים תהיו". היבדלות זו, אין משמעה זרות, ולא כל שכן – שנאה, אלא הדגשת העצמי, במאמץ של התרכזות והתעצמות. מכאן שמערכת היחסים הזאת אינה מושתתת על השאלה, "מה אומרים עלינו אחרים?", אף לא על "מה אומרים אנו על אחרים?", אלא על "מה אנו עושים בעצמנו, בתוך עצמנו?".

מעמד ואחריות

כבר הגדירו קדמונים, את מעמדם ושליחותם של ישראל ביחס לעמים ככהנים המשמשים בקודש, ובלשון הכתוב "ואתם תהיו לי ממלכת כהנים" (שמות יט,ו) בשביל העולם כולו. תפקידו של הכהן להיות שקוע, יותר משאר בני העם, בעבודת הקודש, שהיא עבודתו ומטרתו. הכהונה מטילה על הכהן אחריות כבדה יותר, משימות רבות יותר והתחייבויות מיוחדות. מעמד זה יוצר גם התבדלות והתייחדות בלבוש ובאורח־החיים, הנובעים מן התפקיד. יתירה מזו, מעמד הכהונה מחייב נתינת הדעת לתחומים מסוימים, והסחת הדעת מאחרים. התפקיד אינו מחייב רק התעלות מעל לדברים שיש הנכשלים בהם, אלא גם התרחקות מדברים, שהם כשלעצמם יפים ומקסימים – ואף על פי כן זרים הם למהותו העיקרית של התפקיד ושל האישיות המזדהה עמו. חזונו של ישראל להיות 'אור לגויים' אינו מתגשם – לא בהטפה ולא במיסיון, אלא בהוריה עצמית; בדוגמא שבמעשה ולא בהדגמה חיצונית. וכדי שיאיר אור זה, אין הוא זקוק לעסוק במלאכת ההארה, אלא לבעור בעצמו. בעירה פנימית זו מחויבת אכן שתיעשה מתוך עצמה, בלי עירוב וטשטוש.

בהתבודדות ובהיבדלות זו, יש גם צד אחר – הנובע לא רק ממהות הדברים לעצמם, אלא מן הצורך ליצור סייגים ותיחומים רבים, על־מנת לזכור ולא לחרוג מן המהות הפנימית, ולא אחת – על־מנת שלא להיכשל ולא למעוד בעצם המשימה. גם עם שלם החי כולו במקום אחד, ומעגלי חייו העיקריים הם פנימיים – נתון כל הזמן להשפעות מן החוץ. ועם ישראל שבהווה, שרובו מפוזר בכל רחבי העולם וחייו החיצוניים מצויים במגע ובהתערבות מתמדת עם עמים אחרים – נתון ללחץ מצד הסביבה, וכוח השפעתה וכוח ההטמעה שלה גדולים לאין שיעור. בארצות מסוימות, נשמר הייחוד היהודי רק הודות לשנאה שרוחשים לנו הנכרים – אך אין זה מספיק. אוי לו למי שיונק את הרגשת הזהות שלו רק מכוח העובדה שאחרים אינם רוצים בקרבתו, מפני שאין באלו חיים עצמיים כלל. עמידה על הזהות העצמית ושמירה עליה, יכולות להתקיים רק מכוח תחימה של גבולות והגבלות, שעיקרם חייב לבוא מבפנים, מכוחה של החלטה פנימית. התערבות באחרים מהווה מקור מתמיד של סכנה לאובדן האני הכללי־הלאומי, והפרטי – של כל אדם יחיד מישראל. וכיוון שדבר זה נעשה פעמים רבות שלא מדעת ולא במתכוון, הוא דורש שמירה יתירה.

עקרון יסודי זה – של התעצמות והיבדלות – משפיע רבות על תחומי חיים שונים, הן במובן העיוני והן במובן המעשי; חלקם של הדברים הוא הלכה פסוקה ודרך־חיים מחייבת, וחלקם הוא דרך הנובעת וצומחת מתוך תפיסת העולם. הצד המעשי מתבטא במידה רבה בגבולות ובהגבלות שונות בתחום החברתי, במגע הבין־אישי, כמו בהתחייבות החברתית הכוללת. ואילו בתחום העיוני נוגע הדבר לספרות ולתרבות במשמען הכולל.

גבולות הקשר

מן הבחינה האישית החברתית, ההגבלות ההלכתיות עצמן מהוות חלק מקביעת הגבולות החברתיים. יתירה מזו, כמה וכמה הלכות נקבעו או הודגשו למטרה זו בלבד. מערכת דיני הכשרות,

אף שמהותה וצידוקה טמונים בתוך עצמה, מאלצת את האדם לקבוע לעצמו הסתייגויות ידועות בהיותו בחברת נכרים, גם כאשר הם אנשים הקרובים אליו. ואיסור יין־נסך – הקשור אמנם לפולחן של עבודה זרה – הורחב וחל על כל יין, או מוצר שהופק מיין, כגון מיני קוניאק, אשר יוצר בידי נכרים, או כזה שנכרים נגעו בו. איסור זה אינו חל על משקאות אחרים, ואפילו לא על משקאות אלכוהוליים. כיוצא בזה, נוסף לחשש מפני דברים האסורים באכילה כשלעצמם (טרפות או בעלי־חיים אסורים), חל גם איסור על 'בישולי נכרים' – ובכלל זה על רוב המאכלים המבושלים בידי נכרי, בכליו או בלא השגחתו של אדם מישראל – ואפילו מרכיביהם כשרים. כל אלה יוצרים חייץ חברתי מסוים, ולשם כך נועדו, וכפי שאמרו חז"ל, "גזרו על שמנם משום יינם ועל יינם משום בנותיהם" (שבת יז,ב). האיסור החמור על נשואי תערובת, הכתוב ושנוי כמה פעמים בתורה, אינו יכול להישמר תוך קיום יחסי חברה שלמים, בלא כל חייץ. אין הכוונה לאסור על אדם מישראל לקשור קשרים חברתיים עם נכרים, לא רק במסגרות החיצוניות והרופפות למדי של קשרי עבודה או שכנות טובה, אלא אף קשרי ידידות קרובים יותר. בימי קדם, כאשר האנטישמיות היתה תופעה נדירה ביותר, היו גם לרבים מחכמי ישראל ידידים שאינם מישראל, שעימם היו קשורים בקשרי חברות עמוקים. אלא שבהכרת המחיצות המפרידות, נוצרת האפשרות להיות יחד, ובו בזמן להיות מסוגל לחוש בקו המפריד בכמה דברים ובכמה סוגי קרבה. אכן, לא תמיד קל לבנות כראוי את מערכת היחסים המורכבת הזאת, של ריחוק המאפשר גם קרבה, אך היא יסוד גדול ביהדות. בניית מערכת כזו היא אחד הקשיים המהותיים הגדולים הכרוכים בחיים מחוץ לארץ־ישראל.

דין המלכות

מעורבות מתוך שמירת הייחוד – "עם לבדד ישכון" גם כאשר הוא חי בין אחרים – זהו המפתח לבעיית היחסים

החברתיים כלפי החברה הלא יהודית בהיקפה הגדול יותר, בעיר ובמדינה. אנו מצווים מפי הנביאים לגלות נאמנות למדינות שבהן אנו חיים, כל עוד מניחות לנו מדינות אלה או קיבוצים חברתיים אלה לשמור על חיינו היהודיים. נאמנות זו אינה רק עניין פסיבי, שלא למרוד ולא לשבור את מקומות המקלט שבהם חיים היהודים; היא דורשת השתתפות והזדהות עם החברה החיצונית אף מעבר לכך. הכלל ההלכתי "דינא דמלכותא דינא" (גיטין י,ב) לא רק מחייב את האדם מישראל לציית לחוקי מדינתו באשר היא, אלא אף מנחה להתקשרות פנימית יותר, לדאגה לשלום המקום שבו הוא נמצא. משום כך, בכל אותן מדינות שהעניקו ליהודים זכויות אזרח, ואף באלה שבהן היו לעתים זכויותיהם מקופחות, ניסו ראשי ישראל לקיים קשר פעיל ומעורבות בחובותיהם של בני המדינה. עם זאת, אין מעורבות זו באה לשלול או להמעיט מתחושת הייחוד היהודי והמחויבות כלפיו.

מבחינה מהותית, מעגל הקשר היהודי הוא מעגל החיים הפנימי, הקרוב, ודרגת הקשר הראשוני הזה חשובה וקודמת לכל קשר חיצוני. בבחינת הדברים בהיקפם, יש לראות את היחסים שבתוך עם ישראל כמעין קשרי משפחה, הקודמים לכל סוג אחר של התקשרות בעולם החיצוני. אכן, כשם שקשרי המשפחה אינם שוללים מעצם טבעם קשרים במעגלים רחבים יותר, כך אין הקשר היהודי שולל במהותו קשר חברתי אחר, אלא שהוא מעמיד אותו במקום אחר בסולם העדיפויות שלו.

תרבות עולמית

אחת הבעיות המטרידות והכלליות ביותר, היא שאלת השפעתו הרוחנית והאידיאית של העולם החיצון על העולם היהודי. אין מדובר אך ורק בהשפעותיו של העולם החיצוני בגולה; השפעות אלה קיימות לא פחות – ואולי אף במידה רבה יותר – גם בארץ ישראל. השפעות רוחניות אינן מתבטאות רק בענייני אמונות ודעות או השקפת עולם כוללת, אלא באלפי

פרטים וכללים במערך החיים היומיומי, דפוסי דעות ודפוסי חיים, מבנים חברתיים ודרכי התבטאות, אופני־חשיבה ואף כלי־בית וביגוד – כל אלה שייכים למערך הכללי של 'תרבות', וכל קיום בתוך תרבות או בצידה, מחייב היתקלות בהם וגיבוש דרכי תגובה כלפיהם.

דווקא במעגל התרבותי על כל רמותיו, למן האידיאולוגיה השלטת בו ועד לפרטי הפרטים של התנהגות או שימוש בחפצים, נחוצה הדגשה והקפדה יתירה על שמירת הייחוד והעצמיות. תחומי המגע האנושי והחברתי הם כלליים, ואינם שייכים לזמן ולמקום מסוים, או אף לנוסח תרבותי מוגדר. בהיותו כלל־אנושי בעיקרו, מהווה עצם המגע החברתי – ואפילו הוא הדוק ואישי – תחום ניטראלי למדי, שבו יכולים לחיות בכפיפה אחת אנשים שונים זה מזה בחיצוניותם ובפנימיותם. תרבות, לעומת זאת, היא מבנה מורכב, אשר הגורם הרוחני והעקרוני בו מכתיב (לעתים לגמרי לא מדעת) את מכלול גווני החיים והביטוי.

לעניין זה, הייחוד היהודי הוא מובהק ביותר, והרגשת ה'לבד' אינה רק מכשיר לשמירת הקיום, אלא היא חלק מעצם ההכרה העצמית של ישראל כאומה. ובעניין זה, חייבים לזכור כי לעומת כל תרבות זרה שהיא, קיימת תרבות יהודית – מיוחדת ונבדלת. אין זאת אומרת, כי התרבות היהודית צריכה, או יכולה, להיות אטומה לחלוטין בפני כל אירוע תרבותי מן החוץ. דברים רבים הושאלו או מושאלים מן החוץ, כגון מילים מלשונות זרות, ואף הישגי מדע וטכנולוגיה. אלא שהשפעה ושאילה זו חייבת להיעשות מדעת, מתוך ידיעה שמדובר בשאילה ובנטילה, ויתירה מזו: מתוך ביקורת מתמדת – האם יש צורך בקבלת השפעה זו, ומה וכיצד יש לקבל. חלק נכבד מאוד מן הבעיות החיצוניות, ועוד יותר מכך – מבעיות הנפש של האדם מישראל בימינו – מקורו בהשפעה הניכרת של התרבות הזרה על הכרתו. וכאשר השפעות וניגודים אלה אינם מודעים, הם מביאים לידי סידרה ארוכה של התנגשויות ואף לידי עיוותים וזיופי תוכן, כיוון

שערכי היסוד של התרבות הזרה שונים במהותם ונבדלים בכיוונם.

האדם מישראל נתקל – מעשה יום ביומו – בבעיות רוחניות, חברתיות ומשפחתיות, הנובעות מתוך ההשפעות הזרות הללו. התופעה כשלעצמה אינה חדשה או מיוחדת רק לזמננו, אלא שכיום, בעקבות התפתחות אמצעי התקשורת, יכולתן של השפעות אלה לחדור לכל מקום ולתודעתו של כל אדם, רבה יותר מאי־פעם בעבר. משום כך, אין עוד אדם מישראל בימינו המשוחרר לחלוטין מכובד השפעות אלו, ואין הבדל בין דור זה לדורות הקודמים אלא בהיקפה של התרבות הזרה ובדרך קבלתה. דברים אלה אמורים גם ביחס לאדם, אשר גידולו הרוחני וחייו החברתיים קבועים במעגל יהודי, אך הם ודאי מרובים וקשים יותר לבעל התשובה, אשר מטבע הדברים חי במסגרת חיים שהיתה נתונה – במידה רבה או שלמה – להשפעות זרות.

בעניין זה, נודעת חשיבות רבה ליצירת גישת יסוד חדשה כלפי התרבות הזרה, גישה המתבססת על ההכרה בקיומם של שני עולמות נבדלים, וכי אין כניסה אמיתית ושלמה לעולמה של היהדות, אלא בבניית קו הפרדה ברור ומוגדר בין 'שלנו' ל'שלהם'. אין זאת אומרת שכל מה שבא מן החוץ פסול בהכרח והוא אסור ודחוי. אך כל מה שבא מן החוץ טעון בדיקה, דרישה וחקירה, ואין לקבל אותו אלא במידה שהוא משתלב בחיי התרבות היהודית. כשם שאדם נוהג בביקורת מתמדת בענייני אכילה ושתייה, אם הדבר שהוא מכניס אל תוך גופו ראוי וטוב, כך – ויותר מכך – דרושה ביקורת כזו לגבי דברים שאדם מכניס אל נפשו פנימה. מי שמוחו וליבו פרוצים לכל דבר הבא מן החוץ – אינו יכול לשלב את אלה עם חיים רוחניים יהודיים, ואף לא עם חיים יהודיים מבחינת הדיבור והמעשה.

השפעתה של תרבות ושל מערכת האידיאות שביסודה, העומדות בסתירה בולטת לערכי היהדות, אינה מתבטאת רק בגלוי לעין; תרבות מתבטאת במכלול של תפיסות והכרות, דרכי

התנהגות ודפוסי־חיים. לא רק בדברים הנוגעים לאמונות ודעות קיימים ניגודים, אלא באותה מידה גם בדברים שלגביהם יש מעין הסכמה כללית שבשתיקה. אין אדם יכול לחיות את יהדותו בשלמות, אלא אם הוא בוחן ובודק מחדש גם את ההנחות ש"כולם יודעים ש...".

יתירה מזו — קל לאדם להתייחס ואף להתנגד להצהרות ברורות, לדעות מוגדרות היטב, כאשר הוא חש שהן עומדות בסתירה לעקרונות חייו. קשה פי כמה לבחון עניינים המקובלים לכאורה על הכל — יחסים, גישות ודרכי התנהגות חסרי משמעות מיוחדת, לכאורה. זאת ועוד, רוב בני האדם אינם עוסקים תדיר באידיאולוגיה או במחשבה מופשטת בדבר ערכי יסוד; אולם כל אדם נוהג ומדבר על פי דפוסי התרבות שבהם גדל וחונך, דפוסים השייכים לחיי היומיום, ליחסים שבין אדם לחברו, לקשרים שבין אדם לעבודתו, לספרים ולעיתונים שהוא קורא וכל כיוצא באלה. ויש להדגיש, בימינו (ובמידה מסוימת — אף בכל הדורות), אין כל אפשרות לחיות באופן אטום לחלוטין מפני השפעות מן החוץ. גם מי שמנסה להסתגר במסגרת חברתית המנותקת מן העולם החיצון, מושפע ממנו בכל עת, אף כי השפעה זו היא איטית ועקיפה יותר. הנסיון 'לחזור אל העבר' או לחקותו חיקוי עיוור, הוא לכן חסר טעם ואף חסר סיכוי.

הדרך היחידה המאפשרת לאדם לעמוד כנגד השפעות כאלו, היא בביקורת מודעת של מעשיו, של העקרונות המעשיים והעיוניים של מחשבותיו ודרך חייו. מבחינה זו נהנה בעל התשובה מיתרון מסוים, ויכולתו להתמודד עם בעיה זו גדולה יותר. הן משום שהוא מכיר את תרבותו של העולם החיצון על בוריו, והן משום שהוא עסוק בבנית עולמו הפנימי מחדש, וממילא הוא צריך להחליט ממה הוא יורכב. למעשה צריך אדם לבחון ולבדוק כל נושא ונושא, כל מוסכמה חברתית וכל מערך מחשבה. בדיקה שכזו מגלה לעתים מזומנות, כי נושאים תמימים לכאורה, אופני התבטאות או דרכי התנהגות, לא זו בלבד שהם

נושאים בתוכם מטען רוחני מסוים, אלא שפעולתם המצטברת מביאה עם הזמן לידי משברים מרובים, כאשר הניגוד שבין ערכים אלה לבין ערכי היהדות מעיק והולך. במפגש שכזה, פנימי או חיצוני, יש לעמוד על המשמר, ולהקפיד על שמירת מעין איתות אזהרה קבוע: 'דברים אלה זרים ואולי אף עוינים להכרתי, ואף כי אני עוסק בהם – עלי להימנע מלקבלם כפי שהם'. אין זו דרך חיים קלה, בפרט כאשר אדם חייב להיות שרוי זמן ממושך בסביבה זרה שכזו, אלא שחייו של אדם מישראל, בכל התקופות ובכל המקומות, אינם קלים ופשוטים. החובה לשמור את העצמיות מפני שיבוש וזיוף ידועה לכל אדם, ואדם מישראל, שבעצם דרך חייו כיהודי, הוא יוצר ואמן – עליו להיזהר ביתר שאת מפני כל תערובת פסולה.

קביעתו של מערך תרבותי חדש אינה מן הדברים הקלים. גם אם אדם עובר מהפך נפשי משמעותי בזמן קצר, הרי אישיותו וכל מה שספג במשך שנים רבות אינם נעלמים מעצמם. לעתים נדמה לאדם כי בשינוי דראסטי של מקום מגורים או לבוש, הוא פוטר את עצמו מהבעיות הללו. ולא היא – השינוי החיצוני מסייע לפעמים להינתק או להתרחק מדברים ידועים, אך בכך בלבד אין בכדי להבטיח גם שינוי פנימי בצידו. מערכת ערכים חדשה, יהודית, נמצאת מורכבת על גבי עולם שלם של דעות וידיעות, דרכי התנהגות ודיבור, העלולים להיות מנוגדים למערכת היהדות. אין דרך לטפל בכך אלא בהתקשרות פנימית להווי יהודי אותנטי, בריבוי הלימוד ובהתעמקות במשמעותם של הערכים היהודיים, ודחייה (או שינוי והתאמה, לפי העניין) של אלמנטים זרים. רק בעבודה מתמדת בכיוון זה טמון סיכוי להימנע מטמיעה, מלאה או חלקית, ולשמור את מהות היהדות בכל מקום ומקום.

המפגש עם הדתיים

מפגש עם שומרי תורה ומצוות

לאחר פרק זמן מסוים של התקרבות אל עולם היהדות, מגיע בעל התשובה – שלעתים קרובות היה קודם לכן בודד מבחינה זו – לידי פגישה והיכרות עם אנשים שומרי מצוות. מובן כי בדרך כלל אין זו פגישתו הראשונה עימם, לבטח קדמו לכך פגישות – רבות או מועטות – אם במשפחתו, אם באקראי ואם במסגרת עסקיו. אולם קודם לכן לא היתה לפגישות הללו משמעות נפשית עמוקה בעיניו, כמו הפגישה, או הפגישה־המחודשת עמם, כאשר אדם רואה את עצמו שייך – או לפחות מנסה להשתייך – לחוג זה של שומרי מצוות. פגישה זו נעשית לעתים במסגרת אקראית ובלתי־מחייבת, אך בעיקרה היא נעשית במסגרת דתית מובהקת – בלימוד תורה בצוותא, בבית־הכנסת וכיוצא באלה. פגישה מסוג זה, יש לה אופי שונה לחלוטין, משום שיש עמה מצד אחד הרגשת שותפות וקירבה עמוקה יותר, ומצד שני מתאפשרת בה ראייה חדה, חריפה וביקורתית

יותר של המציאות ובני־האדם. שומרי המצוות, אשר קודם לכן היו בעיני מי שאינו שומר מצוות דמויות של סתם, הופכים בעיני בעל התשובה לבעלי משמעות, והפגישה עימם – רבת חשיבות.

לעתים קרובות המגע בין בעל התשובה – 'האדם החדש' – לבין החברה הדתית הסובבת אותו עולה יפה. לא פעם חש אדם (הבא, לכאורה, מעולם רחוק) קירבה עמוקה לאנשים הנבדלים ממנו באורחות חייהם ובעברם, אשר מוצאם מרקע שונה לחלוטין והשכלתם ועיסוקם נבדלים משלו. לעתים נובע הדבר ממפגש עם קבוצה ההולמת אותו מבחינה רוחנית, והוא יכול לחוש עצמו 'בבית', יותר מאשר במקומות רבים אחרים. לא אחת נוצרת תוך רגעים אחדים תחושה של קירבה רוחנית פנימית, המגשרת על פני כל ההבדלים האפשריים. לא זו בלבד שלעתים חש אדם בפגישה כזו מעין חזרה אל 'בית האבות', אלא שלפעמים הוא אף מוצא בעצמו, למרות רקעו הזר, אותן תכונות אופי, אותן דרכים ואופני תגובה – תחושה מופלאה של חזרה אל מקומו האמיתי. סוג זה של מפגש מתחזק והולך לעתים עם הזמן, עד אשר בעל התשובה הופך לאחד מחבורת האנשים שהוא פוגש, בלא חציצות, בלא מחיצות ובלא כל תחושת שוני. אולם גם כאשר אין 'התמזגות' זו אלא חלקית בלבד – מתוך תחושת שוני – אין היא מביאה לידי אכזבה ואינה מעוררת בעיה, אלא להפך: היא עשויה לשמש מנוף מתמיד בחייו של בעל התשובה, בניסיונותיו להימנות עם העולם הדתי.

האכזבה

אולם כנגד מפגשים מוצלחים ומאושרים אלה יש גם מקרים רבים מאוד, אשר בהם אין המפגש עם היהודים שומרי המסורת עולה יפה. לעתים, רבים כאבי הלב והאכזבות; פגישה בלתי־מוצלחת שכזו עלולה אף לגרום לאדם לזנוח את דרכו אל היהדות. לעתים אדם תוהה לעצמו אחרי פגישות מסוג זה: "אם אלה הם פניו של אדם שגדל וחונך בתוך היהדות, האם יש טעם לנסות ולהתקרב לזה?"

לאכזבות אלו פנים רבות, כבכל פגישה בין בני־אדם, אך ניתן לחלקן למספר סוגים: ראשית, כאשר מגלה בעל התשובה כי שומרי המצוות (ולא פעם גם אנשים המדקדקים מאוד במצוות, ואפילו מייצגים את היהדות ה'רשמית') אינם נקיים כלל מחטאים וחסרונות, אשר שומרי מצוות היו צריכים להיזהר מהם מאוד. סוחר פלוני עשוי לגדל זקן ופיאות, אך להתגלות כאדם לא ישר, העוקף את החוק או עובר עליו בזדון, ואפילו להתגלות כרמאי פשוט. גניבה, מרמה ואונאה שוררים גם בקרב שומרי מסורת, והעובדה שאדם מתפלל שלוש פעמים ביום ומניח תפילין, אינה מונעת ממנו מלעבור על "לא תגנובו ולא תכחשו ולא תשקרו איש בעמיתו" (ויקרא יט,יא), או איסורים אחרים. עורך־דין דתי, או בעל מלאכה שומר מצוות אינו בהכרח מהימן יותר מאחר, לא פעם מוצאים שאין הוא נוהג ביושר ולעתים הוא מרמה בגסות. ולא רק בעסקי חולין, אלא אף במכירת תשמישי קדושה או בעיסוק בהם, יש אונאה ורמייה. וכך גם בדברים אחרים – לעתים מתגלה כי פלוני הנראה כלפי חוץ 'צדיק תמים' – נכשל ועובר עבירות, ואין הוא פטור, למשל, מביקורת ביחסו אל נשים – בין במקרים של מה בכך, ובין בזנות או בניאוף. וכאשר מגלה בעל התשובה מקרה כזה וכיוצא בו, הוא חש שאנשים המטיפים ומדברים גבוהה גבוהה על עניינים נשגבים, לעתים אינם טובים מבני העולם החילוני, שאינם מתיימרים כלל להיות נעלים מעבירות אלה.

זעזוע מסוג אחר עובר על בעל התשובה, במוצאו שורה של בעיות, המצויות דווקא בדברים שנראים קשורים אל עולם המצוות. בתוך בתי־הכנסת מצויה לעתים תחרות קטנונית ומרושעת על תפקידים וכיבודים, מחלוקות וקטטות פנימיות (גם אם יש להן צידוק 'אידיאולוגי', כביכול) לובשות אופי מכוער; ולא פחות מכך – ואפילו בין אנשים מפורסמים וחשובים – רדיפת כבוד ושררה, קנוניות והשמצות. לעתים בא אדם, אשר בעיניו העולם היהודי על כל גווניו הוא חטיבה אחת של יופי, ומגלה כי פלגים וסיעות, אישים ומפלגות, לא זו בלבד שאינם

חיים בשלום זה עם זה, אלא משתמשים בשמה של היהדות וגורמים לחילול השם, לחילול כבוד אחרים ולא אחת אף לחילול כבוד עצמם. מלבד זאת, לעיתים נראה כי ישנה הזנחה וזלזול במקומות קדושים – בתי־כנסת ובתי־מדרש מרובים, לא זו בלבד שאין בהם כל חוש לאסתטיקה, אלא לפעמים יש בהם כיעור, קיטש וזוֹלוּת, ולא פעם – זוהמה וחוסר עניין בניקיון ובמראה הדברים. כל אלה, פוגעים ביחסו של בעל התשובה אל עולם הדת.

ושלישית – והיא האכזבה העמוקה ביותר – בעל התשובה עשוי להיווכח, כי שומרי המצוות ושומרי המסורת – 'נושאי התורה ושומריה' – פעמים שאין להם כל עניין אמיתי בה. בעל התשובה מגלה שיש זלזול במצוות, הוא רואה את אופי השיחות המתנהלות בבית־הכנסת, ואת האנשים אשר אינם מקפידים על שמירת מצוות קלות. לעתים חמורות יותר, הוא נוכח לדעת שאפילו התחום המצומצם של 'הפולחן הדתי' – התפילות ולימוד התורה – אינו זוכה ליחס מועדף. בעל התשובה מגלה, כי רבים מאלה שהוא פוגש בבית־הכנסת ובבית־המדרש, אין להם כפי הנראה כל יחס פנימי, לא לתפילה ולא ללימוד התורה, שהתפילה והמצוות אינם אלא 'מצוות אנשים מלומדה', ולא פעם נחשף בעל התשובה גם לבורות ובערות מדהימה בעצם תחומי היהדות. רבים נראים לאדם מן החוץ כ'רבנים', אך מתגלים כריקים מכל ידיעה וחסרי כל עניין לדעת או לעשות יותר. פעמים מתברר כי עולמם של שומרי מצוות רבים אינו אלא מסגרת נבובה, ריקה מהתלהבות, מתורה ולעתים אף מאמונה.

עצם האכזבה ממפגשים אלה טבעית, אלא שלעתים גוברת עוצמת התגובה לאחר מפגש כזה וחורגת מכל יחס נכון אל הנושא. חשוב מאוד להבין את מצב הדברים לאשורם, על־מנת לדעת ולהעמיד כל עניין במקום הראוי לו.

ציבור מגוון

בראש ובראשונה יש לזכור, כי אותו ציבור של 'שומרי

המסורת' ושומרי המצוות, הריהו ככל ציבור אחר (לפי ראשי־התיבות הידועים: ציבור = צדיקים, בינוניים ורשעים), המורכב מאנשים שונים זה מזה במהותם. לעומתם, בעל התשובה, מעצם הגדרתו הוא אדם שעבר לא רק שינוי דרך, אלא אף סלקציה טבעית. אין אדם משנה את דרכיו ואת התנהגותו, אלא אם חפץ הוא בכך ויש לו מוטיבציה איתנה למדי ומשיכה ניכרת לקראת היהדות. מה שאינו מחויב המציאות בתוך קהל שומרי מצוות. בציבור הדתי יש בלא ספק אנשים רבים – ובמקומות רבים הם רובו המכריע – שיש להם תודעה, והם הגיעו אל דרך חייהם מתוך החלטה שלמה בליבם. אולם לאחרים דרך החיים הזאת אינה אלא המשך של נוסח מסורתי מסוים, שדבקים בו – אם מפני עצלות המחשבה, ואם משום שלא מצאו סיפוק בדרך חיים אחרת. אנשים שכאלה אינם בהכרח פחותי ערך, אולם יכולה להיות ביניהם התפלגות רחבה מאוד של רמות ודעות, של דרכי התנהגות ושמירת מצוות. בקהל מעורב כזה, מצויים כל סוגי האנשים שאדם נתקל בהם בכל ציבור בלתי־מוגדר אחר – ישרים ולא ישרים, אנשים הנזהרים מכל רע, ואחרים שיצרם תוקף אותם, ועוד. ומשום כך חשוב ביותר שלא להגיע לידי הכללות או לידי אכזבה בהיתקלות בפרטים שונים מתוך הציבור.

ודאי שלא פעם עולה על הלב טענה מעין זו: "ובכל זאת, מדוע לא השפיעה שמירת המצוות עליהם? מדוע לא נשתנו לטוב, בהיותם קשורים שנים כה רבות בעולמה של היהדות?" אולם עצם הטענה הזאת אינה נכונה; שכן, בדרך כלל, וכמעט תמיד, שמירת המצוות אכן משפיעה עמוקות על ההולכים בדרכה. אמנם, לא תמיד השפעה זו מסוגלת לשנות ולהפוך את ליבו של אדם מן הקצה אל הקצה, אך לא פעם ניתן לראות מה מסוגל אותו אדם לעשות, כאשר מסתלקת ממנו אותה השפעה מתמדת של היהדות. אם מצויים בנפשו של אדם שומר מצוות פגמים מעשיים או מוסריים, הרי אלה הפגמים שנותרו בו לאחר ההשפעה העמוקה של היהדות עליו, ולולא יחס מעשי ורוחני זה

אל היהדות – נראה שהיה אדם זה מגיע רחוק מזה, לשקיעה ממשית בתחומי הרע.

התלהבות מול חיי שגרה

בעל התשובה נמצא, מעצם מהותו, בעיצומו של תהליך נפשי מעמיק, ותוך כדי מהלכו לובש היחס אל האמונה, היהדות ומצוותיה אופי תקיף וקיצוני יותר. בעל התשובה, טבעו שהוא נלהב וקיצוני יותר, ולא תמיד הוא מסוגל להעריך נכונה את בני־האדם, אשר לאחר שנים רבות של אחיזה באותם דברים – ולא אחת אף מראשית ימי ילדותם – הם בהכרח מתונים יותר ונחפזים פחות. לא תמיד יכול בעל התשובה להשלים עם קיומם של הבדלי אופי כאלה, בין אדם המגיע לדברים מחדש, כאשר כל התייחסותו הנפשית נלהבת ושוצפת, ובין זה הממשיך בדרכו שנה אחר שנה. כשם שיש הבדל בין ריצה למרחקים קצרים לריצה למרחקים ארוכים – הבדל הניכר לא רק במשך הריצה, אלא אף בקצבה ובאופניה – כך ההבדל המהותי בין מי שזה עתה דבק בדרך חדשה ומלהיבה, לבין מי שפוסע בדרך זו כל ימי חייו.

אף בעל התשובה מגלה לאט לאט את מגבלותיו האנושיות, את העובדה כי מכלול חיים שלם דורש צעידה בקצב שונה וברמה אחרת. רק מתי מעט מסוגלים לשמור כל ימי חייהם על אותה רמה מסעירה של ראשית הדרך, ואלה יחידים בכל דור ודור. אנשים מן השורה מאטים בהכרח את הקצב, בונים הרגלים ודרכי התנהגות יציבים במקום שבו היתה התלהבות בת רגע. שכן, בנייתם של חיים יציבים בדרך היהדות כרוכה באין־ספור מרכיבים חיצוניים ופנימיים, שאינם יכולים להיות תמיד אידיאליים. לעיתים צריכות להתגבש פשרות (מהן מכאיבות מאוד) בין הרצון הפנימי לתנאי החיים, המשפחה והחברה. פשרות אלה גורמות, שלעתים מי שהם שומרי מצוות מכבר, נראים קרירים ומסויגים, בעוד שלאמיתו של דבר אין זו אלא שיטה אחרת, דרך אחרת של התייחסות קבועה ויציבה יותר

לאותם דברים. למסקנות אלו מגיעים מן הניסיון, ויש לגלות לפחות נכונות לראות את הדברים נכוחה, כדי להבין את דרכו של אדם שעבר דרך ארוכה וצבר ניסיון רב, ואשר פעילותו שונה באופיה. לא אחת מגלים, כי בסופו של דבר מצליח אדם שהגיע לידי ייצוב שכזה להגיע להישגים רבים מבחינה פנימית ורוחנית, מאשר בעלי ההתלהבות המרשימים והבלתי־יציבים.

אהבת ישראל

ועל הכל, בין ביחס לשומרי המצוות ובין ביחס לאחרים, חייב בעל התשובה לקנות לעצמו מידה של אהבת ישראל. ואהבת ישראל, ככל אהבה אמיתית, אינה אהבת דבר שאין בו כל פגם וחסרון, או אנשים שאין בהם כל מום ודופי. ובודאי ישנם אנשים כאלה, ומספרם רב יותר מכפי שמשערים — ואשרי מי שזוכה להיות במחיצתם. אולם אהבה מחייבת דבר־מה קשה מזה פי כמה: לראות את החסרונות — ולהיות מוכן לסלוח להם, ולאהוב על־אף הכל. צדיק אחד דרש על הכתוב "לא תשנא את אחיך בלבבך" (ויקרא יט,יז) — אל תשנא את אחיך משום שלבבך גדול משלו. מי שמוכן לאהבה זו, שפירושה סליחה לחולשותיו של הזולת, מגלה לא אחת כי כאשר רואים אדם מישראל בעין טובה, כאשר מוכנים לסבול את חולשותיו, גם אם אין מסכימים להן, מגלים בו רוב טוב שקודם לכן, בעין הביקורת, לא היה אפשר לעמוד עליו.

נפילות ומשברים

רגישות מיוחדת

לא אחת נקלע בעל התשובה למשבר רוחני. אם מתוך עצמו – בשל תחושת חוסר יכולת להמשיך הלאה, ואם כתוצאה ממאורע כלשהו, בעיקר בעקבות גילוי של סטיה מדרך הישר. שהרי לעתים, לאחר פרק־זמן שבו נדמה היה לבעל התשובה כי הצליח לגבור על בעיה מסוימת, הנוגעת לרציפות של עשייה או להימנעות מעבירה, הוא נקלע למצבי לחץ מיוחדים, בשל בעיות חברתיות או משפחתיות, או אף בלא כל סיבה גלויה לעין. ושוב הוא מגיע לידי מעשה שלא רצה לעשותו, או שהוא נמנע מעשיית מצווה שכבר הביא עצמו לעשותה בתדירות. ולא פעם מביאה סטיה כזו לרגשות משבר, שתוצאותיהן מרחיקות לכת פי כמה מן הסיבה הראשונה שגרמה להן.

משברים נפשיים־רוחניים כאלה, ובכלל זה גם המציאות שבה אדם נכשל מפעם לפעם בעבירה, בין על מצוות 'עשה' ובין על מצוות 'לא תעשה' – כל אלה ודאי שאינם מיוחדים לבעל

התשובה, אך נראה כי הוא רגיש הרבה יותר למשברים כגון אלה. יתירה מזו, תוצאותיהם עלולות להיות מרחיקות־לכת הרבה יותר מאלה של אדם שגדל וחונך כל חייו בתוך היהדות. לרגישות יתירה זו גורמים אחדים, ובראש ובראשונה עצם מעמדו ומצבו הנפשי של בעל התשובה. כל עוד אדם שרוי בעיצומו של תהליך, הריהו רגיש לאין ערוך יותר לגבי כל התרחשות בתחום זה. כל מושגיו, ערכיו ותחושותיו נמצאים במצב של השתנות מתמדת, וכל עוד הדברים אינם מגיעים לכלל יציבות גמורה – פגיעתו של כל זעזוע חמורה יותר. זאת ועוד, מעצם היותו בעל תשובה הרי הוא שרוי במצב מיוחד של התעוררות נפשית וערנות לגבי הערכת עצמו. דברים ששומר מצוות 'דש בעקביו', חשובים לבעל התשובה, וכל פגיעה ניכרת הרבה יותר.

אדם שגדל וחונך מיסודו באורח־חיים יהודי קונה לעצמו הרגלי חיים מסודרים, וגם בשעות קשות וברגעי משבר ממשיך ההרגל להתקיים. וכיוון שהרגל זה הוא הרגל של יהדות, ממילא ממשיך האדם בדרך היהדות – לעתים מתוך שיגרה ועייפות ולעתים אפילו מתוך ייאוש – אך בכל זאת הוא מוסיף להחזיק בהם. ואילו בעל התשובה אשר מנסה לשנות את הרגלי חייו עליהם התחנך, אשר סיגל לעצמו דרכים, מנהגים ומצוות לאחר מאבק ממושך, הרי אם חלה בו התרופפות – קל לו לאין ערוך לשקוע שוב במצבו הקודם. ולא רק הרגלים קובעים, גם ניסיון חיים יכול להשפיע רבות על האדם. מי שחייו עברו בתוך תחומו של העולם היהודי, חזקה עליו שנתנסה במצבים שונים ובמשך הזמן סיגל לעצמו דרכים להתגבר על המכשולים השונים הניקרים על דרכו. בעל התשובה, לעומתו, חסר ניסיון וכאשר הוא נקלע לתקופת נפילה, אין הוא יודע מה יש לעשות וכיצד לנהוג. לא פעם מתברר שעניין קל ערך גורם לו יסורי נפש ויסורי מצפון – ולעתים עוברים חודשים של תהייה ותעייה, עד שהוא מצליח להתגבר על הבעיה.

שבע יפול צדיק – וקם

בתחום זה סובל בעל התשובה לא אחת מן האידיאליזאציה

של היהודי השלם – בין שהיא מצטיירת על רקע מורשתם של דורות קדומים, ובין שהיא מצטיירת לו מרחוק, בחיים של אחרים. שכן, נוצרת בדמיונו תמונה של היהודי השלם, תמונה בה בני־אדם שלמים, כביכול, תמיד עם עצמם ועם דרכם, דרך־חיים שאין בה מקום לכישלון. בעל התשובה הנכשל בדרכו מתחיל לחשוש לעצם דמות עולמו ולצידוק הווייתו, כאשר הוא משווה אותה לאותה תמונה אידיאלית.

אולם לאמיתו של דבר אין הדבר כן ומעולם לא היה נכון. האנשים השלמים, שאין בחייהם וברגשותיהם בקיעים ומשברים – אין אלו אלא דמויות של תוהו, בני־אדם שמעולם לא היו קיימים, מלבד בדברי 'תעמולה' חסרי בסיס. אדם מישראל – לא רק הקטנים והפחותים שבהם אלא אף ראשי אלפי ישראל – מנהיגים, צדיקים ונביאים – אינו פטור מבעיות, ובכללן המשבר והנפילה, הפקפוק וכאב הלב. זאת ועוד: כל אדם שיהדותו היא לא רק 'מצוות אנשים מלומדה' (ישעיהו כט,יג) – בלא תוכן, בלא ממש ובלא קיום אמיתי – חייב להתקדם בדרכו. וכלל גדול הוא: אין התקדמות בדרך האמת אלא תוך נפילה, משבר ובעיה. לא רק ש"אין אדם צדיק בארץ אשר יעשה טוב ולא יחטא" (קהלת ז,כ), אלא יותר מזה – הפיתוי והספק, הכאב והחטא הם מנת־חלקם של ההולכים מעלה.

ודאי, לא כל האנשים שווים, ולא כל הדרגות משקלן אחד. נפילתו של אדם גדול היא עדיין מדרגה גבוהה מאוד בהשוואה לקטנים ממנו. אלא שבכל אלה, לא רק בחיי הגשם אלא אף בחיי הרוח, "שבע יפול צדיק וקם" (משלי כד,יח). הצדיק מטפס ועולה, מגשש והולך בדרכו, ולא אחת הוא נופל. אכן, גדולתו של הצדיק בכוחו לעמוד במשברים הללו; להתגבר על הנפילות, לא להישאר מוטל, אלא להתנער וללכת בדרכו, להפוך את הכישלון למקור של עוצמה. ורק "רשע יפול באחת" (ע"פ משלי כד,יח, וסנהדרין ז,א), ונפילתו החד־פעמית שוב אינה מניחה לו להמשיך הלאה. דרכו נחסמה לעולם, ושוב אין הוא יכול להתגבר ולעלות.

שלוש פעמים ביום מתפללים תפילת שמונה־עשרה, ובכל תפילה מבקשים "סלח לנו אבינו כי חטאנו", לומר, כי גם מי שנכשל בדרכו, עדיין לא נסתמה לפניו הדרך – תמיד הוא יכול לבקש סליחה, ותמיד יש בידו להמשיך ולהתגבר.

לכל משבר סיבות מיוחדות ואף דרך המענה המיוחדת לו. אולם יש צד שווה בכל אלה: הצורך לדעת כי נפילה, סטייה ומשבר, אין משמעם ביטול מהלך החיים הקודם, אלא הם חלק מתהליך החיים. תהליך זה כרוך במעבר משלב לשלב ובעבודת התארגנות פנימית מחודשת, ואין מעבר מדרגה אחת למשנה שאינו כרוך בזעזוע. ודאי, זעזועים אלה אינם נעימים, אך הם חלק מתהליך, אשר כרוב חשיבותו וכגודל היקפו, כן כמות השברים וההיתקלויות שבדרכו.

תחילתו של משבר

משברי הסטייה והנפילה עשויים ללבוש צורות שונות, אך בדרך כלל הם מגיעים (או ביתר דיוק: מתחילים) כתוצאה מסיבות שוליות. לאמור, בדרך כלל אין אדם נתקל בבת־אחת בפיתוי רב עוצמה, הגורם לו לעבור עבירה או להימנע ממצווה. מקרים כאלה של 'סערות־נפש' אדירות המתחוללות לפתע, שייכים יותר לתחום הספרות היפה מאשר לעולם המציאות. על פי רוב מתרחשת מעין גלישה; אדם מחליק והולך כמעט בלא דעת אל מצב עניינים מסוים, אל סיטואציה שבה דרכי החשיבה שלו או עקרונות האמונה שלו שוב אינם פועלים כתמיד. מצב זה מביא בעקבותיו (אם בחטף ואם במהלך איטי שתוצאותיו כמעט בלתי־נמנעות) את הסטייה, הנפילה והחטא.

אין שום 'פטנט' להבטיח אדם מפני נפילה, בכל מצב שהוא של הוויתו, גם אם הוא חי שנים רבות כאיש צדיק ושלם. חכמי התלמוד עסקו בבעיה זו, ולאחר שהאריכו הן בצד העיוני והן בהבאת דוגמאות מרובות, לא נותר להם אלא לומר, שאין אדם יכול להיות בטוח מפני פיתויים רבים, ושום אדם אינו יכול ואינו רשאי ללגלג לנכשלים או לבוז להם. ודאי, במשך השנים מגלה

כל אדם החפץ בכך את נקודות התורפה של עצמו, ולומד להתרחק מהן או להתגבר עליהן. אדם לומד ליצור לעצמו את המצבים הפנימיים והחיצוניים, שיאפשרו לו להמשיך בדרכו באופן אופטימאלי – בלא לחשוש מפני ניסיונות חדשים, וגם לא מפני ביזיונות, כאשר הוא נכשל. ולכן, מי שאינו מכיר את כל הבעיות הללו, וכל שכן מי שלא יצר לעצמו מערכת וסדר חיים הממעטים את סכנות הנפילה – מועד להיכשל וליפול יותר מחברו.

המאבק על המאבק

היכן נופלים, מתי נופלים, ועד כמה נופלים? לשאלות אלו ולדומותיהן אין תשובה אחת. יש רק לדעת כי בכל עת ובכל מצב עלולים לקרות דברים, שאין לדעת את אחריתם. יש, כמובן, מצבים או זמנים שבהם הסיכון לנפילה רב יותר, וראוי להימנע מהם, כדי שלא להגיע לידי נפילה אפשרית, ויש לזכור כי אין 'ביטוח' מפני הנפילה. לעתים נדמה לאדם, שהוא כבר צועד בטוחות בתוך 'אורחא דמהימנותא' ('דרך האמונה'), שהוא הולך ומתקדם ומתעלה – ולפתע הוא מוצא את עצמו בסיטואציה של ירידה לשפלות שאין דוגמתה, והוא מתבייש בעצמו, ולא רק בגלל נימוקים של יראת שמים, על שהגיע לידי כך. והתוצאה – רגשות של גועל, עייפות ויאוש. ועל כך אמרו צדיקי הדורות ששום עבירה – ואפילו הפחותה והשפלה ביותר – אינה גרועה כמו המרה השחורה שאדם נופל אליה לאחריה.

הדבר המסוכן ביותר הוא, שהחוטא יגיע למצב שבו לא יוכל עוד להתנער ולהתרומם מן הנקודה שאליה נפל. לא אחת אירע, שמכשול מקרי – ולעתים אף שולי ביותר – גרם לאדם לוותר על דרך־חיים חשובה וקדושה. ומפני רגישות יתר למעמדו ולמצבו לאחר שכשל, הריהו חי שנים מרובות של חטא. אין כוונת הדברים לזלזל בחומרתה של כל סטייה שהיא, אלא להדגיש כי אסור שכל נפילה – ואפילו הגרועה ביותר – תגרום לאדם להתייאש ולסור מהדרך הטובה. "שבע יפול צדיק

וקם" הוא תיאור חי של אדם ההולך בדרך ולעתים כושל ונופל בה, אלא שגם אם היתה הנפילה מכאיבה ביותר, אל לו להישאר באותו מקום; עליו לנסות ולתקן את שניתן לתקן מיד ולנסות לקום ולהמשיך הלאה בדרכו. הרציונאליזציה המלווה את תהליך הירידה היא כי אם יכול לקרות כדבר הזה, משמע שכל העניין לא היה רציני, לא אמיתי, וכל שעשה האדם לא היה אלא העמדת פנים, עד שהתגלתה האמת.

בכל מעשיו של האדם מתגלה לפניו האמת שלו, על פניה השונים, אך יהיה זה בלתי־הוגן — ויתירה מזו, בלתי־נכון — לדבר על 'האמת'. אין אמת חיים פשוטה ופשטנית, המתגלית לפתע. האמת של האדם מורכבת לאין ערוך, נפשו אינה עשויה מקשה אחת ואינה מורכבת מחלוקה פשוטה של 'יצר הטוב' ו'יצר הרע', אלא מושכת לכיוונים מנוגדים. זאת ועוד: אין עשיה בלא תגובה (ריאקציה) — לא בעולם הגוף ולא בעולם הרוח. כאשר מגיע פלוני לידי הצורך לשנות את דרכו או להמשיכה ביתר שאת, נוצר בקרבו גל של תגובות נגד. מהן גלויות, במלחמה מודעת וגלויה על החלטות ומעשים; ומהן הנסתרות ומתגלות רק לעת מצוא.

בדרך כלל אין אדם נהפך מצד לצד ככפפה ישנה. גם כאשר חל שינוי בדרכו, נותרים בכל זאת חלקים אחרים ב'אני' שלו, שבהם אין דעתו נוחה מכך. ומשום כך דווקא בעיצומו של מאבק להתעלות לדרגה גבוהה יותר, מוצא האדם את עצמו בתחתית הסולם, כביכול, אלא שאין זו אלא תרמית של החושים והדמיונות, שהרי מהלכים פנימיים וחיצוניים אלה כבר התרחשו, העליה בשלבים כבר נעשתה, ואין מהם דרך חזרה. הניסיון מוכיח כי למרות הנפילה — קל פי כמה לחזור ולעלות, ואפילו למעלה גבוהה יותר.

המשבר המלווה נפילה או סטייה אינו המשבר היחיד העובר על נפשו של בעל התשובה. הסבך הנפשי שהוא עלול להיקלע אליו לובש צורות שונות ולעתים אין הוא קשור כלל למאורע מיוחד.

חוסר התקדמות

נוסף לבעיות ולמשברי אמונה כשלעצמם (ובנושא זה נרחיב בפרק הדן במאבק לאמונה), יש גם מקרים של עונות משבר, הקשורות במצבי רוח מיוחדים. לפעמים הבעיה מתחילה בתחושה כי האדם 'אינו מתקדם'. לאחר זמן עלול לחוש האדם שהוא נשאר עומד במקומו, בדרגה אחת, ואין בו כוח נפשי או דחף נפשי להתקדם הלאה, ועם זאת, הלא הוא יודע, כי אין אדם יכול להיעצר סתם כך באמצע הדרך. גם מצב זה אינו מיוחד לבעל התשובה דווקא. בעצם, מצב של קפיאה על השמרים הוא נחלתו של מי שגדל וחונך בתוך היהדות, אפילו יותר מבעל התשובה. אלא שאדם שאין רגישותו הנפשית רבה דייה, אינו רואה בכך כל רע, ואילו מי שניחן ברגישות דתית חש באי־הנוחות של 'יציבות' מסוג זה.

בדרך כלל אין הדבר נובע מסיבות מעמיקות, כגון התנגדות עזה מצד הסביבה או מתוך עצמו, או אובדן העניין בנושא. משום כך, פתרונה של בעיה זאת הוא במאמץ מכוון ומודע לצעוד עוד צעד אחד קדימה, ולהמשיך בכל זאת בדרך. וכאן יש להזכיר, ביחוד לבעל התשובה, כי לא כל הצעדים החשובים נעשים באותה דרך, ולא תמיד קודמת ההתלהבות או הנכונות הנפשית המלאה לעשייה ולמעורבות. פעמים רבות חשוב "להקדים נעשה לנשמע" (שבת פח,א), לקבל דבר שלכאורה אין אדם מוכן לו עדיין – ואף על פי כן לעשותו.

בתחום זה, כבתחומים רבים של חיי היצירה, חשוב להקדים את התרגול למחשבה, את העשייה המכאנית לנכונות הפנימית. במקרים רבים צריכה העבודה להיות קודמת להשראה, ולאחר זמן מה היא אכן מביאה עמה מידה של התייחסות פנימית. וכמו בכל הדרכים המוליכות אל היהדות, יש להיזהר מפני הניסיון לתפוס יותר מדי בבת אחת, ולהיכנס למחוייבויות גדולות פי־כמה ממה שאדם מסוגל לקבל על עצמו בשעה זו, כדי שלא לבוא לידי כישלון בניסיון החדש. אולם חייב אדם לשוב ולהגיע להחלטה העקרונית הראשונה – לנסות 'לקפוץ מעבר לארבע

אמותיו'. ובדרך כלל, קבלת 'עול' חדש אכן גורמת לרענון, ולא רק כלפי אותו נושא, אלא גם בדברים שכבר הפכו נדושים במקצת.

עודף חוויות

בעיה אחרת, שאף בה עשוי אדם להיתקל בדרכו אל היהדות – בין בתחילת הדרך, בין באמצעה ובין כשהוא הולך בה שנים רבות – היא תחושת עייפות רוחנית, שקיעת ההתעניינות, אובדן הטעם והרגש כלפי כל הדרך או מקצתה. פעמים רבות אין זו אלא עייפות רגילה, הנובעת מעודף מתח ועודף עבודה. אדם המקבל על עצמו בבת־אחת התחייבויות חדשות רבות, הנכנס לעולם חדש המחייב אותו למאמץ טכני־מעשי ורוחני כאחד – מגזים לעתים בעבודה ומגיע לתחושה של 'גודש', של עודף חוויות, המביא לעייפות ולחוסר טעם במה שהוא עושה. תחושה מעין זו חש גם חובב אמנות נלהב, המהלך שעות ארוכות במוזיאון ומגיע לאחר זמן מה לנקודת רוויה, שלאחריה כל מראה נוסף רק מעייף אותו וכבר אינו מלהיב. במקרה כזה אין עצה טובה יותר ממנוחה, הפסקת מאמץ היתר ונתינת רווח, זמן ופנאי בנפש לקליטה מחודשת.

בעל התשובה החש זאת, אפשר שפירוש הדבר שהוא קיבל על עצמו בבת אחת יותר מדי, שנכנס בבת־אחת לעולם מורכב ודורש מאמץ. ועל כן עליו לנסות לנוח מנוחה נפשית, להתיק את עצמו לזמן מה מן העניין ומן העיסוק האינטנסיבי בתחום היהדות, ולעסוק בנושאים ניטראליים, וטעונים פחות. ויש לזכור: כשם שהפסקה למנוחה שאדם עושה בתוך עבודתו, מועילה בסופו של דבר לעבודה עצמה, אף הפסקת מאמץ היתר בתחום הרוח לפרק זמן מסוים יכולה להביא להתרעננות ולהתחדשות. אלא שבמקרה כזה ראוי לאדם להדגיש כלפי עצמו, שאין הוא פורש ואין הוא מנסה לעזוב דבר כלשהו, אלא רק לנוח ממאמציו, בחינת 'ירידה לצורך עליה'. שכן אם ממשיכים בעשייה שאינה מספקת, ואינה מעניקה עוד כל תחושה פנימית,

הרי מגיעים לסכנה של נטישה גמורה ומוחלטת, הבאה מחמת עייפות שכזו, ואם לאו – לשקיעה בחיים חסרי משמעות ויצירת 'קביעות ויציבות' שאיבדו כל תוכן פנימי.

חלקו של כל אדם בתורה

לעתים, תחושות העייפות או האדישות אינן כוללות – כלפי עולם היהדות כולו – אלא נוגעות לנושאים מוגדרים, לעניינים שבמעשה או לנושאי לימוד מסוימים. כאשר קורה דבר מעין זה, משמעו שייתכן שאין לאדם קשר נפשי מיוחד לאותו עניין, שכן, אף כי התורה כולה, על כל חלקיה שייכת לכל אדם מישראל – ישנם בכל זאת חלקים מסוימים שהם לגבי כל אדם 'חלקו בתורה' ואליהם הוא חש קשר נפשי מיוחד, ולעומתם – ישנם נושאים שאין לו קשר כזה אליהם. וכבר אמרו חכמים, "לעולם ילמד אדם מה שלבו חפץ וממי שלבו חפץ" (ע"ז יט,א). אכן, בתוך מערכת שלמה יש צורך להגיע להשלמת כל החלקים (וגם זאת לא במידת אינטנסיביות אחת), אך במיוחד בשעה שאדם שרוי רק בתחילת הדרך אל המטרה – רשאי הוא לבחור בדברים שליבו נמשך אליהם יותר ולהרפות מעט מן האחרים. לא פעם מתברר שהמכשול היה חיצוני וזמני בלבד (מורה שאינו מתאים, שיטת לימוד לא נכונה או זמן בלתי־מתאים), ולאחר זמן מה, בתנאים אחרים, מגלה בעל התשובה כי מה שנראה מעייף ובלתי־מושך ואפילו דוחה, אינו כן, ויכול אפילו להיות מלא עניין עבורו. אלא שגם אז, מוטב שלא להגיע לידי משבר עמוק בהיאחזות בדברים כגון אלה, ומוטב לשנות גישה, לעסוק בלימוד אחר, ולהדגיש צדדים אחרים שהמשיכה אליהם גדולה יותר.

חברים תומכים

כאמור, כל אדם, בכל שלב משלבי חייו כיהודי, עלול לחוש עייפות, חוסר כוח להמשיך וחוסר טעם. פעמים קורה שאדם שהלך כל ימיו בדרך התורה והמצוות ועשה זאת בלב שלם וחפץ,

אף הוא מגלה בתוכו אותה תחושת עייפות ואדישות. ייתכן ששורש הדבר נעוץ בנקודה שאליה הגיע האדם במחזור חייו (או במחזור מוגדר של זמן, שהוא אישי לו), של ירידה ו'נפילה ממדרגה', ואף אנשים דגולים, גדולי תורה וגדולי נפש, אינם מחוסנים מפניה. עייפות כגון זו נפתרת בהתחדשות, והתחדשות כגון זו אינה יכולה להיעשות מבפנים (או כפי שביטאו זאת, "אין חבוש מתיר עצמו מבית האסורים". ברכות ה,ב) אלא מבחוץ. וזו חשיבותם של חברים וידידי נפש. בכל עת שחש האדם עייפות נפשית כזו, אין טוב מלשוחח על הדבר ועל עקרונות חייו בכללם עם אדם קרוב. עצם השיחה והדיבור מצד אחד, וקבלת עידוד מצד שני – עוזרות הרבה. לא פעם מגיע אדם בתוך עצמו לקהות רגש מסוימת, כיוון שבסך־הכל חייו סובבים בתוך עצמם ולא תמיד יש בהם כוחות התחדשות מספיקים. בשיחה, בהארת הדברים בכללם (ולאו דווקא בהארת הבעיה הספציפית), בעיון מיוחד ביסודות ובנקודות המאור היסודיות הוא מחייה את נפשו. גם מי שאינו חש בעייפות נפש כזו, ראוי לו שיחדש את עצמו בשיחה, בפגישה מחודשת עם גופי דברים, בכל עת מצוא. אמנם, שיחות של התעוררות לא תמיד מביאות למסקנות ברורות, אולם חשיבותה של התחזקות כזו היא גדולה, וראוי לנסות להגיע אליה בכל עת. מי שיש לו רב ומורה המעניק לו הארה – ראוי לו שיפגשנו לעתים מזומנות. ואף מי שאין לו מדריך כזה – צריך לשוחח עם ידידים, ואפילו עם זרים, כדי לחזור ולעורר את פנימיותו.

בסופו של דבר סודה של החברה ורעות הנפש הוא, "כי אם יפולו, האחד יקים את חברו, ואילו האחד שיפול ואין שני להקימו" (קהלת ד, י). ירידות ועליות הן חלק ממהלך החיים, משברים ותהיות הם חלק מהאמונה והמצווה. טיבה של חולשה שאין היא מתרחשת אצל כולם באותה עת, וכאשר אדם אחד נופל, יכול חברו ומוכן לסייע לו להקימו.

בעיות אמונה

ספיקות ותהיות

ספיקות, שאלות וקושיות מסוגים שונים עומדים בדרכו של אדם אל היהדות, ועשויים להתחדש מדי פעם בצורות שונות. אולם, גם מי שעבר את סף היהדות וחווה את מעמקי התהייה, את גודש הספיקות ואת לבטי החיפושים הראשוניים – ואפילו הוא מוצא את עצמו בתוך תוכו של העולם היהודי – גם לאדם כזה יש עיתות של תהייה וספק. יתר על כן, תוספת ידיעה ותוספת קרבה מעוררות לעתים בעיות חדשות. אדם מוכן לקבל עקרונות יסוד, אך כאשר הם נפרשים לפניו על היבטיהם המרובים – הוא עלול לגלות שאין מוחו וליבו שלמים עם כולם במידה אחת. הבעיות נוגעות להיבטים מעשיים, או כרוכות ביחסים חברתיים ומשפחתיים, ולא אחת הן נוגעות לעניינים שבאמונה, בכללה ובפרטיה. כדרכן של בעיות הן עלולות לצוץ בדרכים רבות, על פי אופי בני־האדם. יש המגלים אותן כל אחת

לעצמה, בנפרד ובלא קשר לשאלות אחרות, ויש הנתקפים בבת־אחת במבול סוחף של קושיות וספיקות.

צמיחת האמונה

מעבר לשאלות הפרטיות והכלליות, מתעוררת בשעות ובימים של ספק חשש יסודי ועמוק יותר — החשש פן קיומם של ספיקות שכאלה מורה על התמוטטות כוללת של כל המערכת כולה, וכי עצם קיומן של שאלות כאלה מעיד על פגם מהותי שאין לו תקנה. ראשית לכל יש לומר, כי ספיקות אינם מורים כלל על משבר רוחני שבאמונה, ואין הם סימן להתמוטטותה. התמונה שלפיה אדם המצוי בתוך היהדות שוב אינו שואל שאלות, אין בלבו כל תהיות וכל הספיקות נעלמו ממנו — אינה מציאותית כלל ועיקר. כמעט כל אדם, יהא אשר יהא, מתמודד עם ספיקות ושאלות, ומתייסר בהם כל ימי חייו. גם גדולי הדורות, אנשי האמונה הגדולים המפורסמים לתהילה, גם הם עוברים זמנים ומצבים שכאלה. אכן, ההבדל בין אדם לאדם ניכר בטיבם, בעומקם ובסוגם של הספיקות. אנשים גדולים יותר, ואף אלה שיש להם גילויים עליונים, שואלים שאלות מדרגה גבוהה יותר, מתוך נימוקים נעלים יותר. וכל אדם לפי שיעור מידתו האינטלקטואלית והרוחנית נתקל ותוהה — על עצמו, על דרכו ועל דרכיו של הקב"ה. הדבר נעוץ בעצם מהותו המורכבת והמסובכת של האדם ובסתירות המהותיות הטמונות במציאות עצמה. יתר על כן, תהיות וספיקות הן חלק מתהליך צמיחתו הרוחנית של האדם. אין האמונה בבחינת צרור חתום וסגור, שאדם מקבלו כחבילה אחת ולאחר מכן היא מצויה בידו בשלמותה, בלא שינוי. אף אין האמונה צעד אחד שאין אחריו עוד ולא כלום, צעד שאין ממנו חזרה, או שאין לאן להתקדם ממנו הלאה.

האמונה, ככל דרכו של אדם ביהדות, היא תהליך ארוך ואין סופי של צמיחה ושינוי. כמו בכל תהליך של גידול הוא מלווה בכאבי צמיחה, ובכל שלב יש חוליות חדשות הצריכות חיזוק,

ונפתחים בו פערים וחללים ריקים שיש לשקוד הרבה כדי לחזור ולמלא אותם. כל עוד נמשך תהליך הצמיחה, חלקים מסוימים מתאוששים ומתייצבים, ואילו אחרים צריכים טיפול וזהירות רבה. בעיקרו של דבר, אמונה אף היא מידה ממידות הנפש; היקפה ועוצמתה הם בחלקם דברים שאדם נולד עימם, ובחלקם דברים הגדלים והולכים ככל שהאדם גדל ומפתח נטייה זו בנפשו. ביחס לכשרון מוסיקאלי, לדוגמא, גם אנשים שניחנו בכשרון זה אינם מגיעים מיד ומעצמם לידי פיתוחו השלם. רק יחידי סגולה נולדים עם יכולת רבה כל כך, שהיא מתגלה בעוצמה יתירה גם בלא חינוך, לימוד וטיפוח. בדרך כלל יש ללמוד ולאמן את היכולת המצויה בכוח, על־מנת להוציאה אל הפועל. והוא הדין גם באמונה, אין לצפות ל'התגלות' חד־פעמית הפותרת הכל, ואף כאשר אדם זוכה לחוויה רוחנית עמוקה, הוא זקוק להתעמק בה, להרחיבה ולקבוע אותה בנפשו, על־מנת שלא תישאר בחזקת מקרה חולף.

יש המקבלים דברים בקלות, ואף הספיקות וההתלבטויות הללו עוברים עליהם בקלות יחסית, ויש אחרים שעבורם כרוך הדבר במועקה נפשית ובכאב. יש אנשים שתהליכי הלמידה והצמיחה בגופם ובנפשם הדרגתיים מאוד, והמעברים מנקודה לנקודה נוחים ופשוטים. ואילו אחרים מגיעים לכל דבר בקפיצות, וכל שלב מחייב שוב עמידה מודעת מול בעיות, ועמל רב לפותרן. וכללו של דבר – השאלה היא חלק מן התשובה, והספק הוא חלק בתהליך האמונה. הסכנה אינה בתהייה ובשאלה, אלא בבהלה הנלווית, הגורמת לאדם שלא להמשיך הלאה ולהישאר לעתים מיוסר וחסר־אונים.

סוגי בעיות

לבטי אמונה עשויים לבוא לביטוי בצורות שונות, אך אפשר לחלקם לשני סוגים עיקריים: שאלות שכליות ומבוססות, ופקפוקים שבהרגשה. יש לזכור, כי לא תמיד מה שנראה ומורגש בגלוי, הוא הסיבה האמיתית המונחת ביסודה של תחושה

מסוימת. לעתים קורה שתחושה של אי־שביעות רצון ואי־נחת, חוסר ביטחון והיסוס היא בעצם תוצאה מצטברת של שאלות גלויות וידועות רבות, אך מפני שלא נמצא להן מענה מספק, הן נערמות ומגיעות למועקה רגשית עמוקה. ומצד שני, חלק גדול מן השאלות והקושיות המטרידות ביותר אינו אלא מעטה שכלי של בעיות שונות לחלוטין. לא פעם קיומה של שאלה או קושיה מבטא פיתוי או חולשה, שאין להם ולא כלום עם נושא השאלה המסוימת שעל הפרק. וכבר הורו לנו חכמי ישראל, כי מקורם של שאלות וספיקות מרובים נעוץ בחולשותיו של השואל ובפיתויים שהוא עומד לפניהם. וכאשר תבוא נפשו לידי רגיעה בתחום האמיתי, אף שאלותיו – שלכאורה הן אובייקטיביות ושכליות – נמצאות נפתרות מעצמן.

ידיעת הסיבות המורכבות של השאלות, עשויה לעתים להקל את הדרך למציאת פתרון להן. הפתרון אינו ישיר, אלא עובר לעתים דרך תחומים ומישורים אחרים בנפש. אולם, כאמור, בצורתן הגלויה יש מקום להבחין בין ספיקות ופקפוקים לבין שאלות, תמיהות וקושיות.

התמודדות עם הספיקות

ספיקות ופקפוקים הם בעיקרם תחושות של חוסר ביטחון, הרהור פתע או מחשבה ממושכת, שעיקרה: "ושמא אין ההסבר כך? שמא אין הדבר נכון? שמא אין הוא חשוב? שמא אין הוא מבוסס?" תחושות כאלה נסמכות לעתים על צידוק ענייני כלשהו, אולם בדרך כלל הן באות כאילו מעצמן; לפעמים חולפות כלעומת שבאו ולעתים נעשות מטרד ממושך. כיוון שהרהורים שכאלה במהותם אינם רציונאליים, אין מקום 'להיכנס איתם בטוען ובנטען', כפי שביטאו זאת חכמי המוסר; כאן אין מקום לעיון או לדיון. פעמים הרהורים כאלה באים לפתע, בלי רקע מיוחד או סיבה מסוימת – ויש לנהוג בהם כפי שיש לנהוג בכל הרהור הבאי העולה על הדעת – לא לערוך עימם מלחמה ולא להרבות את העיסוק בהם, לפי שהעיסוק הזה, כהרהורים דומים

אחרים, מביא רק לטשטוש הדעת. אין לייחס להם חשיבות מרובה יותר מאשר לכל מצב רוח חולף, ואף תיקונם הוא כתיקונו של מצב־רוח קודר או עגום: יש להסיח ככל האפשר את הדעת לנושא אחר ולשאת בסבלנות את הזמן הבלתי־נעים, ככל מצבי־הרוח האחרים, הנובעים מסיבה גופנית זו או אחרת.

לעיתים מקורם של מצבי רוח אלו הוא מתוך צורך פנימי להגביר את המתח הרוחני. שכן כאשר אדם מגיע לשלב מסוים ונעצר בו, הוא חש מחסור רוחני עלום, ואם אין הוא ממשיך קדימה בדרכו, נוצרות בקרבו תופעות של אי־שביעות רצון רגשית, בעלת תדמית רעיונית כלשהי. במקרים כאלה אל לו לאדם להכניס עצמו לאווירה של מרה שחורה או של עצבות השוללת כל עשייה, אלא תחת זאת עליו לנסות לעשות דברים מועילים, לחזק את עצמו בהגברת הלימוד והמצוות, ולא פחות – בשהייה בחברותא, בשיחה שיש בה כדי לעורר את הנפש. יש לזכור, אין הכוונה דווקא לצורך ב'חיזוק האמונה' במישרין, אלא לתחושה כוללת יותר של התחזקות והתעוררות ברמתה הגבוהה ביותר. ככל שהפקפוקים הללו תוכפים יותר ומכאיבים יותר, אות הוא כי אותו אדם צריך להגיע לרמה גבוהה יותר. משום כך יש לראות כאבים אלה כנלווים לתהליך הצמיחה הטבעי, החולפים כאשר אדם מגיב כיאות ופונה לעסוק בדברים בהתאם לרמה הנתבעת ממנו באותה שעה.

אותה תחושה – של צורך לעסוק בדברים עליונים יותר – יכולה לבוא לביטוי במישרין ובגלוי, כצימאון מודע ומוכר, או באופן שלילי – בכאב ובלבטים. בדומה לכך, אף גילויים של חוסר ופגימה הנובעים מניסיון של הגוף והרוח גם יחד להיצמד לדברים שאין האדם רוצה בהם במודע – אף הם מתגלים כהרהורי פקפוק. העמידה על מקורם, יכולה לשנות את צורתם. אין זאת אומרת, כי בידיעה ובהכרה בלבד יכול אדם לפתור את בעיותיו או להיחלץ מכל פיתוייו, אלא שכאשר הדבר גלוי וידוע לאדם, הוא יודע היכן נעוץ שורשו, וכי את עיקר מאבקו עליו להפנות אל המקור הראשון ולא אל התוצאות הנובעות ממנו.

שאלות אמיתיות

שלא כמו הפקפוקים והתהיות, שעיקרן רגשי ואין להם תוכן לעצמם מלבד הניסיון להרס עצמי, הרי השאלות, הקושיות והפירכות שאדם מעלה בדרכו אל היהדות הן הכרתיות ורציונאליות ביסודן, יהא אשר יהא מקורן או שורשן בעומק הנפש. ההגדרה הכללית 'קושיות' או 'שאלות' רחבה ביותר, ויש בה כמה וכמה פרטים שונים הנבדלים זה מזה במקורם – ואף בדרכי המענה להן.

מעבר לבעיות הנובעות מחוסר הבנה או חוסר ידיעה, קיימות שאלות יסודיות יותר – והן הן הגורמות לשואל להתייסר בהן או לנסות להשתמט מהן. רבות מן השאלות, מעצם טיבן ומהותן, אינן רק קשות ומכאיבות, אלא אף בלתי־ניתנות לפתרון – כל אלה הן חלק מבעיה עתיקה, שימיה כימי משה, איוב וירמיהו – בעיית הגמול וחוסר הצדק, ובלשון חכמים 'צדיק ורע לו, רשע וטוב לו' (ברכות ז,א). שאלות כאלה נשאלות או נזעקות, וכך ראוי שיישאלו, אלא שפתרונן האמיתי מצוי מעבר לתחום ההשגה האנושי, בבחינת 'לו ידעתיו הייתיו' (ספר העיקרים ב,ל) – ולו ידענו את הפתרון האמיתי להן, כי אז היינו מעל ומעבר לגדר אדם. שאלות כאלה ודומות להן הן שאלות בלא מענה אמיתי ושלם, משום שעצם הוויית העולם מבוססת על מציאותו של אותו פער שאינו ניתן לגישור בין האנושי לאלוקי, האין־סופי. בעיות אלה אינן נענות אלא בחלקן, ורק לעתים מסוימות, אלא שהדרך הראויה לטפל בהן היא בלימוד ובהתעמקות יתר בהבנת הדת ועקרונותיה – הבנת בסיסן של שאלות כאלה, ומדוע אין אנו יכולים להבינן.

שאלות מדומות

סדרה אחרת של שאלות מציקות, נובעת מתוך התנגשות בין תפיסת עולם אחת לגישה אחרת כלפי העולם וכלפי החיים בו. אדם החי שנים רבות במערכת מחשבה אחת (וכאמור, כל אדם בימינו, גם שלומי אמוני ישראל, חיים במידה רבה בתוך העולם

הנכרי, בחיצוניותם ואף בפנימיותם) – קולט בלא משים את הנחות היסוד הפילוסופיות, הפסיכולוגיות והחברתיות שלו. על היסוד העקרוני הזה, עולות מפעם לפעם שאלות ופירכות: הכיצד יתכן שייאמר בתורה דבר כגון זה? היתכן לעשות מעשה כגון זה, הנראה בלתי־מתיישב ומתקבל על הדעת? במקרים אלה, בירור מעמיק יותר של השאלה עצמה, ניתוח טוב יותר של יסודותיה הראשוניים מגלה לשואל עצמו, כי השאלה שנראתה בעיניו חמורה וחסרת תשובה, אינה אלא אחת התולדות של השקפת העולם השונה או המנוגדת, אשר החזיק בה בעבר, אך שוב אינו מקבלה. לא פעם מגלה אדם, ששאלתו אינה אלא המשך של תיאוריה פילוסופית או פסיכולוגית כלשהי, שמתוך שיגרה עדיין נחשבות מסקנותיה להכרחיות, אף שיסודה אין בו עוד ממש. לא פעם מתברר לאחר העיון, כי אין אלו אלא מעין שאלות רפאים, רעיונות מתים שעדיין סובבים והולכים, כאילו היו שרירים וקיימים.

בעיות אחרות נובעות מקבלת הנחות ועקרונות מסוימים. אי־אפשר להקשות קושיות המתבססות על מערכת עקרונות אחת, ולחפש את פתרונן במסגרת מערכת עקרונות אחרת. למשל, מי שאינו יכול לקבל את האמונה בקיומם של ניסים, בדברים הנאמרים ברוח נבואה, בתכלית העליונה של המאורעות – ברור מאליו שלא ימצא תשובות לשאלות העוסקות בדברי תורה המתבססים כולם על קבלת הדברים הללו. ואף בנושאים אלה, בירור טוב של השאלה, חתירה לעומק יסודותיה וטיפול בשורשי הדברים (במקום לנסות לחפש 'תירוצים', דחיות, פתרונות עראי וניסיונות להסביר דברים שלא על דעת אומריהם ואף בניגוד גמור לדעתם), מביא את השואל לנקודה שבה הוא מסוגל להתייחס אל השאלות ולהשיב עליהן.

בסיכומם של דברים: שאלות (בניגוד לספיקות ולפקפוקים בנוסח 'שמא לא' וכיוצא בהם) ראוי להן שתישאלנה. אף טקס ליל־הסדר הגדול והמרשים מבוסס על כך שהכל שואלים, בכל האופנים ובכל הדרכים.

תוקף המענה

ואשר לתשובות – האם הן משכנעות? בעניין זה אין דומה אדם לחברו, הן מבחינת האופי והן מבחינת טיב שאלותיו ועומקן. יש תשובות המתקבלות ומתיישבות מיד על דעתו של האדם, והשאלה שוב אינה חוזרת ומציקה, ויש פעמים שאדם שומע דברים רבים, ואף אחד מהם אינו מספקו. וודאי, למהותו וליכולתו של הנשאל נודעת חשיבות מרובה, שהרי לעתים שואלים אדם שאינו יודע להשיב (ואינו יודע או אינו מעז להודות שאינו יודע) והוא משיב בדחייה של מה־בכך. אך לעתים קורה שגם דברים שיש בהם ממש, דברים עמוקים ונכונים אינם מתיישבים מיד על הדעת ועל הלב. שהרי, כאמור, אין שאלה באה מחלל ריק. כל שאלה צומחת על קרקע הכרתית ורגשית, ולא פעם יש צורך בהכנה ראויה כדי שהדברים אכן יוכלו להתקבל על דעתו של השואל. אדם עשוי לשמוע דברים במצב מסוים, ובאותה שעה הם אינם מספקים אותו ואינם משמעותיים עבורו, ורק כעבור זמן הוא מבין את שנאמר לו. וכבר נאמר בתורה על כגון זה, "לא נתן ה' לכם לב לדעת ועינים לראות ואוזניים לשמוע, עד היום הזה" (דברים כט,ג). וחכמים טענו, כי אין אדם עומד על דעת רבו עד ארבעים שנה (ע"ז ה,ב). ומשום כך אין חובה לאדם לעמוד על קבלת תשובות שלמות ומספיקות לכל השאלות, בלא שהייה.

חשוב יותר לנסות לברר את השאלות לגופן, מהם העקרונות העומדים מאחוריהן, למיין את הבעיות השונות, ולראות כיצד הן מתקשרות זו אל זו ומהם הנושאים העיקריים שבהם יש מקום לשאלות, לקושיות או לעיון. בירור כזה לא זו בלבד שהוא מצמצם את מספר השאלות, אלא אף מסייע בפתרונן האמיתי. שכן לא פעם הקושי במציאת תשובה (ועוד יותר מכך בקבלת התשובה הניתנת) נעוץ בכך, שהשאלה מראשיתה לא היתה בעצם 'שאלת חכם'. קשה לאין ערוך לענות כהוגן על שאלת שטות מאשר על שאלה חכמה. קשה להשיב כהלכה לשאלה מבולבלת הכורכת בנשימה אחת כמה וכמה בעיות שונות. מה

גם שלעתים אין השואל יודע לנסח כראוי את בעייתו, והוא כולל בשאלתו גם שאלה סמויה, שבה טמון עיקר הקושי. ובעוד שהוא נענה על מה ששאל, הוא חש עצמו מקופח משום שלא נענה על מה שבעצם לא שאל כלל, והיה הדבר שהציק לו ביותר.

שאלות פתוחות

בעניין זה צריך ללמוד הרבה מדרך העיון שבתורה שבעל פה. לימודה של תורה שבעל פה (ובפרט הגמרא) הוא במידה רבה סידרה של שאלות וקושיות. לרבות מהן יש תשובות מיידיות, ואחרות נשארות בתיקו, ב'צריך עיון' או 'צריך עיון גדול' — ללא תשובה. אלא שאין אדם יכול להישאר 'תקוע' לנצח נצחים בתוך שאלה סבוכה. עליו לנסות להתקדם הלאה, להשאיר את השאלה בחזקת 'צריך עיון', ולחזור אליה לאחר זמן מה. פעמים רבות הוא מגלה אז, כי השאלה כבר אינה קיימת, או שיש לנסחה בצורה שונה, ואז נמצאת הדרך אל הפתרון.

המבנה האינטלקטואלי הזה של תקיפת בעיות קשות — לעתים בחקירה ישירה, לעתים בעקיפין ובניסוח שונה — הוא הוא המכשיר המשמש בכל דיסציפלינה מדעית לפתרון ולהתקדמות. ואף בתחומיה של היהדות כן; ראוי לשאול — אם אמנם יש לו לאדם שאלה, וכדאי לחפש אחר תשובה, אך כאשר מתברר כי יש קושי מהותי, אין להגיע לידי חולניות בחיטוט אחר מענה מושלם. לשם כך מועיל הבירור הפנימי, ההתקדמות הנפשית, ובמידה רבה הבגרות הרוחנית.

היחס אל העבר

חיים חדשים

אחת משאיפותיו של בעל התשובה היא למחוק את עברו מתודעתו. התשובה, המִפנה שבמתן כיוון חדש לחיים, בקבלת משמעויות חדשות לכל דבר כמעט, ולעתים קרובות גם זכרונות בלתי־נעימים מן העבר — כל אלה חוברים יחד לשאיפה עזה לנסות לשכוח ולהתעלם מכל מה שהיה קודם למפנה. גם מי שלא היו לו כתמים מיוחדים או עוונות יוצאי דופן בעברו, חש כי העבר — זכרונותיו, חלומותיו ולא פעם גם קשרים אישיים מסוגים רבים — כל אלה יש בהם כדי לבלבל ולהסיח את הדעת מדברים אחרים, חשובים יותר, בהווה. וכל שכן כאשר הוא חש תחושת אשמה וחרטה עמוקה על מה שאירע קודם לכן. יתר על כן, כל אדם נתקל בפיתויים שונים ובתשוקות רבות שאינם נעלמים בהכרח עם השינוי בהשקפת עולמו. לעתים הוא חושש, במידה רבה של צדק, כי חזרה אל המקומות שבהם היה מצוי קודם לכן, חזרה לעיסוקים שהיה שקוע בהם או חידושם של

קשרים אישיים ישנים – כל אלה עלולים להוות פיתוי שקשה לעמוד בו, וחזרה למצב של קרע נפשי ומבוכה.

הקפיצה הערכית המהותית שעושה בעל התשובה בנקודה מסוימת בדרכו הרוחנית, כוללת בתוכה גם את היכולת להינתק מכבלים ישנים ומקשרים ישנים. קשה עד מאוד להיות שרוי בעת ובעונה אחת בכמה עולמות רוחניים וחברתיים מנוגדים, ולא פעם מנסה האדם, ואף מצליח, ליצור מעין תהום בין העבר להווה. וכמו במישור הנפשי, כך במובן הרוחני הפנימי. שהרי לאחר התשובה וכמסקנה ממנה – באה המחילה והכפרה. תהא תפיסתה של מחילת העוונות אשר תהיה, בעיקרה נעוץ רעיון יסודי אחד – מחיקתם של המעשים שנעשו, מחילתם של העוונות, הפשעים והחטאים – מעין לידה מחדש. במובן מסוים, לא זו בלבד שאסור להזכיר לבעל התשובה את חטאיו, אלא שבתחום הרוח, הכפרה יוצרת הוויה מתחדשת, הוויה שבה חטאי העבר אינם נחשבים ואף אינם נזכרים, ולמעלה מזה – כאילו לא היו קיימים כלל. העיקרון הזה בא לביטוי בדברי חכמים 'והימים הראשונים יפלו' (במדבר ו,יב) – הימים הראשונים שהיו שוב אינם קיימים, וכאילו אינם נמנים במניין החדש.

תשובה מתמדת

אולם תשובה אינה רק תופעה חד משמעית וחד כיוונית. פנים רבות לתשובה, ויש בה צדדים רבים – גם לאותו אדם עצמו. במהלכם הכולל של העניינים, אין דרך למחוק ולמחות דברים שאירעו ולא להותיר להם כל זכר. לעומקם של דברים, תשובה אינה רק קפיצה חד־פעמית שממנה ואילך העבר שוב אינו קיים. התשובה היא תהליך ממושך, אין־סופי כמעט.

חרטה ותשובה שייכים בכל דרגה של התקדמות והתעלות, וככל שאדם מתעלה בדרכו כלפי האלוקי, כך הוא נדרש לתשובה שלמה ומלאה יותר. לכל דרגה של התקדמות מתלווה דרגה מקבילה של תשובה, אשר באותה דרגה שוב אינה צריכה שיפור

ותיקון. אלא שככל שאדם מגיע למעלה רוחנית גבוהה יותר, כך הוא נדרש לתשובה מלאה ומעמיקה יותר – ולאו דווקא על חטאים ופשעים, אלא אף על המצוות שעשה – כאשר אין בהן שלמות והתאמה לדרגתו החדשה.

כללו של דבר, התשובה כוללת שני שלבים מהותיים: האחד הוא קפיצה במהותו, במשמעות של הינתקות וסילוק הקשרים מהעבר (המכונה: 'תשובת המשקל'); ואילו השני מתמשך וקשה יותר – הניסיון להביא את העבר לידי תיקון ('תשובת התיקון'). השלב הראשון הוא שלב ההריסה לצורך בנייה מחדש, והשני – תיקון ושיקום ההריסות. שהרי חטאיו ומעשיו של אדם אינם נשכחים ועוברים מן העולם לחלוטין. המעשים והעבר אינם יכולים להיעלם בפשטות, אלא צריכים לשנות את כיוונם ואת משמעותם. או בלשון חכמים, בדרגה מסוימת הופכים עבירותיו של אדם והזדונות שעשה להיות שגגות, ובשלב גבוה יותר הם הופכים לזכויות. שינוי זה במשמעות אינו נוצר יש מאין, אלא הוא תהליך שאותו האדם, בעל התשובה, אמור לעשות באופן פעיל ומודע.

מעשית, אין המעבר משלב אחד למשנהו מתרחש בקצב קבוע ומוגדר, אלא הכל תלוי במהותו של האדם, באופיו וביכולתו – כשם שהוא תלוי בעומקה ובטיבה של התשובה שעשה. משך הזמן העובר למן הצורך להגיע לידי ניתוק ועד לרגע שבו אפשר וצריך לחדש ולתקן את העבר – מותנה באופיו של האדם, במידת בטחונו במעמדו החדש, וביכולתו לא רק לבלוע את דרך החיים היהודית אלא אף לעכלה היטב ולהופכה לחלק מהותי של דמותו הרוחנית. לעתים נמשך השלב הראשון זמן ממושך, כהחלמה ממחלה אנושה, כהתאוששות לאחר ניתוח קשה ומכאיב – אולם הוא חייב להגיע לידי סיום. אין אדם יכול או אף רשאי להמשיך כל חייו להיחבא במקום מסתור כלשהו, בין שהוא מקום גשמי־חומרי ובין שהוא מצב נפשי – מקום שבו הוא מנסה להתעלם לא רק מסביבתו אלא אף מעצמיותו. העושה כך מעיד על עצמו לא רק על רפיון כוחו

וחוסר אונו, אלא אף על כך שאין הוא משלים את תהליך התשובה שבו החל. תשובה אינה מתמצית בהשבת האדם אל המקום שהוא ראוי לו, אלא גם השבה, החזרת הדברים שפגם בהם, החזרת המעשים שעיוות, אל מקומם הנכון.

תיקון העבר

עניין זה של 'תשובת המשקל' ו'תשובת התיקון' אינו רק נושא לשיקולים רוחניים עליונים, אלא אף מתחייב מעצם מהותו של האדם. לא רק במקומות עליונים אין הדברים נשכחים, אף בעולמו הפנימי של האדם אין הוא יכול למחות את עצמו, על הטוב והרע שבו. התשובה היא שינוי, לעתים אף היפוך, של כיוון ומשמעות, אך אין בה בריאה חדשה לחלוטין. ביסודו של דבר, תכונותיו של אדם, כשרונותיו וידיעותיו נשארים עמו לכל אשר ילך. וודאי, אדם יכול לנסות להתעלם מכל אלה, ולהתייחס אליהם כאילו לא היו מעולם. התעלמות זו, כוחה יפה לשינוי חיצוני, שינוי של מעשה, אך אינה מסוגלת ליצור חיים שלמים. היא יכולה ליצור מעין 'משחק', חיים של 'כאילו', כלבישת מסיכה חיצונית בלבד. ניתן לעשות זאת בפועל – אך לעולם יהיה בכך חסרון יסודי בטבעו של האדם, שכן, אישיותו פועלת רק בחלק קטן מן הפוטנציאל שלה. אם היה באדם נגע, אין די בכך שמסתירים אותו ומתעלמים ממנו, אלא יש צורך להביאו לידי ריפוי ותיקון.

בעיקרם של דברים מקובל עלינו, כי אין במציאות מהות שהיא בבחינת רע גמור; כנגד כל פגם ועיוות בתכונת נפש או בניסיון חיים כלשהו, יש גם צד של חיוב ושל טוב. וכבר הראו חכמים, כי אפילו דברים הנראים במבט ראשון כשייכים לרע, יכולים להיות – בהדרכה נכונה – מנוצלים ופועלים בכיוון הטוב. מה שנדרש הוא מציאת המידה הנכונה של אותם דברים, שימוש באותם נושאים עצמם למטרות שונות, ויכולת לנצל דברים בכיוון אחר ובמשמעות שונה. אפילו מידות מגונות – כגאווה או כעס – יש להן שימוש ותיקון. יתר על כן, מבחינות

רבות הריהן מרכיבים יסודיים של דברים שאדם חייב לעשותם, ודווקא תוך שימוש באותן מידות עצמן. הוא הדין לגבי כשרונות וידיעות, וגם לגבי ניסיון החיים בכלל.

ניצול הנטיות הטבעיות

תיקונו של העבר והשבתו אינם תהליך מכאני פשוט, שיש לו מתכון אחיד הראוי לכל. גורמים רבים שלובים בנושא זה, ותנאי הזמן והמקום, האדם וההזדמנות הנקרית לו – לכולם השפעה בתחום זה. יתירה מזו, עיקרם של השינויים הללו תלוי במהות מעשיו של האדם קודם לכן – הן במידת ריחוקם מן האמת, ובמידת השפעתם וערכם לאחרים. בדרך כלל קל יותר לנסות לתקן דברים ניטראליים במהותם, עניינים שגם מראשיתם לא היו טעוני משמעות מיוחדת. בתחום זה יש לכלול לא רק מעשים ועובדות, אלא אף תכונות אופי ותחומי ידיעה וכישרון. אדם שמסוגל מבחינת כשרונותיו ונטיות רוחו לעסוק בנושאים מופשטים, שיש לו כישורים אינטלקטואליים ברורים – מגיע לתיקון נפשו בעיסוק בנושאים כאלה בתחומי העולם הדתי ובהכוונה אל הקדושה. ואילו אדם שליבו אינו נוטה מעצם טיבו ומהותו לאלה, והוא נמשך לשירה – גם לימודיו ופעילותו בתחום התורה והמצוות לובשים אופי שכזה.

האמור נכון הן בנושאים כלליים והן בפרטים קטנים, ועיקרו של דבר הוא שהמהפך הנפשי שחל באדם אינו מחייב אותו להפוך את אישיותו ולשנותה מן הקצה אל הקצה, והוא רשאי ואף צריך לעסוק בדברים המושכים את ליבו, ולא בתחומים הזרים לו. ודאי, תחומי היהדות כלליים באופיים, ואין אדם בורר מתוכם רק מה שנוח ונעים לו, אולם במכלול הזה יש אפשרויות שונות של הדגשה, ולכל אדם תחומים שבהם הוא מסוגל מעצם מהותו להעניק יותר ולקבל יותר. הכלל הגדול, ההיקף השלם של היהדות נותן מקום לביטוי לכל צדדיו המרובים והמגוונים של האדם, ואין אדם העשוי מיקשה אחת בלבד, ולו יכולת מוגבלת אחת. עם זאת, יש לכל אדם גם יעוד וכישרון מיוחד

בתחום ידוע, ובתחום זה הוא נתבע לתת יותר מן הרגיל.

אמרו חכמים, כי נוסף לשמירת כל המצוות כולן, ראוי לאדם שיברור לעצמו מצווה אחת שבה הוא מדקדק יותר ומקיים יותר ("זהיר טפי" כלשון התלמוד, שבת קיח,ב) מכפי מנהגו בשאר המצוות. ולגבי בחירה זו יכול אדם למצוא את מראה המקום באותם דברים שליבו נמשך אליהם מכוח נטיותיו האישיות. כדברי חכמי המוסר, מי שיכול להיות לוטש אבנים טובות, אינו רשאי להיות חוטב עצים, משום שיש בכך משום זלזול במתנה שהעניק לו הבורא, וביכולת שנתן לו לפעול באותו תחום.

חיי עולם

צד אחר של אותו עניין — אף הוא מותנה ביכולתו של האדם לקבל על עצמו ולתקן את המצוי באישיותו — הוא בהערכה נכונה, אובייקטיבית ככל האפשר, של תחומים שאדם נהג לעסוק בהם ואשר נחשבו בעיניו יותר מאחרים. השינוי הבא עם התשובה, מביא עמו גם שינוי ואפילו היפוך של סדרי העדיפות והחשיבות בחיים. דברים רבים שאדם שש והתפאר בהם בשלב הקודם של חייו, מאבדים את ערכם המיוחד כאשר מעמידים אותם מול ערכי הנצח: עושר וכבוד, ואפילו שלוות נפש וסיפוק אישי הם ערכים חולפים וזמניים, אף אחד מהם אינו יכול להשתוות בערכו המהותי עם העניין האלוקי, ועם 'קרבת אלוקים'. אלא שיש לזכור, כי כבני־אדם אין אנו חיים רק בתחום זה של מגע עם האלוקות; חלק נכבד מהוויתנו מצוי בעולם הזה, כבני־אדם שיש להם תפקיד מוגדר ובעל סולם ערכים מיוחד, השייך ומתייחס לעולם הזה.

ודאי שמבחינה מסוימת מתגמדים כל הדברים כולם כאשר הם מושווים לאין־סוף, אולם איננו יכולים ואף איננו רשאים לנקוט בכל מקרה ובכל עניין דרך זו של הערכה. שומה עלינו להזדקק גם למהויות וערכים יחסיים, שיש להם חשיבות כאשר הם נמדדים בקני־המידה של החברה האנושית ושל בעיותינו כבני־אדם, ארציים וחומריים. קנה־המידה של הנצחי והקדוש

מסייע לנו לקבוע את המוקדם והמאוחר, החשוב והבלתי־חשוב בחיינו, אך אין הוא מבטל לחלוטין את כל הערכים האחרים ואת כל אמות־המידה האחרות.

אף בנושא זה צריך לחול מעבר בין שלבי תשובה שונים. בשלב הראשון, שלב ההינתקות והתמורה, צריך אדם לתת את דעתו תחילה לחשבון הגדול, להקטנת 'עולם חולף' אל מול 'עולם קיים'. אך בהגיע שלב ההתבססות וההתייצבות – יש לדון גם בערכים האחרים, ולנסות להעמידם בסדר הראוי, בתיקון אך לא בביטול ובפסילה גמורה מעיקרם. שהרי אין מטרתם של חיי התורה והמצוות להרוס את העולם שבו אנו חיים ולבטלו מכל־וכל, אלא להביאו לידי תיקון ושלמות. התנזרות מכל קשר עם העולם, נטייה לראות בכל הדברים רק הבל־הבלים, אינה השאיפה הסופית והמגמה המתוקנת. ומשום כך יש לשוב ולראות את הדברים, להעריכם על פי קנה־המידה של חשיבותם בכל המישורים; הסוחר או איש־הצבא, המלומד או האמן ממלאים תפקידים רבי־ערך. וודאי, לא כל אחת מן הפעולות והמעשים הינה בדרגה של שלמות, ויש מקום להביא דברים לידי שלמות, לכיוון טוב ומועיל יותר. גם הגר שנתגייר, שמבחינות רבות בהלכה הוא 'כקטן שנולד', מביא עמו לחייו החדשים דברים רבים שרכש קודם לכן – בחומר וברוח – ואין הוא מצווה להשמידם ולהתחיל הכל מבראשית. וכל שכן בעל־התשובה, שתפקידו לבחון מחדש דברים ולראותם באורם הנכון. כשם שאין לאדם להגביה מעל הדרוש את עברו ואת מעשיו משכבר, כך אין עליו להקטינם ולהמעיט בערכם שלא במידה הראויה. ראיית העבר ומכלול הדברים והערכים שנקנו באותה תקופה היא חלק מהתהליך של תיקון וכפרה על העבר.

הזכרון – תנופה לעתיד

ההתייחסות אל העבר, כוללת בתוכה גם את זכרון הפגמים, החסרונות והחטאים, לא על־מנת להתפלש תמיד באפר, אלא כדי להשתמש בהם כמנוף וסיוע להתקדמות לעתיד. לא כל מה

שהחסיר אדם בעבר, יכול הוא להשלים בהווה ובעתיד, אלא שדברים רבים דורשים השלמה ומילוי החוסר. ואם אין אדם יכול להשלים בכמות את שהחסיר בעבר – הרי מוטל עליו לפחות להשלים את הדברים באיכותם. ככתוב בזוהר הקדוש (ח"א קכט,ב), בעלי תשובה נעלים על צדיקים גמורים משום "דמשכין ליה בחילא יתיר" – שהם מושכים ונמשכים אליו – אל הקב"ה – בכוח רב יותר. כך הופכים הזדונות לתמריץ ולעידוד מתמיד וכך הם הופכים לזכויות.

מה שפגם אדם וחטא כלפי החברה או כלפי יחידים, מוטל עליו לשלם ולתקן כפי יכולתו, למן החובות שבממון ועד להתחייבויות אחרות. מי שפגם, ואפילו במעט, בהיותו גם מחטיא אחרים, שומה עליו לתקן בזכותו את הרבים. מה שפגם מחוסר־דעת, צריך לתקן ביתר־דעת, ומה שנפגם מחמת דעות לא נכונות, יש לתקן בכיוון עצמו בדעות הראויות. ובכללו של דבר, יש לראות את החיים כולם – עבר והווה כאחד – כשלמות אחת, ותפקידם של בעלי תשובה בכל גיל ובכל שלב לדאוג, כי יתקיים בהם "אשרי זקנותנו שכפרה על ילדותנו" (סוכה נג,א).

כובד ראש ושיווי משקל

רצינות

כל אדם יודע על קיומן של בעיות חיים גדולות, ועל קיומו של חיפוש הזהות העצמית וחיפוש הזהות היהודית – אלא שלרוב בעיות אלה אינן מטרידות בצורה קיומית. גם אם אדם מודע להן מבחינה אינטלקטואלית, אין הוא מייחס להן חשיבות, עד כדי הרהור רציני בערכים קיימים; אין הוא מגיע לשקילת מערכי החיים מחדש, וכל שכן לתזוזה ממשית בכל כיוון שהוא, כתוצאה ממחשבות אלה. בעל התשובה, מעצם טיבו, נוטה להתייחס לעולם הדתי במידה רבה של רצינות. דבר זה הוא הסיבה ואף התוצאה של דרך התשובה, שכן, אדם מגיע לתשובה לא אחת משום שהִרבָּה יותר, משום מה, להתייחס לשאלות הללו או לחלק מהן, ולאחר שחשיבותן גדלה בעיניו הוא מגיע לידי החלטה מעשית – לעשות דבר־מה בעניין. וגם את המשך דרכו כיהודי דתי, הרי הוא תופס ביתר חומרה.

גם מי שלא הגיע לתשובה מתוך מחשבות מעמיקות, הרי כאשר הוא מגיע לידי החלטה ולידי פעולה, מטבע הדברים הוא מתייחס לכל עולמו הדתי במידה רבה יותר של רצינות. מה שאדם הגדל בתוך היהדות עשוי לראות רק כמצוות אנשים מלומדה, הנעשית לא פעם כלאחר־יד, הופך בעיני בעל התשובה לעניין רב־חשיבות, שכל כולו, על כל פרטיו ודקדוקיו, רציני ביותר, ויש להעניק לו את מלוא תשומת הלב האפשרית. בין שאדם נכנס לעולם המצוות השלם בבת־אחת או שהוא מתחבט באחדות מהן — הצד השווה הוא יחס של כבוד וכובד־ראש לכל הדברים כולם.

צד אחר של שינוי המתרחש בדרך כלל אצל בעלי התשובה, הוא שינוי בהערכה העצמית. מי שיכול להיות בעיני עצמו מושלם בכל המעלות, ויודע את כל שיש לדעת — מגלה עד כמה אינו יודע, ועד כמה הוא זקוק להדרכה והוראה בדברים הקטנים והפשוטים ביותר. יתר על כן, מאחר שכמה וכמה מושגי יסוד ועמדות עקרוניות משתנים, במהירות או לאט, מוצא אדם את עצמו מבחינה זו כתינוק שנולד, ועליו לבנות לעצמו סולם התייחסות וערכים חדש, ואף לאמץ לעצמו ידיעות הידועות זה מכבר לאחרים, כאילו עליו ללמוד מחדש את האלף־בית. לא פעם מלווה תהליך התשובה בתחושה של שאט־נפש ואפילו בוז כלפי העבר, כלפי הישגים בתחומים שונים, וכלפי כל אותם דברים שהיו בשעתם מקורות של עונג ואף של רגשות גאווה וביטחון עצמי. אדם לומד (לעתים לראשונה בחייו) את רגש הענווה, את ההכרה בקטנותו, בבורותו ובריקנותו. לפעמים חש בעל התשובה גם תחושת התבטלות בפני האנשים המצויים בתחום מסוים של יהדות הרבה למעלה ממנו, לעתים בדרגות של ידיעה או ניסיון שהוא חש, כי לא יוכל להגיע אליהן אלא לאחר שנים רבות של מאמץ — אם בכלל.

כתוצאה משילובם של הגורמים הללו נצמד בעל התשובה בהתלהבות יתירה וברצינות כבדת־ראש לכל מה שהוא יכול לעשות בתחומי התורה והמצוות. לא רק מבחינת הדקדוק

וההקפדה על פרטים ופרטי־פרטים, אלא אף ביחס הנפשי, העומד על החשיבות הגדולה שבכל אחד ואחד מהם. האיש חש עצמו 'אדם חדש', הפתוח ומוכן ללמוד ולקבל, לקבל הוראות והנחיות בכל פרט של דרכי־חייו והתנהגותו, לשנות ולתקן מתוך תחושה של התבטלות בפני המורה, החכם, הרב – או כל מישהו אחר, שהוא רואה כגדול ממנו בתחום זה.

שמירה על איזון

התכונות הנפשיות הללו, הבולטות וניכרות מאוד כאשר עוצמת החזרה בתשובה גדולה ביותר, הריהן תכונות חשובות ואפילו רצויות בכל אדם. שהרי בסופו של דבר, כל ספרות המוסר וההדרכה הדתית עומדת על נקודות אלה – הזהירות וההקפדה, הרגשת הכבוד והחשיבות, הכרת קטנות עצמו, ענווה והכנעה. אולם ככל שהדברים חשובים ורצויים, כן עשויים הם להיות – דווקא לבעל התשובה – מסוכנים לשלומו הנפשי ולהתפתחותו הרוחנית. היציאה מן האיזון הקודם – שהיא במובן מסוים מהותה של התשובה – גורמת לנטייה קיצונית לצד האחר, ודרוש זמן מה עד להשגתו של שיווי־משקל יציב ושונה מהעבר. חוסר האיזון הזמני הזה יוצר לא אחת מצבים, שדווקא בעל התשובה, משום חוסר ניסיונו בחיי הדת, עשוי להיכשל בהם.

רצינות האימים שכמה וכמה בעלי תשובה מפתחים בהקשר זה על כל היבטיו, עלולה להביא לעתים למרה שחורה חולנית. לעתים אדם המערער על כל יסודות קיומו בעבר, החושב שכל חייו היו חסרי תועלת, מגיע לירידת המתח הרוחני שלו ולחוסר תפקוד בכל מסגרת שהיא, ועד למשבר גמור של אישיותו. במקום שהתשובה תהפוך למנוף להתקדמות, היא נעשית מעין רעיון כפייתי, שאינו מניח לאדם לחיות בכל אופן שהוא, עד כדי מעין מיתה רוחנית – לא רק בנושאים שוליים, שמן הדין היה לדחותם, אלא גם בכל דבר אחר שבעולם: אדישות, אי־אכפתיות וחיים של 'מת מהלך'.

אבחנה בין עיקר לטפל

אולם גם אם אין הדברים מגיעים לידי שלב קיצוני שכזה (התלוי לא מעט באופיו ובמבנה נפשו של האדם), עלול בעל התשובה להיתקל בתופעות אחרות, חולניות פחות, אך אולי מסוכנות יותר, העלולות להיגרם מחמת קיצוניות יתר. אחת הסכנות הללו היא אובדן חוש ההבחנה בין דברים. לעתים קרובות הוא מתבטא בחוסר יכולת להבחין בין דברים שהם עיקרים ויסודות לבין דברים שהם טפלים, ואינם אלא מסגרת חיצונית. וכתוצאה מכך, לא זו בלבד שהאדם מייחס חשיבות יתירה ומתעניין עניין רב יתר על המידה בפרטים של מה־בכך, אלא שלא פעם הוא מקפח את הגישה והיחס אל מה שבעיניו הוא חשוב ועיקרי.

פרטי לבוש עשויים להיראות כעיקר גדול – לא רק בתחומים שבהם נודעת להם חשיבות, אלא אף בגוני גוונים זמניים או מקומיים של קבוצה זו או אחרת. אדם משנה את לבושו, את אורח דיבורו ומתאים אותם למה שנהוג או מקובל בקבוצה שאליה נקלע. ולא פעם, נוטל ממנו הקושי החיצוני שבדבר את היכולת לראות ולהבחין בעיקרי הדברים שיש לתת עליהם את הדעת. שינוי בצבע הכובע או בצורתו יכול להקל את ההשתלבות בחבורה מסוימת, אך עם זאת הוא עלול להיות מעשה קוף, המשאיר את האדם זר כבתחילה, ולא עוד אלא שהוא נותר בלא יכולת לראות מהו הדבר שאליו יש להתכוון ואשר אליו יש לשאוף. וכיוצא בזה, ישנם פרטים רבים מספור – אם פרטי הלכה ואם פרטי התנהגות – שפשוט יחסית לקיימם, חרף הקושי האישי הכרוך בדבר, אולם המאמץ לאמצם ולחקותם במהירות כדי להיות חלק מחברה זו או אחרת – שולל את יכולת ההבחנה בין הדברים, ואת היכולת להמשיך בדרך הישרה.

יתירה מזו, חוסר ההבחנה בין עיקר לטפל גורם לא פעם להחשת קצב היווצרותם של בעיות ומשברים – כאשר חוסר ההבחנה בין חטא לבין שוני, בין מצווה לבין נוהג מקובל, גורם

לאדם להשליך ממנו והלאה הכל. אדם עלול להידרדר לנטישה של דרך התשובה שהחל ללכת בה, רק משום שהוא יצר לעצמו מסגרת חסרת חשיבות, והוא נאחז בה בלא להבחין במטען היתר שיש להיפטר ממנו, על־מנת להמשיך ולקיים את העיקר ואת הדברים הטומנים בחובם אפשרות של בחירה והבחנה.

אמונות שווא

אותה תופעה עצמה מתחום ההתנהגות, מגיעה לא אחת לדרגות חמורות יותר, כאשר מדובר בענייני אמונות ודעות. לא פעם קורה, שאדם עובר מקיצוניות של חוסר אמונה בכל לידי אמונה בכל – אמיתי כתפל, ממשי כחסר־ערך. ממצב פקפקנות וספקנות ידועה עשוי אדם להגיע לידי מצב של טמטום גמור, של 'פתי מאמין לכל דבר', לידי הגנה וניסיון־נואש לקבל בלבו אלף דברים שאין צורך להאמין בהם, ולא פעם דברים רבים שאפילו אסור להאמין בהם. קבלת תורה ומצוות נעשית מעין טקס של כשפים, ואמונת חכמים – להערצה עיוורת של אישים שאין זה מן הראוי לקבלם בלא מבחן, לביטחון ולפטליזם חסר ישע.

חשוב לזכור כי היהדות מדגישה הדגשה יתירה את היחס (הנובע לא רק מתוך שורש המילים) בין אמונה לאמת. אדם מישראל זקוק ללמוד לא רק פסיקת הלכה, אלא אף מדרך החשיבה הביקורתית של התלמוד ושל נושאי כליו; ואין לימוד זה יכול להיות משמעותי ובעל ערך, כל עוד אינו מלווה במידה רבה מאוד של יכולת השימוש בחוש הביקורת. שלא כבנצרות, שלא כבכיתות ופולחנים מכל הסוגים – היהדות אינה בורחת משאלות ואינה פוחדת מהן. יש שאלות וקושיות, ולא פעם שאלות נשארות ב'תיקו' (תעמוד), בלא תשובה מוחלטת למשך זמן רב. כוחה של היהדות בשאלת שאלות ובחיפוש אחר התשובות – לא התעלמות וטשטוש שבקבלת משמעת נכנעת ועיוורת.

בכל להיטות יתירה אחר 'אמונה' שכזו, כמו בהיאחזות בכל

הפרטים הבלתי־חשובים, נשקפת, כאמור, סכנת נפילה וירידה. כאשר אדם מנסה להגיע (לא אחת במהירות יתירה) ולבלוע עולם שלם על כרעיו וקרביו, ולא פעם גם על פרשו, הוא עלול לגלות שאפשר בקלות רבה להקיא כל זאת, וגם אז – בחוסר הבחנה בין טפל לעיקר, בין שטות לאמת.

אמרו חכמים, כי הכתוב מלמדנו את דרך הענווה והאמונה. "אני בער ולא אדע, בהמות הייתי עימך" (תהלים עג,כב) – אין פירושו קריאה להיות 'בער' ו'בהמה' בכל עת; אלא ענווה, אמונה וקבלת דברים ראויים ונכונים כשהם 'עימך' – עם הקב"ה – ולא כלפי בני־אדם אחרים. אולם לבד מסכנת הנפילה וההידרדרות נעוצה הבעיה העיקרית בעצם הדברים. אמונה שאין עמה הבחנה, קבלת תשובות בלא ביקורת, התנהגות מתוך חיקוי – אלה פסולים לעצמם. אמונת חכמים בלא יכולת לשאול שאלות הורסת את היכולת ללמוד תורה; קבלת מנהגים בלא משמעות פוגמת ביחס כלפי דברים אחרים, שאדם חייב לעשותם מעיקר הדין – משום שהיא מוציאה גם אותם מתחום הדברים שיש לחפש ולהבין את משמעותם.

פסגות ועמקים

בעיה אחרת העולה לרוב, ונובעת לא פעם מחוסר ידיעה או חוסר הבחנה, היא אי־היכולת של האדם להכיר ביכולתו ובמגבלותיו. לא רק בספרי המוסר וההדרכה אלא אף בהלכה ובמנהגי יומיום יש הכוונה פנימית לדרגות שונות ולסוגי אדם שונים. לא מכל אדם אפשר לדרוש אותן הדרישות, ולא כל אדם יכול לעמוד כל ימיו בדרגה אחת, בפרט כאשר היא גבוהה במיוחד. זאת ועוד: יש מצבי שיא, נקודות גבוהות ואישים דגולים המצויים מעלינו, ואיננו מגיעים לקרסוליהם. שומה עלינו לשאוף להגיע לדרגתם, אך אין בשום פנים ליצור תמונה של מצב אידיאלי ולראות בה תיאור של מצב קיים.

במפות רבות מצוינים שיאי ההרים, והם בולטים בלא ספק וניכרים יותר, אך אין להתעלם מן המישור הגדול הפרוש ביניהם.

חוסר הבחנה מספק עשוי להביא את בעל התשובה (ולא אותו בלבד) לדמות לעצמו רגעי שיא ומצבים מיוחדים, כאילו הם מרכיביו היחידים של אורח־החיים היהודי. דרך זו מביאה לכישלון בחיי היומיום, הן בתוך מסגרות חברתיות גדולות – במקום העבודה ובמגע עם הסביבה, והן במסגרת המשפחה המצומצמת יותר. חיי היומיום כוללים מעצם טיבם מידה רבה של אפרוריות ומידה רבה של צורך להסתגל לצרכים ולקשיים. רק יחידי־סגולה (ואף הם לא בכל ימי חייהם) הצליחו לחיות את חיי היומיום שלהם באווירה בלתי־פוסקת של מודעות לקדושה. פגישות עם זרים מחייבות התייחסות אליהם ואל דרישותיהם; חיים במשפחה, עם ילדים וסדרי־חיים שגרתיים מחייבים מידה רבה של גמישות. ומי שאינו מכין עצמו מבחינה רוחנית לכל אלה, מנת־חלקו אינה רק אכזבות מרות, קטטות, מריבות ואי־הבנה, אלא אף שחיקה מתמדת של הרצון להמשיך ולהתקדם בכלל בדרכו – הנראית כעת קשה וללא סיכויי הצלחה. ולא פעם הם נובעים מתוך קונפליקטים מיותרים מלכתחילה, מתוך העמדת דרישות שאינן מציאותיות. במקום הקצב הראוי של חיים, המורכב מעליות וירידות, מחוויות שטחיות ומרוממות רוח – באה ציפייה לדברים שאינם יכולים להתממש, ציפייה היוצרת לא רק מרירות וסבל, אלא אף הרס דברים אשר היו יכולים להתקיים ואפילו לשגשג, אלמלא הלחץ המתמיד עליהם.

דרכי התמודדות

לכל הבעיות הללו אין דרך שלמה של פתרון, אולם אפשר להציע כמה כיוונים לעבודה עצמית. וודאי, מי שזוכה למצוא לו מורה או מדריך היכול לכוונו לא רק בהוראת דברים מסוימים, אלא אף ביצירת היחסים המתאימים בין הדברים – הריהו נפטר מקשיים רבים וממכשולים רבים. קשה עד מאוד לצעוד בכמה תחומים בבת־אחת ולהיות לא רק פועל בדרכי חיים מסוימות, אלא אף מבקר חיצוני האומד את הקצב ואת היחס שבין הדברים. אולם גם מי שאין לו הערכה חיצונית יכול לנסות דברים אחדים:

הראשון שבהם – לשאול ולברר את ערכו היחסי של כל דבר, כלומר, לא להסתפק בלימוד מה יש לעשות וממה להימנע, אלא גם לנסות ולהבין את עיקרם של הדברים ואת מידת יסודיותם. וודאי, חשובה מצווה קלה כחמורה, ופעמים יפה כוחו של מנהג בחיי המעשה מכוחה של הלכה, ואף על פי כן הבנת היחסים שבין עיקר לטפל חשובה, הן כדי ליצור את סולם הקדימויות, והן כדי לדעת על מה יש להיאבק ביתר שאת. בדרך כלל כאשר אדם יודע את מטרת מעשיו ומבין את עיקרי הדרכים לעשותם, הוא מצליח לסגל את המציאות המשתנה למטרותיו. ואוי לו למי שספינתו מכבידה והוא נמצא משליך מתוכה את בני־האדם ושומר את הבלאות.

שנית – השאלה. מותר לשאול ואפילו רצוי לשאול. כאמור, לא לכל שאלה יש תשובה מיידית מספקת. ולא פעם מותר לענות לשואל ולומר, כי שאלה כגון זו צריכים לשאול בשלב אחר, או כי תשובה לשאלה זו אפשר לקבל רק לאחר זמן או התפתחות מסוימת. לא כל השאלות שילד שואל ניתנות לתשובה מדויקת שאף תשביע את רצונו. אך אין כל רע בשאלות, למן הקושיות של ה'בנים' בהגדה, עד לשאלות של לימוד וערכים; ראוי לשאול, כפי ששואל הבן החכם בהגדה – שאלה הבאה מתוך רצון לקבל מענה, מתוך פתיחות לתשובה, אבל השאלה עצמה היא חלק חשוב מתהליך התשובה בכל מובניו.

ושלישית – יש לזכור וללמוד לחייך. לא כל דבר צריך להיעשות מתוך אימה ומתוך רצינות כבדה; יש דברים שמותר לקחתם ביתר קלות, יש יחסי אנוש שמותר שיתלווה אליהם חיוך. והדבר חשוב – לא רק על־מנת שלא לשקוע בעצבות (אשר לדעת חכמים היא חטא כבד מאין כמוהו) – אלא על־מנת להיות מסוגלים לשמור על האיזון, על־מנת לשמור את הרצינות לשעות שבהן היא ראויה, לשמור את המתח למצבים שמן הראוי להיות בהם במתח. כללו של דבר, התורה מציבה אתגר של חיי קדושה בתוך מסגרת העולם, אתגר קשה לפי שאינו מעודד נזירים המסוגרים בתוך תאם, אתגר המצריך שמירת איזון ויציבות־הנפש.

מצוות שבממון

רוב רובה של המחוייבות הדתית היא במצוות שאדם עושה בגופו – הן בעשייה והן בהימנעות ממעשה. אך לגבי מצוות רבות קיימת התחייבות נוספת – נתינת כסף לצרכי מצוות שונות. צרכים רבים של מצווה מחייבים הוצאה כספית, ואחדים אף דורשים סכומי כסף ניכרים: ציצית ותפילין, מזוזה וספרי קודש, לולב ואתרוג ודברים רבים אחרים מחייבים את שומר המצוות להפריש חלק מסוים מהכנסתו לצרכיהם. יתירה מזו – אף בצרכי מצווה, כמו בדברים אחרים, יש זולים ויקרים, מהודרים ומהודרים פחות, ובדרך כלל ככל שמוסיפים בהידור המצוות, כך מחייב הדבר גם תשלומים גבוהים יותר. בנוסף לעצם קיום המצוות ההכרחיות, יש בעניין גדר נוסף – הידור מצווה.

הידור מצווה

הידור המצווה הוא רכישת דברים לצרכי מצווה או מטעמי מצווה, שיש בהם תוספת ויתרון מבחינת מהותם. זוג תפילין

מהודר אינו בהכרח נאה יותר בצורתו מאשר זוג תפילין פשוט, בלתי־מהודר. אלא שההבדל נעוץ במידת ההקפדה על הפרטים הקשורים לצד ההלכתי של המצווה; ובכל מצווה יש פרטים שאמנם אינם מחויבים לגמרי מבחינת ההלכה, אך יש בהם תוספת ויתרון ערך. בתפילין ובמזוזות, למשל, יש הבדל בין סופרים שונים, לא רק במידת דייקנותם והקפדתם על עיקרי דיני הכתיבה, אלא אף באישיותם ובמידת הקפדתם על צדדים אחרים – מבחינת הכוונה בכלל, ומבחינת הכוונות האישיות הכרוכות בכתיבת מילים מסוימות בפרט. אשר למצוות תפילין בייחוד, יש דרגות רבות של הידורים – בכתיבה, בטיב העור שעליו נכתבות הפרשיות, בעור הבתים ובדרך עיבודם. וכאמור, בדרך כלל ככל שחפץ המצווה או תשמיש הקדושה מהודר יותר, הריהו יקר יותר, ולעתים אף קשה יותר להשגה. כיוצא בזה קיימים הידורים לגבי כל חפץ וחפץ של מצווה, כל אחד לפי ההלכות המיוחדות לו. בנוסף להידור המצווה התלוי בתשמישי המצווה, ישנה מערכת של הידורים והקפדות אף בדרך העשייה של מצוות שונות. וגם באלה ניכרת קשת רחבה של הבדלים – למן המחוייבים וההכרחיים ביותר, ועד להקפדה בפרטים שלא הכל מחמירים בהם.

גבולות ההידור

הידור מצווה מחייב ידיעת הדברים היטב – מהו הידור ומה אינו אלא מנהג מקומי או צד חיצוני גרידא. שכן בני־אדם נוהגים לשגות, ולדקדק בנושאים שאינם שייכים כלל לגופן של מצוות. קורה אפילו, שמה שנראה כהידור אינו אלא מדרגה נמוכה יותר בקיום המצווה.

הידורי מצווה נהוגים לא רק לגבי תשמישי המצווה והקדושה, אלא אף בנושאים אחרים, ולא מעט בדיני מאכלים. דברים רבים אמנם כשרים ומותרים, אך אינם מהודרים; ופעמים דבר המותר באכילה – אין זה מן הראוי לאכול אותו. אחד מהידורי המצווה בתחום זה הוא, למשל, ההקפדה על אכילת

בשר בהמה 'חלק', כלומר, בשר מבהמה שלא היה צורך לשאול את החכם, אם מותרת היא אם לאו. ובמקומות שונים אכילת בשר שאינו מהודר עלולה להיות מכשול של ממש, שכן בקהילות מסוימות נהגו בכך היתר, ואילו באחרות הבשר נחשב איסור של ממש. הידורים והקפדות רבים כיוצא באלה קיימים, מבחינת ההקפדה על טיב ההכשרים השונים ומהותם, שאף בהם יש דרגות שונות של הידור והקפדה.

מבחינת הממון קבעו חכמים, כי בהידור מצווה מוסיפים עד שליש, כלומר, מוסיפים כדי שליש מן המחיר כדי לקיים מצווה בהידור. אבל אף בזה יש המרבים ומוסיפים, ובוודאי שאדם הנוהג ככלל לבחור במוצרים מן המובחר, אין זה מן הראוי שבצרכי מצוות יהא חסכן וקפדן בממונו, אלא להפך.

אף בתחום זה יש להזהיר מפני כמה מכשולים. ראשית, על האדם לאמוד את עצמו ואת דרגתו, ולא לחפש לו הידורי מצווה שאינם עולים בקנה אחד עם מעמדו הרוחני בכלל. דבר זה אמור לאו דווקא לגבי תשמישי המצווה — בהם הידור מיוחד אינו עלול לגרום כל נזק, גם אם אינו מכוון תמיד לפי מצבו ומעלתו של אדם — אלא בעיקר לגבי הידורים שבהנהגות סביב מעשה המצווה. שנית, יש לבחון האם הוצאת כספים מרובים על הידורי מצווה אינה עלולה לגרום לסכסוכים או לקשיים עם בני הבית, ואז יכול שכר הידור המצווה לצאת בהפסד של עבירות מסוגים אחרים, כגון זעם ומחלוקת, החמורים פי כמה משכר ההידור. שלישית, במנהגים ובמעשים ראוי יותר לשמור על קנה המידה — הן מבחינת היכולת להמשיך באותו הידור המצווה זמן רב, והן בהשוואה לכלל מצבו הרוחני של האדם ביחס למכלול שמירת המצוות. לא פעם מרבה אדם בדקדוקים ובהידורים בדבר קטן־ערך, בעוד שבנושאים חשובים רבים אינו מקפיד כל עיקר. חוסר יחס שכזה, לא זו בלבד שיש בו מן הגיחוך, אלא שיש בו גם כדי להסיח את הדעת מדברים חשובים ולהפנותה לעניינים חיצוניים גרידא, חסרי כל ערך פנימי.

נוי מצווה

צד אחר השייך גם הוא להידור מצווה, הוא נוי המצווה. זה הצד החיצוני האסתטי של תשמישי מצווה וקדושה, בעיצובם, בחומריהם ובקישוטיהם. נויה החיצוני של המצווה אינו חשוב כמו הידורה הפנימי, אך גם הוא מבטא את הקשר שיש לאדם אל המצווה, והוא היבט של 'חיבוב מצווה'. ועוד, רצונו של אדם שיהיו לו בביתו כלים נאים לשימושו האישי בא לביטוי היטב כאשר כלים אלה של נוי קשורים לעשיית מצוות ולקשריו של אדם אל עולמה של התורה. דבר זה משפיע גם על הבית ועל דייריו בהדגשת עניינים מסוימים. מובן שבענייני נוי רב השוני, לפי טעמם האישי של המשתמשים בו, יש להקפיד שלא יבוא הנוי על חשבון הידורה הפנימי של המצווה, הן מבחינת הכסף והן מבחינה עניינית, שכן לעתים חפצי מצווה אינם עשויים היטב מבחינת ההלכה והם טעונים בדיקה (למשל, חנוכיות יפות לעתים אינן כשרות כלל או כשרות רק בדיעבד).

בעניין זה של נוי והתנאות במצוות נוגעים גם הבגדים המיוחדים לשבת ולחג. ההלכה קובעת מפורשות, שיהיו לאדם בגדי שבת וחג מיוחדים, שיהיו מהודרים יותר מהבגדים שהוא לובש בכל ימות השבוע, ואשר בלבישתם הוא מסייע לעצמו להיכנס לאווירה אחרת, של שבת וחג.

ספרי קודש

הוצאה אחרת הקשורה גם היא לשימושו של אדם, נוגעת לקנייתם של ספרי קודש. כל אדם צריך שיהיו בידו ספרים ללמוד בהם, כל אחד לפי דרגתו ולפי תחום ההתעניינות המיוחד לו. אך נוסף לכך עצם מציאותם של ספרי קודש בבית — גם אלה שאין אדם לומד בהם בקביעות, יש בה תוספת — הן לאדם (שלעתים הוא מעלעל לפחות בספרים שבידו, ולומד אגב־כך דברים אחדים), והן לדמותו של הבית. כמובן, אין אדם יוצא ידי חובתו ברכישת ספריה בלבד, אך הוצאה מעין זו משפיעה רבות במישרין ובעקיפין.

צדקה

אולם מעל ומעבר להוצאות שאדם מוציא על תשמישי מצווה וקדושה לעצמו, קיימות מצוות רבות הקשורות לשימוש שאדם עושה בכספו, וחלק יסודי בהן הוא במצוות הצדקה, גמילות החסד ותמיכה בלימוד התורה. בימינו נדמה לאנשים רבים, כי במדינת הסעד המודרנית מספקת הממשלה את צרכיהם של העניים והנזקקים, וכבר אין חובה פרטית לתמוך בהם. הדבר אמנם נכון במידת מה, אך מטבע הדברים צרכים רבים, מהם דחופים ביותר, אין להם 'כתובת' וסיוע, אלא מידי אנשים פרטיים. אחת הסיבות לכך היא, שמדינה מודרנית, הרי היא מעצם טיבה ריכוזית וביורוקרטית, והיא קובעת קטיגוריות מוגדרות של נזקקים וצרכים, ואילו בני האדם נשארים עם בעיותיהם הרבות, שאין להן סעיף מוגדר בחוק או בנוהל. יתר על כן, רבים אינם יכולים ואינם רוצים להיזקק לעזרה ממוסדת. משום כך בכל תחומי הצדקה יש לא אחת להשתדל הרבה מעבר לעצם הנתינה, לחפש את הנזקקים (ובפרט את אלה הזקוקים ל'מתן בסתר' – תמיכה שאין עמה פרסומת). ועוד יותר מזה יש לחשב היטב את דרכי העזרה, שכן מעבר לצורך היסודי להיות 'חונן דלים', יש מצווה חשובה ממנה – להיות 'משכיל אל דל' (ע"פ תהלים מא,ב), למצוא את הדרך הראויה והטובה לעזור. במקרים מסוימים אין די בנתינת הכסף, משום שהמקבלים אינם יודעים או אינם מעוניינים לעשות שימוש נכון בכספם; כסף עלול להתבזבז על מותרות, בעוד בבית שורר רעב ממש, או שהכסף מוצא על דברים גרועים יותר – קלפים, משקה או סמים. יש לדאוג, אפוא, למצוא את הדרך הנכונה להביא את הכסף למטרה שלו נועד ולספק את צרכיהם של הנזקקים באמת.

ישנו גם צד אחר בדברים: מידת הצורך וקביעת הצרכים האישיים אינה קבועה לכל אדם ואדם לפי סטטיסטיקה זו או אחרת. שיעור הצורך אינו תלוי רק במספר הנפשות בבית, אלא אף בצרכיהן המיוחדים. ולא זו בלבד שחולה נזקק לעזרה מרובה יותר מן הבריא, אלא לא כל בני־האדם נזקקים לאותם דברים.

וכבר סופר הרבה על גדולי החכמים, שהיו נותנים לאנשים שונים דברים, אשר בעינינו היו נחשבים בדרך כלל למותרות, משום שעבור המקבלים היו המותרות הללו בבחינת חלק מהותי והכרחי של החיים. זאת ועוד, במערך החיים המודרני העירוני, המורכב בעיקרו מאנשים שאינם מכירים זה את זה ואינם קשורים בקשרי שכנות קרובים, הרי היחיד (או המשפחה היחידה) בודד יותר מאי־פעם. פעמים אין מחסורו של אדם ידוע אף לשכניו הקרובים, ולא תמיד אפשר לסמוך בימינו על שכנים ועל בני המשפחה הרחוקים. אכן, לא כל אדם מסוגל לעסוק במצווה זו בעצמו, אך מן הראוי שלפחות ימצא את גבאי הצדקה ההגונים, המתמסרים לקיומה, ולסייע להם במימון כפי יכולתו, ואף מעבר לה.

עניין זה של 'רודף צדקה וחסד' אינו נוגע אך ורק למקבלים; לא פחות מזה הוא חשוב לנפשם של הנותנים. באדישותו של אדם לסבלותיהם של אחרים יש מ'מידת סדום', וחלק מתיקון הנפש טמון בפיתוח הרגישות כלפי אחיו הצריכים עזרה וסיוע. היכולת לראות את 'האחר' לא כזר אלא כאח, כחלק מן הכלל היהודי, היא עצמה מן הדרכים היסודיות ביותר שבהן מגיע אדם להשלמת נפשו. ואמרו חכמים, כי הדרך אל אהבת ה' עוברת באהבת ישראל. שהרי במהותם של דברים המידה המעכבת את האדם בכל תחום ובכל צד של הוויתו הרוחנית היא האנוכיות, ראיית עצמו – ועצמו בלבד – בכל. כאשר אדם מסוגל להתגבר על מיצר זה, הוא יהיה מסוגל להשקיף אל מעבר לזה – הן אל אחרים והן אל הקב"ה.

מכלול המצוות של העזרה לזולת כולל פרטים רבים, הנחלקים לכמה וכמה דרגות. הרמב"ם (הלכות מתנות עניים, י,ז) מנה שבע מדרגות, זו למעלה מזו, בנתינת הצדקה – למן הסיוע הכלכלי שמסייעים לאדם הנזקק לשקם את מעמדו ולבנות את חייו בדרך מכובדת, ועד לנתינת צדקה לקבצנים. ובכל אחת ממדרגות אלה חשובה המעורבות הנפשית לא פחות מעצם העזרה הכספית, הוכחת הרצון הטוב וההתייחסות האנושית.

וכבר נאמר, שהחיוך שמחייכים אל הנזקק חשוב לא פחות מן הצדקה שנותנים לו.

גמילות חסדים

שלא כצדקה, שעיקרה בנתינת ממון, הרי מצוות גמילות חסדים נוגעת הן לממון והן להשתתפות עצמית בעזרה ובעידוד. גמילות חסדים יכולה אמנם לבוא לביטוי בהלוואה לנזקק לה או במתן ערבות לו — וכמובן, גם מי שאינו בגדר אביון נזקק לא אחת לסיוע כספי בשעת מצוקה או דוחק זמני — אולם היא מגיעה עד לעזרה בנושאים אחרים, שכל אחד מהם עשוי להיות חשוב ואפילו מכריע. ביקור חולים והלוויות המת, הכנסת כלה (הן בסיוע בממון, והן בסיוע — החשוב לעתים פי כמה — במציאת בן או בת זוג), השתתפות בשמחה והבאת שלום בין הבריות — כל אלה שייכים למרקם החיים היהודיים, ומידת השיתוף בו מעידה רבות על מהותו של האדם. מציאות שבה אנשים יכולים להיות 'רעים וחוטאים' כלפי בני אדם, ו'לה' מאד' (כפי שדרשו את הפסוק בבראשית יג,יג: "ואנשי סדום רעים וחטאים לה' מאוד"), ביראת שמים, המכוונת רק כלפי דברים שבינו לבין קונו — מציאות זו פגומה ופסולה. ולא זו בלבד שאדם ירא שמים הנוהג שלא כראוי עם הבריות מחלל את השם, אלא נוסף לעצם העבירות החמורות הללו מלמד הדבר על פגם יסודי יותר, על פולחן חיצוני של 'עבודת ה'' מדומה, כאשר אין הנפש מכוונת כלפי ה' כלל ועיקר.

ואף כאן, לא כל אדם, לא בכל מקום ולא בכל מצב, יכול להשתתף בעצמו בכל הדברים הצריכים עזרה. ומשום כך עליו להקפיד לפחות בעקיפין — לתת מכספו לסייע לעוסקים בדברי המצווה, ובכך יהיה לפחות שותף לעשייתם של אחרים. עם זאת, חשיבות הגדולה נודעה לכך שאדם ייחשף בעצמו לצער ולסבל של הנזקקים והמסכנים. מעט מחשיפה אישית זו, ולו גם קטנה בהיקפה, יכולה לבוא לידי ביטוי בכמה גילויים חיצוניים: כגון המנהג לתת משהו לצדקה לפני שאדם מתפלל, לפחות על־מנת

שיוכיח בכך את רצונו להשתתף עם כלל ישראל ועם צרכיהם של אחרים. כיוצא בו ההלכה, שלא יימנע אדם מלתת, ולו גם נתינה סמלית, לכל מבקש צדקה. קבצנים בוודאי אינם מראה אסתטי, ולעתים המבקשים צדקה בגלוי אינם נזקקים כמו אלה שאינם ידועים ואינם מפרסמים את צרכיהם בראש חוצות; ועם זאת, קיים האיסור "לא תקפוץ ידך מאחיך האביון" (דברים טו,ז) לכל עני. ובעניין זה מוטב לאדם שיחטא בנתינה יתירה מאשר בקפיצת יד.

תחום נוסף הוא העזרה לתורה וללומדי התורה. מוסדות תורה מרובים בעולם אינם מתקיימים אלא על נידבת ליבם של אנשים פרטיים. ברוב מוסדות התורה דואגים לסייע ללומדים – בין אם הם ילדים או מבוגרים – סיוע כלכלי, בדרכים שמוסדות לימוד אחרים אינם עושים כלל ועיקר, ובדרך כלל אין דרך לקיים את לימוד התורה בהיקף רציני, בלא עזרה כספית מרובה. הנתינה למטרות אלה חשובה גם לנותן, שכן בכך הוא הופך לשותף בלימוד התורה, גם כאשר הוא עצמו אינו יכול להקדיש את כל זמנו וחייו למטרה זו.

תיקון הנפש

פעמים רבות הוזכר בספרי המוסר, כי מצוות הצדקה בכל גילוייה היא תיקון מיוחד לבעל התשובה. ומלבד הצדדים המרובים שיש בעניין זה בתחום הנסתר, הרי מן הצד הנגלה יש בכך מעין חובת השלמה ותיקון של מה שהחסיר האדם קודם לכן. שכן מי שלא עשה מעשים טובים כראוי לו כל חייו, קשה עליו להוסיף ולהשלים בעצמו את כל שהחסיר. אולם בהשתתפות שאדם משתתף בכספו בצרכיהם של אחרים ובמטרות שבקדושה, הוא עושה – אם גם בעזרת שליחים – אותם מעשים שאין הוא יכול לעשותם בעצמו. ועוד, היציאה מתחום חשבונו של ה'אני' בלבד, היציאה מעולם המחשבה שבו צרכיו של ה'אני' הם מטרת הכל וסיבת הכל – היא עצמה דרך תשובה, והיא עצמה תיקון, בהיותה משתפת את האדם היחיד,

את ה'אנכי' של כל אחד עם הכלל, שמעבר לעצמו. לכן ישנה חובה מיוחדת, החלה על בעלי התשובה, לתת לפחות מכספם כדי לתקן ולכפר.

חכמים קבעו שיעור עליון מוגדר למה שחייב אדם לתת לצרכי מצוות – חומש מן הרווחים. אבל היו רבים שהקלו בעניין זה ונתנו יותר משיעור זה. מכל מקום קבעו חכמים שיעור של מעשר לסכום שראוי לאדם לתת לצרכי צדקה ומצוות. בנושא זה אין הסכמה על דרך החישוב, אך שיעור מעין זה הוא מגדרי ההתחייבות של אדם מישראל, ובדרך כלל נהגו לעשות חשבון כללי של הכנסות, ולהפריש ממנו את חלק המעשר הזה לצדקה ולמצוות.

מעשים וכוונות

על האדם מישראל מוטלות מצוות מרובות; מהן תדירות ויומיומיות, ומהן מצוות הנהוגות לעתים רחוקות. על פי רוב, קל להשיג הדרכה מפורטת – כיצד, מתי ובאיזה אופן יש לעשות את הדברים. אמנם, מי שאינו מצוי בתחום זה עלול להתקשות במציאת הספרים המתאימים, וכן בהבנת לשון הספרים, וישנם אף פרטים מעשיים שונים קשים להבהרה במילים המובנות לכל. בספרים אחדים מנסים להקל במקצת בהוספת ציורים ושרטוטים, וגם אלה עלולים להקשות על מי שאינו מיומן ואינו בקי ביישום הוראות כאלה.

במרבית המקרים – ובכלל זה בפרטים הנוגעים למצוות יומיומיות ולפרטי ביצוע פעוטים – עדיף לקבל הדרכה בהדגמה מאדם אחר המנוסה בדבר, ורק לאחר מכן להיעזר או לבדוק בספרים, אם לשם שינון ואם לשם הכרת אופנים אחרים; שכן בפרטים שונים, שאולי אין בהם חשיבות מכרעת לעצמם, מקובלים מנהגים שונים, הנבדלים לא רק מעדה לעדה אלא אף מקהילה אחת לאחרת, ולעתים אף ממשפחה למשפחה.

הכוונות — כנפי המצווה

למרות הקשיים המעשיים, קיים חומר בסיסי שבעזרתו יכול כל אדם לקיים את רוב המצוות הנוגעות לו. אך לא כן הדבר לגבי צידה האחר של המצווה — הצד הפנימי, צד המחשבה והחוויה הכרוך בה. קל יחסית למצוא הדרכה בעשיית הדברים בפועל; קשה הרבה יותר לקבל הדרכה שכזו לגבי הצד הפנימי של אותם דברים. אכן, התחום הפנימי הזה, תחום המחשבה והחוויה, אינו מן הדברים שקל לקבוע בהם תכנים קבועים ואחידים. השוני הפנימי בין בני האדם גדול לאין ערוך מן ההבדלים החיצוניים ביניהם, ודעותיהם נבדלות זו מזו. וכמובן, אין כל דרך לערוך השוואה שיש בה ממש בין מחשבות שונות או חוויות שונות.

עם זאת, אין די ברצון סובייקטיבי להגיע לידי התרחשות פנימית, אשר תעלה בקנה אחד עם המעשה שאדם עושה. אמנם מבחינת ההלכה הטהורה אדם יוצא ידי חובתו במעשה ("מצוות אינן צריכות כוונה"), אלא שגם מבחינה זו אין הדברים פשוטים כל עיקר, ואף בתחום זה יש להבחין במידת המחוייבות המינימאלית של התכוונות והתייחסות. יתר על כן, יש הבדל גדול בין מה שאדם 'יוצא ידי חובתו', בכך ששוב אין עליו חובה לחזור ולעשות זאת שנית, לבין מה שאדם נדרש לכוון את עצמו מלכתחילה. בעיקרו של דבר, הברכות המלוות את מרבית מצוות ה'עשה' הן בבחינת הצהרה הקודמת למעשה בדבר הכוונה הנלווית אליו, ולו גם הכללית ביותר — והיא עשיית הדבר משום שהוא מצווה, משום שכך ציוונו הקב"ה.

דרגה פנימית יותר, מעבר לכוונה פשוטה זו, היא הגעה להתייחסות נפשית למעשה המצוות. מאמר הזוהר "תורה ומצוות בלא יראה ואהבה — אינן עולות למעלה" (עפ"י תיקוני הזהר צה), מבטא את ההבדל בין מעשה גרידא, לבין מעשה שיש מאחוריו התייחסות נפשית. המעשה עצמו — בין אם הוא מצווה ובין אם הוא עבירה — הריהו בעיקרו אובייקטיבי. ישנו תמיד הבדל בין מעשה טוב למעשה רע, בין אם יש בו ובין אם

אין בו מעורבות נפשית. אלא שהדבר מגדיר רק את שייכותם של הדברים שאדם עושה כשלעצמם, אבל אינו קובע את דרגת חשיבותם במערכת ובהקשר שבה הם נעשים בפועל. כשם שעבירה שאדם עובר באונס אינה נחשבת לו לעבירה, וכשם שעבירה שעבר אדם בשוגג אינה נידונה במלוא חומרתה — כך מצווה שאדם עושה בלא רצון ובלא דעת ואינה מתנשאת מעל למישור המעשה עצמו — יש לה ערך זעום ביותר.

מאידך יש לזכור, כי הכוונה לבדה — אף כי היא מעלה את דרגתם של הדברים הקיימים — אינה יוצרת את הערכים עצמם. אמנם, יש בה משום הכנה למצוות אחרות, והיא גורמת להן להיראות אחרת ולעלות גבוה יותר, אולם היא עדיין איננה בחזקת מצווה; ובאותה מידה, עבירה שאדם עושה מתוך כוונות טובות — נשארת עבירה שכוונות טובות בצידה, ותו לא. ועל כן יש קשר מורכב בין מעשה המצווה ודקדוקיה לבין הכוונה שבתוכה, כאשר שני הצדדים משלימים זה את זה לעניין אחד. לא פעם אין זה קל להתייחס אל הדברים הכרוכים בנושא זה, אך עם זאת, הצורך בכוונה נשאר בעינו, ואף קיים ביתר שאת לאדם שאינו רואה בעשיית המצוות מעשה של שגרה וחזרה (לפעמים כמעט מכאנית) על דברים שלמד בילדותו.

מצד אחר, מובן שלא תמיד יכול אדם לקיים את כל המצוות מתוך מודעות נפשית שלמה. שגרת המעשים היא רק מכשול אחד בדרך זו, ונוספות אליה — אצל כל אדם — שעות של עייפות, בין עייפות פיסית פשוטה, ובין עייפות הרוח. לעיתים נעשים דברים מתוך חיפזון, לעיתים בסביבה שאינה מסייעת או אף מפריעה לכוונת הלב. אם מנסים להיות תמיד במעמד רוחני גבוה מגלים שהדבר כרוך במאמץ אדיר — שאינו תמיד אפשרי. יתירה מזו, לא פעם ראוי לו לאדם — ואפילו הוא איש בעל רגישות רוחנית גבוהה — לקבל גם את צד הברכה שיש בשגרה, את עשיית המעשה לעצמו, בתום לב, כחלק ממרקם החיים. ובדרך כלל, המתח הקיים בין המעשה ובין הכוונה, בין זמנים של התעלות ובין זמנים של עשייה פשוטה, הוא חלק מן הדרך

הרוחנית שבה בונה אדם את אישיותו כיהודי.

כוונת כלליות

כאשר אדם מתייחס ביתר עמקות אל המצוות, וחשוב לו מאוד שמעשיו יהיו מלווים במימד פנימי, הוא נתקל בשאלות: כיצד, מפני מה, לשם מה, ומה עיקרו של הדבר?

אפשרות אחת להתייחס לכוונת המצווה היא דרך לימוד ענייניה שבתורה. במובן מסוים ניתן לומר, כי כל התורה כולה אינה אלא מערכת המסבירה את המצוות – למן העיון והדיון בדרכי עשייתה של כל מצווה, ועד ללימוד ולעיסוק במכלול משמעויותיה בכל המישורים. הכלל הגדול "נעשה ונשמע" אינו עוסק רק בצורך בקבלת הדברים למעשה ובנכונות המלאה לעשייה מיידית. יש בו גם צד אחר, והוא החלוקה בין עשיית המצווה, לבין ההתייחסות למכלול ענייניה ופרטיה: צד ה"נעשה" של כל מצווה הריהו פשוט למדי ביסודו, ובהישג ידו של המצווה לעשותו. ואילו תחום ה"נשמע" – התורה – הוא אין־סופי כמעט, לפי שהתורה "ארוכה מארץ מדה ורחבה מני ים" (איוב יא,ט) ויש מקום להוסיף ולעיין בה עד אין קץ. את למוד התורה בכלל יש מקום לחלק חלוקה מעשית (שאין לה כל ערך עיוני מפליג), בין הלימוד שאינו קשור במצווה בעת עשייתה, לבין זה שיש לו משמעות בשעת מעשה. כלומר, לכל מצווה מוסיפה ההלכה והתלמוד לימוד ועיון, למן פירוש דברי התורה ומסורת החכמים בנושא ('מדרש ההלכה') ועד לבירור הפרטים השונים לגבי הזמן, המקום והתנאים שבהם חלה המצווה, הלכה והלכה למעשה.

ויש צד אחר של עיון, הקשור במושג הכוונה עצמו: הדברים שיש להם משמעות בשעת עשייתה של כל מצווה, המחשבה שראוי לאדם לחשוב בשעה שהוא מקיימה בפועל. בתחום זה של כוונה יש דרגות וצדדים שונים. אחת הכוונות היסודיות והכלליות ביותר היא בעצם המודעות שאדם מכין את עצמו לעשות מצווה, לאמור, למלא את רצון הבורא.

הכוונה הכללית הזאת טמונה בהכרה כי המצווה הריהי דרך ליצירת יחס וקשר בין האדם לאלוקי. הרצון, תשוקת הלב להתנשא, להגיע לידי מגע כלשהו עם הקב"ה – הוא ביטוייה הפנימי של נשמת האדם, אולי נקודת הייחוד של הווייתו כאדם. השאיפה הזאת, ההולכת וגוברת ככל ששיעור קומתו הפנימי של האדם מתעלה, אין לה דרך של סיפוק והגשמה, לפי שעם הגידול ועם הידיעה, מתעמקת גם הכרת האין־סופי, ומחמתה הכרת המרחק נעשית ברורה יותר.

אם רוצה האדם להגיע אך ורק לדרגה של סיפוק עצמי, יוכל לעשות זאת בדרכים שונות, בקלות יחסית. אולם להגיע אל למעלה מזה, לדלג מעל למשוכת מגבלותיו של האדם – זאת ניתן לעשות אך ורק בעזרת מתנה של מעלה. ואכן, המצווה, מעצם מהותה, אינה אלא קו של חיבור היורד משמיים לארץ, מעין מכתב השלוח ממעל, אצבע המושטת וניתן לאחוז בה. חשיבותה המכרעת אינה בתכנים שבה או בתועלת הגשמית והרוחנית שהיא מעניקה לדבקים בה, אלא בעצם היותה נקודת מגע עם האלוקי. מילוי רצונו טמון בהיצמדות אליו, וזו נובעת מעצם יצירת רגע אחד של מגע, כאשר האדם עושה את רצון הבורא. כוונה כללית זו, הנוגעת לכל מצווה – בין שהיא מצוות 'עשה' או מצוות 'לא תעשה', מצווה מעשית או עיונית, היא המרכיב הראשון באהבת ה' ויראתו, והוא הקובע את דרגתו של מעשה המצווה.

כוונות פרטניות

נוסף לכוונה כללית זו, ישנן דרגות שונות של כוונות פרטיות, לאמור, כוונות התייחסות לכל מצווה ומצווה. אף על פי שאין זו חלוקה מוחלטת, הרי ניתן לחלק כוונות אלה לסוגים שונים: יש כוונות שעל דרך הסוד, כאשר כל מצווה מלווה בכוונה שבתורת הסוד; מקצת כוונות אלה (ובעיקר אותן שאינן ניתנות לביטוי בנוסחה זו או אחרת) מצוינות בכמה סידורי תפילה, אם בנוסח התפילה ("לשם יחוד") ואם לעצמן. סוג אחר

של כוונות הוא על דרך הרמז והסמל, המתבססות על מקורות חז"ל מכל הדורות, ועל רובדי משמעות שונים שהם מעניקים למצווה. הכוונות משני הסוגים הללו הן בעצם סוג מיוחד של תורה ותפילה; לאמור, מדובר בעיסוק של מחשבה, התבוננות והעמקת הדעת, אלא שלימוד ועיון זה אינו אינטלקטואלי ומופשט, אלא מיוחד ומכוון מבחינה אמוציונאלית וקשור במעשהו של האדם. זוהי התבוננות המתלווה למצווה, במטרה להניע את ליבו של האדם, להביאו לידי רגש חם ועמוק יותר, ולידי התרוממות הרוח עם המעשה החיצוני־הגשמי.

בנוסף לאלה קיימות כוונות הלב, שכל אדם יוצר לעצמו, כאשר הוא מכוון את דעתו אל המעשה, והוגה ויוצר משמעויות וסמלים במצוותיו. בעניין זה יש להעיר, כי יש לנהוג במידת זהירות בכוונות אישיות אלה, בפרט כאשר אין אדם מכיר ויודע מספיק בעולם התורה והמצוות. לא פעם, עשוי אדם שאינו מנוסה להגיע לידי דמיונות שווא ומחשבות הבאי, ואף להרחיק לכת ולעשות דברים, שלא זו בלבד שאינם קשורים לעניין, אלא עשויים אף לעמוד בסתירה לדברי התורה. משום כך ראוי לאדם, כי גם כאשר הוא מוסיף ומכוון את דעתו, ינסה ויקשור את הדברים עם דברי תורה ודברי חכמים, וישאב מהם את הרעיונות והכוונות שמן הראוי להרהר בהם.

תפילין

ביאורן של הכוונות המלוות את המצוות הוא נושא נרחב לעצמו. אולם לשם הסבר נרחיב בשתי מצוות תדירות, שהסתכלות פנימית בתוכנן יש בה כדי לתת תוספת משמעות לעצם המעשה. הבהרה כללית של הכוונה בהן תוכל לסייע בהבנת הענין גם במצוות אחרות.

מצוות תפילין היא אחת ממצוות 'עשה' המיוחדות לגברים, וחובת הנחתן חלה בכל יום מימות החול. בשבתות ובחגים היא אסורה, ואילו לגבי חול־המועד אין אחדות דעים לגבי החובה. בארץ ישראל אין נוהגים להניח תפילין בחול־המועד ואילו

בחוץ־לארץ רק הנוהגים לפי נוסח אשכנז מקיימים זאת.

אם כי עיקר מצוות התפילין פשוט ביותר – ארבע פרשיות מן התורה המונחות בתיבות עור שמניחים על גבי זרוע שמאל (ורוב השמאליים – על זרוע ימין) ועל הראש – הרי פרטי עשייתה מורכבים ביותר. כל פרט ופרט בתפילין מחושב ומדוקדק, הן ביחס ליצירתו ולמבנהו והן באשר לדרך הנחתו. לכל פרט ופרט מובן ומשמעות, ומה שנכתב על הכוונות המלוות פרטים אלה יכול למלא ספרים אחדים. ואכן, בשל הדיוק המרובה הדרוש לעשייתן, וכן הערך הגדול שנודע לכוונתם של העושים – הרי זוג תפילין מהודר, שכתיבתו ועשייתו בקדושה, הוא יקר־ערך בכל המובנים.

מצוות התפילין היא גם אחת המצוות היחידות, אשר חילוקי־הדעות בין החכמים לגבי פרטים אלו או אחרים בה הביאו לנוהג הנפוץ בקרב כל החסידים וכן רבים מהנוהגים במנהג הספרדים ועדות אחרות להניח שני זוגות תפילין: של רש"י ושל רבנו תם. מניחים אותם יחד – לפי מנהג ספרדים, או בזה אחר זה – לפי מנהג אשכנזים, ויש אפילו המניחים ארבעה זוגות תפילין.

מזה דורות רבים – כנראה מסוף ימי האמוראים – קשורה מצוות התפילין לתפילה, או ליתר דיוק – לתפילת שחרית. כיוון שמצוות התפילין חלה דווקא בשעות היום, הרי אמירת פרשת שמע בתפילת השחר שבה מופיעה מצוות תפילין, משתלבת היטב עם עיטורו של המתפלל בתפילין. אולם קשר זה אינו מהותי־פנימי, לפי שמצוות התפילין יכולה להיעשות בכל שעה משעות היום, לאו דווקא בשעת התפילה. לצד הלכתי זה נודעת אף חשיבות מעשית לרבים, שכן אם קורה שאין לאדם כלל אפשרות להניח תפילין בשעה הראויה לכך – יכול הוא להניחם גם בכל שעה אחרת. לשם קיום המצווה די בהנחתם ובהסרתם מייד. עניין זה קשור גם לכוונה ולעניין הפנימי הכרוך בהנחת התפילין. אין התפילין מאבזרי התפילה, אלא הם סוג מיוחד של לבוש יהודי, סמל ועיטור המבטא את הייחוד היהודי.

חובה ופאר

בעיקרה של המצווה שני מרכיבים המשלימים זה את זה: מצד אחד התפילין הם תו וסימן של זכרון, להזכיר לנו את הקשר שבינינו לבין הקב"ה ואת התחייבותנו כלפיו. ומן הצד האחר, התפילין הם אות לפאר, סמל לבחירתנו, סמל לייחודנו וסמל לאהבת ה' אלינו. שני הצדדים הללו אינם מנוגדים, אלא מתמזגים זה בזה; מבחינת משמעותם – בחינת החובה והפאר המתמזגים זה בזה בהתקשרות עם הקב"ה. אף פרטי הנחת התפילין ומבנם ממזגים בתוכם את שתי המשמעויות הללו – כשם שתוכנן של ארבע הפרשיות ממזגות בתוכן את הבחירה והסגולה עם ההתחייבות והמשמעת. מבחינה זו התפילין כמוהם כמדים, שבעצם לבישתם יש ביטוי להשתייכות ולמשמעת, ומצד שני – לשררה ולכבוד.

בתפילין של יד המרכיב הבולט ביותר הוא הזכרון פנימה, ובלשון חז"ל: "לך לאות, ולא לאחרים לאות" (מנחות לז,ב). הם באים להזכיר לאדם את קבלת המרות וההתחייבות כלפי הקב"ה. לקשר התפילין המתהדק על היד, ולרצועות הנכרכות סביב הזרוע והנקשרות על כף היד, יש משמעות סמלית – ככבלים שאדם כובל את עצמו כאשר הוא מקבל על עצמו 'עול מלכות שמים'. קשירת התפילין על היד, בית התפילין המונח כנגד הלב – אלה קשורים, אם כן, בכוונה הפנימית – שאדם נותן את ידו ואת ליבו לה'. לעומת זאת, בתפילין של ראש מודגש שהם לאות לאחרים. הם מונחים בגובה הקודקוד ועליהם דרשו חז"ל (ברכות ו,א) את הכתוב "וראו כל עמי הארץ כי שם ה' נקרא עליך ויראו ממך" (דברים כח,י). טוטפות אלה שעל הראש הן נזר של בן מלך, סגולה לעם סגולה.

בתפילין וברצועותיהם מצויות האותיות הבנויות בצורות שונות, למן האות ש' הכפולה החקוקה בבית התפילין של ראש, ועד לד' (כפולה או אחת, לפי המנהגים השונים) המצויה בקשר התפילין של ראש, ולאות י' שבקשר התפילין של יד. אלה מצטרפות יחדיו לאחד משמותיו של הקב"ה: ש־ד־י. הוא השם

המרומז גם בצורות שבהן כורכים את רצועות התפילין על היד. אף שם זה כפול משמעות: מצד אחד הוא מבטא את העוצמה, הכוח שאין בפניו כל מעצורים, ומצד אחר הוא השם המורה על הברכה ועל זרימת החיים הפורה. הנחת התפילין היא, אפוא, רעיון רב צדדים של "עוטר ישראל בתפארה" – התפארת להיות משועבד לבורא, כדברי המשורר "עבד ה' הוא לבדו חפשי".

הדלקת נרות שבת

מצווה אחרת, אשר נמסרה עוד מדורות קדומים בעיקר לנשים, היא מצוות הדלקת הנרות של שבת וחג. מצווה זו, שהיא אחת משבע המצוות שנתקנו מדברי חכמים, אין במשמעותה החיצונית אלא תקנה מעשית לכבוד השבת. תקנה מעשית – משום שמטרתה היא, לכאורה, לדאוג שיהא אור מספיק בליל השבת, שאפשר יהיה לאכול את סעודת ליל השבת מתוך מנוחה והרחבת הדעת. מבחינת ההלכה נוגעת חובת הדלקת הנרות לכל אדם הסועד או ישן בעצמו (גם גברים השוהים לבדם), אלא שבמסגרת המשפחה – זו חובת האשה, וכבר בתלמוד נתנו טעמים שונים לדבר, על דרך הרמז. רבות נכתב בנושא זה במרוצת הדורות, ואף תפילות מיוחדות חוברו בכמה לשונות, ונשים נהגו לאומרן לפני הדלקת הנרות או במהלכה. בתפילות אלה יש משום תוספת תכנים למצווה זו.

מסגרת ההלכה למצווה זו פשוטה למדי, אף כי יש חילוקי דעות רבים בפרטיה. במקומות רבים ולפי מנהגים רבים, נהגו שכל ילדה המסוגלת לברך על הדלקת הנרות – מגיל שלוש או חמש – מדליקה גם היא נר שבת. ואילו אשה נשואה מדליקה לפחות שני נרות, הן משום שבכלל כל מצוות השבת מתבטאות בביטויים סמליים כפולים, והן משום שהנרות מכוונים כנגד המשפחה הבסיסית, המורכבת משני בני אדם. ואכן, נשים רבות נוהגות להרבות ולהדליק נרות לפי מניין הנפשות בבית; ויש שנהגו להדליק תמיד שבעה נרות לכבוד השבת. מנהג אחר שפשט והגיע לדרגת נוהג מחייב, כי אשה נשואה שלא הדליקה

פעם אחת נרות שבת בגלל שכחה — לא משום הכרח או חוסר אפשרות — מדליקה כל ימיה נר נוסף, כנגד הנר שהחסירה פעם אחת (ראה שו"ע רסג,א ורמ"א).

להדלקת הנרות זמן קבוע ביחס לשקיעת החמה — המשתנה ממקום למקום, וכמובן משבת אחת לחברתה. אפשר להקדים ולהדליקם עוד קודם לכן, מחצות היום והלאה, אך אין להדליקם לאחר השקיעה. ברוב המקומות נהוג כי זמן הדלקת הנרות חל שמונה עשרה דקות לפני שקיעת החמה, והוא זמן כניסת השבת. ומשום כך, אף שלנשים המדליקות אסור לעשות כל מלאכה מזמן הדלקת הנרות, יש עוד שהות מסוימת לגברים לסיים עניינים נחוצים לשבת וכיוצא בהם. כיון שהמדליקה נרות מקבלת עליה שבת בשעת הברכה, נהוג כי אשה המדליקה את הנרות מדליקה קודם כל את הנרות, מכסה את עיניה, בכפות ידיה ומברכת, ואחר־כך מסירה את הידיים מעיניה ומביטה בנרות. זמן זה שבו המברכת עומדת בעצימת עיניים הוא הזמן המקובל לדברי תפילה אישיים ולכוונת המצווה.

נר לעולם

רבותינו דיברו רבות על משמעות הקשר שבין מצוות הדלקת הנרות לתפקידה של האשה, ובעיקר ראו בכך מעשה של תיקון העולם והארתו. ונוסף לכך יש קשר מהותי בין השבת בכלל וליל השבת בפרט, לבין תפקידיה ומהותה של האשה. ליל השבת הוא זמן של התעלות השכינה. השכינה — הנוכחות האלוקית בעולם — מתגברת ומתעצמת בשבת, אורה ניכר יותר ובעזרתה הופך כל מה שנעשה בבית, כאכילה ושתייה ושינה, לעניין שכולו קדושה. אולם הסמל הקבוע של השכינה הוא דמות האשה; יתר על כן, במובן מסוים הופכת האשה, ובפרט עקרת הבית, לדמות המזוהה עם השבת כולה ועם ליל־השבת בפרט. הן בשירי השבת ('לכה דודי'), הן בתפילת ליל השבת, בקידוש, ובאמירת מזמור השבח מספר משלי "אשת חיל" — מצויה הסמליות רבת הפנים של השכינה־השבת־האשה, וגווני המשמעות השונים מתגלים

ומתכסים חליפות בכל פסוק ובכל מנהג.

הדלקת הנרות אינה רק האקט הראשון של הכנסת השבת, שבו מקבלים בני הבית עליהם את קדושתה; לעצמה היא מבטאת במעשה אחד את מהותו של היום המיוחד הזה ואת החדרת האור אל המציאות. שהרי, לכאורה, יום זה הוא ככל הימים, החומר שבו אנו חיים ובו משתמשים נשאר, לכאורה, באותה צורה. ואף על פי כן יש אפשרות להוסיף אור, הנותן למציאות פנים אחרות ומעמיד את כל הטמון בה במשמעות אחרת. והוא נאמר בשיר לכבוד השכינה־השבת־הכלה, "כי בא אורך קומי אורי... כבוד ה' עליך נגלה" ('לכה דודי').

ספרי עזר והשלמה

על התשובה כנושא, מצוי הרבה מאד חומר. ראשית יש לציין את הלכות התשובה לרמב"ם (בהלכות דעות, ספר 'אהבה' בתוך משנה תורה), ואת ספרי המוסר – 'מסילת ישרים' לרמח"ל וספר 'שערי תשובה' לרבינו יונה גירונדי. בין הספרים העוסקים כל-כולם בנושא התשובה בפרט, מצויים 'אגרת התשובה' לרבי שניאור זלמן מלאדי (בתוך ספר ה'תניא'), ו'אורות התשובה' לראי"ה קוק. גם ספרו של הגרי"ד סולובייצ'יק 'על התשובה' מיוחד לנושא זה, ועוסק בעיקרו בביאור שיטת הרמב"ם.

ספרי הלכה:

בנוגע לפרטי הלכה בכל נושא, מומלץ להיעזר בספר 'קיצור שולחן ערוך' לרב שלמה גאנצפריד, שהוא נפוץ ושימושי מאוד, ומורה הלכות בקצרה ובבירור, או ב'קיצור שולחן ערוך – מקור חיים' לרב חיים דוד הלוי. הספר 'משנה ברורה' מאת הרב החפץ חיים על שולחן ערוך אורח-חיים, מתאים ללימוד למתקדמים.

בשנים האחרונות נתחברו בתחומי ההלכה השונים ספרים רבים השווים לכל נפש, והם מצויים על מדפי חנויות ספרי הקודש, ובחנויות ספרים בכלל. לגבי פרטי דיני שבת, בפרט במסגרת החיים המודרנית - 'שמירת שבת כהלכתה' לרב יהושע נויבירט. מבחינת הבנת העקרונות, ראוי לציין את 'יסודות

הלכות שבת' לרב מ"ח שלנגר, ואת 'יסודי ישורון' לרב גדליה פלדר.

על החגים ותקופות השנה – 'ספר התודעה' מאת הרב אליהו כי־טוב, ו'המועדים בהלכה' של הרב שלמה יוסף זוין. על חג הפסח אפשר למצוא חומר הלכתי ועיוני בכל מהדורה מפורשת של ההגדה. ההוצאות של הרב אליהו כי־טוב מחד ושל המחבר מאידך, נוחות לקריאה אף למתחילים.

על כשרות – כדאי לציין את סדרת הספרים של הרב יואל שוורץ ואת ספרי הרב צבי לוי. כמו כן, ניתן להשיג במשרדי הרבנות והמועצות הדתיות רשומות על בתי עסק כשרים, של מאכלים הכשרים לפסח, והוראות מעשיות ספציפיות להכשרת כלים.

על טהרת המשפחה – 'טהרת בת ישראל' לרב קלמן כהנא, 'סוגה בשושנים' מאת הרב נחום לאם, 'דרכי טהרה' של הרב מרדכי אליהו, וספר 'טהרת הבית קצר' על פי פסקי הרב עובדיה יוסף.

על הלכות ומנהגי אבלות – ספר 'גשר החיים' מאת הרב יחיאל מיכל טוקצינסקי, וספר 'פני ברוך' מאת הרב חיים בנימין גולדברג.

לימוד תורה:

על התנ"ך יש מהדורות רבות מפורשות 'מקראות גדולות', מהן יש לציין את מהדורת 'תורת חיים' של מוסד הרב קוק, על חמישה חומשי תורה, שהיא נוחה לשימוש. ביאור מחודש לרוב ספרי התנ"ך ישנו במהדורת 'דעת מקרא' של מוסד הרב קוק. להעמקה נוספת – 'עיונים' של נחמה ליבוביץ.

על המשנה – ההוצאות בפירושו של פנחס קהתי, או הפירוש (המצומצם יותר בכמותו) של חנוך אלבק.

על התלמוד – רוב מסכתות הש"ס בתרגום וביאור לעברית או לאנגלית, במהדורת המחבר או מהדורת שוטנשטיין־

ארטסקרול, וכן מספר מסכתות עם תרגום לצרפתית.

על מדרש רבה – פירוש מ' מירקין או של מכון המדרש המבואר.

על מקומה של האשה – 'האשה והמצוות' של הרב אליקים ג' אלינסון, ולפרטי ההלכות 'הליכות בת ישראל' לרב יצחק יעקב פוקס.

על מבנהו של הסידור ועל התפילות – "נתיב בינה" לרב יששכר יעקבסון, 'עולם התפילות' של הרב אליהו מונק, 'סידור אבי חי' מאת אביגדור שנאן, ספר 'הסידור והתפילה' מאת המחבר, 'התפלה בישראל בהתפתחותה ההיסטורית' מאת יצחק משה אלבוגן.

על תורת הקבלה והחסידות – ספר הזהר עם פירוש ותרגום 'מתוק מדבש', ולמתקדמים יותר פירוש 'הסולם'. כמו כן ניתן להשיג את ספר הזהר עם ניקוד ופירוש לעברית. ישנם ספרי מבוא רבים לקבלה, בין הישנים והטובים שבהם 'שומר אמונים' לר' יוסף אירגיאס, 'חוקר ומקובל' לרמח"ל ועוד. ספר מקור בחסידות עם ביאור המתאים גם למתחילים הוא ספר 'התניא', 'ביאור תניא' עם ביאור המחבר, 'שיעורים בספר התניא' לרב יוסף וינברג ועוד. ספרים המביאים במידה רבה את ההווי האותנטי של חסידות חב"ד הם ספרי השיחות של האדמו"ר ר' יוסף יצחק מליובאוויטש, בעיקר הספר 'ליקוטי דיבורים'. כמו כן יצאו לאחרונה ספרי חסידות רבים בהוצאה חדשה עם ביאורים קצרים ומראי מקומות כגון 'בעש"ט על התורה'. ישנם גם ספרים רבים שנכתבו על החסידות ועל תורת החסידות, ביניהם 'בפרדס החסידות והקבלה', ו'על גבול שני עולמות' מאת הלל צייטלין, 'שלשה עשר עלי שושנה' מאת המחבר, ו'מחשבת החסידות' לרב יואל כהאן. ולסיפורי חסידים – 'סיפורי חסידים' מאת הרב שלמה יוסף זוין.